道藏丹藥異名索引

CHINESE ALCHEMICAL TERMS : GUIDE-BOOK TO THE *DAOZANG* PSEUDONYMS

黃兆漢編

Compiled by

WONG SHIU HON

臺灣 學生書局 印行

Student Book Co., Ltd.

198, Ho-Ping East Road, 1st Section

Taipei, Taiwan, Republic of China 10610

編輯「道教研究叢書」弁言　李豐楙

道教在中華文化中具有其獨特的地位，直至今日，道教信仰仍深具影響力。有關道教的研究，國內正在發展中；而國外漢學家則已累積至可觀的成果。有鑒於此，乃有編輯出版本叢書之舉。將來預計收錄的凡有三大類：一爲國人研究道教的論文與專著，彙編成書，以利典藏。二爲譯介國外的道教研究，交流學術，以資借鏡。三則編輯整理與道教相關的資料，諸如辭語解說、索引之類，以便翻檢。道教之學，方興未艾，而編印之初，百事待舉，衷心希望海內外的同道同好共襄盛舉，是則爲道教之幸，亦學界之幸，至所期盼。

目　　錄

施　序

　　我有幸在這兒介紹的《〈道藏〉丹藥異名索引》，是香港大學黃兆漢敎授的出色工作成果，它爲道敎研究領域增添了一個有力的工具。

　　直到近代，道書一直鮮爲學者所研究。這種缺憾的理由有多方面：1445年刊刻完竣的《大明道藏經》及1607年的《續道藏》，是唯一流傳下來的官修道敎典籍。它曾被大量印施，經板存迨八國聯軍入侵北京。然而，相當長的時期裏，它的傳播範圍被宥于各處道敎宮觀，這給學者們接近它帶來了困難；《永樂大典》中道書佔了不少篇幅，但爲了顯而易見的政治原因，在《四庫全書》裏，這樣的情形已不復存在。儘管入藏的道書約有 1500 種左右，但收進《四庫全書》的僅有四十種，另外在該書的「道家類存目」中，也只列了上百種而已。因此，對于清代學者，道書變得更加難以接近。

　　自從 1926 年上海涵芬樓率先重印《道藏》，一切都被幸運地改變了。從此，《道藏》不僅成了中國學者的案上物，還有相當一部分走向外國。于是有關道敎原始資料的研究，也開始在日本和歐洲興起。陳垣、馬伯樂、陳國符、福井康順、王明和李約瑟等等先行者的研究使我們知道：《道藏》包含了大量研究中國社會、哲學、科學的重要的原始材料。

　　然而，要對這些浩繁的卷帙進行系統研究，嚴重缺乏工具書。那時，沒有書目提要，沒有字典，也沒有索引和其它檢索工具。所幸這個空白正在被塡補，已有一些主要道書引得出版，但是，我們還沒有一個道書的專題資料索引。黃兆漢敎授的《〈道藏〉丹藥異名索引》首樹一幟，這是非常實用的。

　　道敎金丹術之歷史，源遠流長。在不同時代、地區，一些成份相同的丹藥，卻常常有不同的名稱。葛洪就說：「巨勝一名胡麻」（《抱朴子內篇》仙藥第十一）。又說：「故南人名通天犀爲駭雞犀」（登涉第十七）。但這並不是丹藥有異名的唯一原因。葛洪也說：「按本草藥之與他草同名者甚多，唯精博者能分別之，不可不詳也。黃精一名兔竹，一名救窮，一名垂珠」（仙藥第十一），即指同樣的丹藥有很多異名。由此我們可知：丹藥名稱變化不只是限于同義詞，還有隱喻。這在較晚的煉丹書中看得更加清楚：同義詞變成了隱名。如在唐梅彪的《石藥爾雅》中，松根被稱爲「千歲老人腦」等等。中國金丹術之語所以富有暗示的詩意和充滿想象的隱喻，是爲了揭示丹藥的象徵意義。因而這本丹藥異名索引，也使我們進入了煉丹的心境。《眞誥·運象篇》第二云：「火棗交梨之樹已生君心中也」，此之謂也。

　　施舟人（K. M. SCHIPPER）
　　一九八九年夏于巴黎 ÉCOLE PRATIQUE DES HAUTES ÉTUDES

自　序

　　經過了八年的時間，不斷的努力，終於把這本《道藏丹藥異名索引》編好了。雖然算不上甚麼成績，但總算爲學術界做了點事，縱使是微不足道的事。

　　記得一九八一年我剛從澳洲回來香港大學中文系任教，當時的系主任何丙郁教授便向我提議合作編一本有關《道藏》裏丹藥異名的索引工具書。這建議深得我心，因爲我讀《道藏》的時候常爲一些丹藥名稱而煩惱，正希望有這樣的一本工具書。實際上，在此之前，我已蒐集了一些丹藥名稱的材料，以方便自己讀道書時作爲參考，只不過零零碎碎，不成系統，更沒有想過要彙編成書。我覺得何教授的提議很有意思，故此一口氣便同意了。

　　原來何教授亦已蒐集了這方面的一些材料，所以過了幾天便交給我一疊影印，且說《道藏》裏有關丹藥名稱的都差不多全收在那些影印裏。我數數那疊影印，只有四十一頁紙，自然開心不過了，心想：不需多時便可以把這本《索引》編好了！問題是：如何去編？如何去合作？（換言之，是如何去分工？）「如何去編」不是一個簡單的問題，可惜何教授上任不久，諸事繁忙，未有空閒去細想，故此這個難題只有待我去解決。雖然我對編索引的工作也有些經驗，可是編一個《道藏》的丹藥異名索引卻不是我已有的經驗應付得來的。久經思索，結果打算用這個方法：分欄列出丹藥名、異名、出處（即《道藏》所收錄的某書書名、卷數、頁數）；而丹藥名的排列是按漢語拼音字母次序。丹藥名一欄更包括其學名（拉丁文）、英文名，及它們的出處（如見於某某辭典）。何教授同意了。（何教授是著名的好好先生，在記憶中他極少不贊同別人的意見的。）其次是分工的問題。經過商量後，大家同意：將已有的材料（包括何教授的四十一頁影印及我的零星材料）咭片化（即是把丹藥名、異名、出處在咭片上分欄列出、漢語拼音及按照漢語拼音字母次序排列咭片）由我來做，而在第一欄（即丹藥名一欄）補上學名、英文名及標出其出處則由何教授負責。

　　同意合作編《索引》是一九八一年四月的事，我正式著手編纂是當年六月下旬。原來咭片化的工作並不簡單，而且十分費工夫。很多時因爲影印不清楚，往往需要檢查原書，翻來覆去，甚爲費時。又因爲有些丹藥名稱所用的字不大常見，未漢語拼音之前必須弄清楚它們的讀音，這又要翻查字典。更麻煩的是，因我慣用的拼音法是 Wade-Giles System，而現在要改用漢語拼音，一時之間頗感困難，不時爲了確實某個字的拼音，又要翻翻字典。這些都是很花工夫的。就算把抄錄了的咭片依次地排列亦不是太輕鬆的事，因爲必須小心、洽當。在香港六月至九月是夏天，天氣相當炎熱，在這個季節「閉門造車」並不好受，但是爲了把握暑假，希望在假期內多爲《索引》努力，故日間在大學辦公室，夜間在家中書房往往都工作兩三小時。有一次竟因爲冷氣機失靈而繼續在沒有窗戶的辦公室工作而中暑，結果臥病一星期！就這樣過了一個暑假。到同年九月中大學開課之前我已把我的工作——「資料咭片化」做好了！當然很開心。數數咭片，已達四五百張（包括從丹藥異名返查丹藥本名的咭片），載滿了兩大索引咭片箱子。如果我當時決定把這兩箱咭片交給何教授，讓他去完成他那補充的工作，就不致遲到現在這本工具書纔面世了。這或許是我做得不對。我太野心。

當我將材料咭片化而往往檢查原書的時候，我發覺《道藏》裏有關丹藥名稱的文獻並不如我們已蒐集的那麼少，而且有兩三種很重要的著作我們根本沒有收入。我懷疑我們的《索引》的價值實際上有多少。我對應該做得好些而沒有做到的情況覺得悶悶不樂。知其可爲而不爲，大概是說不過去吧。於是我向何教授建議擴大《索引》收錄的範圍，也就是說，多收錄《道藏》裏有關的文獻。何教授欣然同意了；而補遺工作仍由我負責。我決定從頭到尾翻閱一遍《道藏》，看看有沒有更多值得收錄的文獻。誰知一翻閱就花了我四五個月的工夫！我們的遺漏實在太多了，應該收錄而沒有收錄的比已收錄的多出了好幾倍！我有點擔心。我恐怕自己實在拿不出足夠的時間去做我的工作；就算勉強可以騰出一點時間，完成《索引》也可能因此而遙遙無期。我向何教授提議聘請研究助理去協助我完成咭片化的工作。可是找一個有工作熱誠和有責任心而對《道藏》有認識的研究助理非常困難。所以最後還是我自己獨力承擔這繁重的工作。

從八二年三月起我繼續將我在《道藏》裏新找到的材料咭片化。可是教學委實很忙，兼要指導研究生，以及開會等等，可以抽出來做《索引》的時間實在很少。通常只能在晚上工作。但工作了一整天，人在晚上總覺得疲倦，工作的進度自然不符理想，有時因爲太疲倦了，而力不從心，抄錯了，改正之後，又錯！只好放下工作。

可是，《索引》還是要編的。我不能連累何教授無法完成他的補充工作。故此，只要能夠騰出一小時或甚至半小時我都爲《索引》而努力。工作雖然如意料中的慢，總算沒有停頓下來。在假期就加倍工作。丹藥名、異名愈來愈多，咭片化的工作就愈來愈複雜。一天一天的過去，書桌上的咭片慢慢地增加，索引咭片箱子亦逐漸多起來。我鍥而不捨地工作，直至八三年秋我已完成了我的工作，盡了我的本分——材料的咭片化。如釋重負，心裏十分舒暢。那些艱苦、枯燥的日子總算捱過去了。看看書桌上堆着十四大箱索引咭片，數目達三千三百多張，比原來的多出了七倍！這就是我兩年半以來所得的成績，多開心！

第一部份工作完成後，補充工作原定由何教授負責。但何教授系務、教學及其他研究委實太多太忙了，所以那十多箱咭片一直存放在我那裏原封不動。何教授於八七年三月離開香港大學回澳洲任教。以後一直沒有再提及那《索引》編纂事，大概他已經不感興趣了。

從八三年冬至八八年夏，除了教學外，我一直忙於其他學術研究，編纂《索引》工作已暫時束諸高閣。八八年五月我的第三本有關道教研究的書──《道教研究論文集》（香港中文大學出版社）出版了，心情極爲輕鬆暢快，一天，坐在辦公室，東張西望，目光竟然意外地接觸到那些佈滿塵埃的索引咭片箱子！心情頓然矛盾起來。就讓它們永遠擱置在那裏？還是應該去完成那編纂的計劃呢？難道就讓我兩年半的努力付諸東流，永遠得不到回報？而且我深信這將會是一本有用的工具書。我不甘心，我確信有耕耘就應該有收穫的。再三思慮，我決定獨力去完成它。我相信補充的工作並不太難，況且都是機械式的，不需要太多思考的。意決後，我告訴內子，她極贊同我的決定，且爲我打氣。

八八年八月中，從歐洲渡假回來後，我重新投入《索引》的編纂工作。同時，我寫信給台灣學生書局負責主編《道教研究叢書》的李豐楙教授（台灣政治大學教授），告訴他我的編纂計劃及進行情況，並且探問學生書局有沒有興趣出版此類的工具書。李教授的回信令我十分鼓舞，有如一支強心針。我的意志更堅決了。

《索引》的補充工作說難不難，說易亦不易。最重要的還是毅力與時間。丹藥的學名和英文名是根據七十年代江蘇新醫學院編的《中藥大辭典》和二三十年代 Bernard E. Read 編的幾種有關中國藥物資料的編著。（見「丹藥學名（拉丁文）、英文名所根據之辭典及其簡稱一覽表」）初時我只打算補上丹藥的英文名，故此查辭典的時候只着眼這一點，等到這一步工作完成後纔覺得應該加上它們的學名，因爲這樣會使《索引》的內容更加充實和更爲有用。故此，又重頭到尾的翻查一遍。這一次不獨加上了學名，而且爲英文名一項作了些補遺改錯的工作。查出一個丹藥名稱的學名或英文名，有時並不太容易，這是因爲丹藥的異名太多之故，很多時只好採用較爲轉接的方法。我每天就翻來覆去地查辭典，如是者竟翻了三個月。雖然枯燥無味，但是到底把補充的工作做完了。又一次身心舒暢！可是工作還沒有終止。下一步工作是要爲那三千三百多張咭片編號。這本是輕而易舉的事，卻因咭片眾多和搬來拿去的緣故，加上未編號之前再一次檢查咭片的次序，也花了我十天八天的工夫。到了這階段，《索引》總算編好了。那種喜悅從心底滲出來，眞是難以形容。隨手翻翻那一箱一箱的咭片，有說不出的滿足感。

可是另一個問題又來了。是咭片的謄抄問題。本來我想請我的研究生幫忙的，但是咭片上的文字有些頗爲潦草和紊亂，他們可能看不懂；而且，他們沒有這方面的知識，就算偶有錯誤，他們也不易知道，所以我決定還是自己去謄抄一遍，即使遇到有問題時還有機會去查核。我謄抄在 A4 的單行紙上。因爲我給自己一個限期，故我不斷地工作，連星期日也不例外，兩個月的時間就是如此的過去。竟然抄滿了差不多八百頁紙！厚厚的一疊如巨石般壓在書桌上。

我還要爲「異名」一欄的某些名稱加上適當的編號。這又是把紙張翻來覆去的工作。想不到亦需要兩三個星期的時間。

本來《索引》的編纂工作到此是完結了，可是我還覺得不夠圓滿，我還要爲它編一個筆畫索引，以方便不懂漢語拼音的使用者。找出藥名的筆畫多少和筆形是第一步，按照筆畫多少和筆形去排列次序是第二步（詳「編例」），最後一步是抄寫。這幾步工作足足花了我一個多月的時間。這一回眞正是全部完畢了！最可惜是，進行最後一步工作時，由於疲勞過度，身體虛脫，病倒了。爲了堅持在自己定下的限期內（八九年二月底）完成我的工作，所以稍休息一天後，又再次投入工作。結果在二月的第三個星期我便將筆畫索引抄好。看看書桌上那疊厚厚紙張，已增加到九百頁，可算驚人了。

畢竟，身體還是頗弱的，這是六七個月以來不停工作的惡果，我眞的需要好好的休息一陣子，至少我暫時不想再爲《索引》作任何事，就把寫序文和編例一事暫擱一旁。

現在是三月中旬了，痛苦的日子早已過去，健康亦好轉，精神也覺飽滿，覺得是寫序文和編例的時候了。

回憶過去八年來，環繞着《索引》發生的事，有可悲者，亦有可喜者。悲者不再去提了，喜者亦不值得大書特書。無論如何，我得提及和感激兩個人，一位是何丙郁教授，他向我建議編纂《索引》這個計劃，兼爲我提供了部份資料和很多寶貴意見；且在編纂過程中，常常關注我工作的進行情況。最可惜是他無法抽空實行他原來要做的那部份工作。如果他能實際上參與的話，以何教授的學力見識我相信這本《索引》的質素一定會大大提高。另外一位是內子曾影靖女士，她常常爲我打氣，這精神上的支持是無可比擬的。

我雖然爲《索引》盡了很大的努力，但限於精神、魄力和學養，甚至時間，我相信錯漏仍是不少的，這只好留待將來有機會去修訂了。如果這本工具書能爲學術界的朋友提供一點方便的話，我便很心滿意足了。復何求呢？

我向來不善買禮物送給內子，就趁這機會將這本書送給她作爲禮物吧。這對她不斷地支持我從事學術研究和長期地爲我的健康而操心來說，又算得上甚麼呢？

最後，謹向爲拙著撰寫序文的施舟人教授（Professeur K. M. Schipper，現任法國國立高等研究院教授）及爲書名題簽的饒宗頤教授致萬二分謝意。

黃兆漢　序於香港大學中文系　一九八九年三月

編　例

一、　本書所錄丹藥名、異名乃根據《道藏》（即《正統道藏》）有關丹藥及
　　　其異名之十九種較爲重要之編著，書名見「本書收錄《道藏》著作及其
　　　編號一覽表」。

二、　其排列方法一以丹藥名之漢語拼音字母次序爲準。

三、　丹藥名，無論字數多少，漢語拼音時只視作一辭，例如「愛韭」作 “
　　　aijiu” 而不作 “ai jiu”，因此法較爲流行，且易於排列次序。

四、　正文分「丹藥名」、「異名」及「出處」三欄順次排列。

五、　「丹藥名」一欄順次列出丹藥名、漢語拼音、原植（動、礦）物學名（
　　　拉丁文）、英文名及最後兩者之出處。丹藥名前之號碼乃其編號。

六、　學名與英文名乃根據標準之中英文辭典，名稱見「丹藥學名（拉丁文）
　　　、英文名所根據之辭典及其簡稱一覽表」。

七、　學名根據一九七七年江蘇新醫學院編之《中藥大辭典》（簡稱 “ZY”），
　　　而英文名乃根據 Bernard E. Read 於二三十年代編之八種中國藥物資
　　　料辭典（簡稱 “AN”、“AV”、“DS”、“FI”、“IN”、“MP”、“MS” 及
　　　“TS”）。簡稱後面之號碼乃其原來編號。

八、　如學名有三個以上者，則只取其最前三種，以免繁瑣。

九、　丹藥名如無法在以上九種中英文辭典中查出其原植（動、礦）物學名或
　　　英文名，（無論直接或間接），則付闕如。

十、　「異名」一欄原則上只列出該丹藥之異名（一個或以上），然實有下列
　　　三種情況：㈠、純粹列出異名。㈡、列出冠以「見」字之異名；而據此
　　　異名可追查該丹藥之其他異名及有關資料，如原植（動、礦）物學名、
　　　英文名及其出處等等。㈢、同時列出一般異名及冠以「見」字之異名，
　　　此表示，除列出之異名外，可通過後者追查該丹藥更多之異名及有關資
　　　料，如編號 0018, 0054, 0149。然冠以「見」字之異名可能只在表面上爲
　　　該丹藥之異名，然實際上與該丹藥全無關係，而是另一種丹藥名，如編
　　　號 1010, 2761, 3228。

十一、異名後括弧內之號碼乃其編號。異名亦標出漢語拼音。

十二、「出處」一欄指出丹藥名及其異名之出處（一處或以上）。前面號碼乃
　　　採取翁獨健編《道藏子目引得》（《哈佛燕京學社引得》，第 25 種，
　　　1935）之經書編號，括弧內之號碼乃該書之卷數、頁數。

十三、附「丹藥名筆畫索引」。其排列方法乃以第一字畫數多少爲序（畫數計

算以三十年代舒新城等編之《辭海》爲準），少在前，多在後。如第一
字畫數相同，則以「一」、「｜」、「ノ」、「、」、「一」等筆形爲
序。如第一字相同，則以丹藥名之字數多少爲序，少在前，多在後。又
如字數相同，則以第二字筆畫多少爲序，少在前，多在後。如第二字畫
數相同，則以筆形爲序。如此類推。

十四、「筆畫索引」中丹藥名前面之號碼乃其編號，後面之號碼乃其出現之書
中頁數。使用者可根據其編號或出現之頁數查核其有關之資料。

本書收錄《道藏》著作及其編號一覽表：

丹藥學名、英文名所根據之辭典及其簡稱一覽表：

AN   *Chinese Materia Medica , Animal Drugs* (Bernard E . Read , Peiping,1931)

AV   *Chinese Materia Medica , Avian Drugs* (Bernard E . Read , Peiping,1932)

DS   *Chinese Materia Medica , Dragon and Snake Drugs* (Bernard E . Read , Shanghai , 1934)

FI   *Chinese Materia Medica , Fish Drugs* (Bernard E . Read , Shanghai , 1939)

IN   *Chinese Materia Medica , Insect Drugs* (Bernard E . Read ,Shanghai , 1941)

MP   *Chinese Medicinal Plants from the PEN TS' AO KANG MU* 本草綱目 (Bernard E . Read , Shanghai , 1936)

MS   *A Compendium of Minerals and Stones used in Chinese Medicine from the PEN TS° AO KANG MU* (Bernard E . Read , Peiping , 1928)

TS   *Chinese Materia Medica , Turtle and Shellfish Drugs* (Bernard E . Read , Shanghai , 1937)

ZY   《中藥大辭典》(江蘇新醫學院編，上海科學技術出版社，1977)

道藏丹藥異名索引

（以漢語拼音字母次序排列）

丹　藥　名	異　名	出　處
A 0001　愛　韭 aijiu	見　麥冬門（1638） see maimendong	
0002　菴摩勒 anmole *Phyllanthus em-* *blica, L.* emblic myrobalan, Indian goose-berry ZY 4630;MP 330	餘　甘 yugan	768（23/16a）
0003　安石榴 anshiliu *Punica granatum,* L. pomegranate ZY 1264-1267； MP 250	丹　若 danruo 若　榴 ruoliu	768（36/18b） 768（36/18b）
0004　安息香 anxixiang *Styrax benzoin,* Dryand. benzoin ZY 1916；MP 185	辟邪樹 pixieshu	768（23/26a）
0005　莪 ao	見　繁蔞（0626） see fanlou	
B 0006　巴　豆 badou *Croton tiglium,* L. croton oil ZY 1028；MP 322	巴　椒 bajiao	768（24/1b）
0007　栢 bai	側栢龍芽 zhaibailongya	902（7a）

	Biota orientalis (L.), Endl. arbor vitae ZY 2840 ; MP 791		
0008	白 葩 baiba	見 蜂子蜜（0672） see fengzimi	
0009	白菝葜 baibaqia	見 萆薢（0187） see bijie	
0010	白 貝 baibei	見 貝子（0170） see beizi	
0011	百 倍 baibei	見 牛膝（1852） see niuxi	
0012	百 本 baiben	見 黃耆（1017） see huangqi	
0013	白碧珠 baibizhu	見 青琅玕（1985） see qinglanggan	
0014	百 部 baibu	見 天門冬（2517） see tianmendong	
0015	百部根 baibugen *Stemona japonica* (BL.), Miq. ZY 1729 ; MP 694	婆婦草 pofucao	768（14／41b）
0016	白 草 baicao	見 白英（0115） see baiying 見 白斂（0073） see bailian	
0017	白 茝 baichai	見 白芷（0125） see baizhi	
0018	白 昌 baichang *Acorus calamus*, L.	地心 dixin 見 商陸（2142）	900（shang／6a）

poke root ZY1390；MP 555	see shanglu	
0019 百蟲倉 baichongcang	見 五倍子（2693） see wubeizi	
0020 百 穿 baichuan	見 露蜂房（1573） see lufengfang	
0021 白 單 baidan	見 甘土（0746） see gantu	
0022 白丹鉛 baidanqian	見 黃芽眞性（1031） see huangyazhenxing	
0023 白丹砂 baidansha ①Cinnabar, ②Mercury mercury ZY 1054；MS 44	見 白虎腦（0054） see baihunao	
	天生芽丹砂 tianshengyaden- sha	９０５（16b）
	仙 砂 xiansha	９０５（17a）
	朱鳥砂 zhuniaosha	９０５（17a）
	汞 砂 gongsha	９０５（17a）
	石脾砂 shipisha	９０５（17a）
	赤帝鹵鹹 chidiluxian	９０５（17a）
0024 白帝味 baidiwei	見 白鹽（0109） see baiyan	
0025 白 堊 bai'e Chalk lime, limestone ZY 1386；MS 71	白 善 baishan	７６８（6/1b）

0026	白 礬 baifan	見 礬石（0631） see fanshi	
0027	白礬石 baifanshi Alunite potash alum, alum shale, alum ZY 1383 ; MS 131	羽 澤 yuze 黄 石 huangshi 黄 老 huanglao	900（shang／2b） 900（shang／2b） 900（shang／2b）
0028	百 蜚 baifei	見 防風（0611） see fangfeng	
0029	白符惡 baifu'e	見 白石脂（0096） see baishizhi	
0030	白符芝 baifuzhi	見 草芝（0249） see caozhi	
0031	白附子 baifuzi *Aconitum carmi-* *chaeli* Debx. ZY 2414 ; MP 329	章陽羽玄 zhangyangyuxu- an	1026（68／3a）
0032	白 膏 baigao	見 胡粉（1055） see hufen	
0033	白 葛 baige	見 白兔藿（0102） see baituhuo	
0034	白 鴿 baige *Columba livia,* Gmelin domestic pigeons ZY 4535 ; AV 281	鵏 鴿 boge	768（30／25a）
0035	白 根 baigen	見 白斂（0073） see bailian	
0036	栢 根 baigen	太陰玉足 taiyinyuzu	900（shang／5a）

Biota orientalis (L.) Endl. root of arbor vitaes ZY 3159 ; MP 791		
0037 白功草 baigongcao	見　王孫（2650） see wangsun	
0038 白苟 baigou	見　白殭蠶（0061） see baijiangcan	
0039 白狗膽 baigoudan *Canis familiaris*, L. white dog's bile ZY 2948 ; AN 323	瓠汁 huzhi 陰龍瓠汁 yinlonghuzhi 陰色白狗糞 yinsebaigoufen 龍膏 longgao	900（shang/4b） 900（shang/4b） 900（shang/4b） 900（shang/4b）
0040 白狗耳上血 baigouershangxue *Canis familiaris*, L. white dog's blood ZY 2942 ; AN 323	白龍染 bailongran 陰龍膏瓠汁 yinlonggaohuzhi	900（shang/4b） 900（shang/4b）
0041 白瓜 baigua *Benincasa hispida* (Thunb.) Cogn. white gourd, gourd melon ZY 1526 ; MP 56	水芝 shuizhi	768（40/12b）
0042 白瓜子 baiguazi *Benincasa hispida* (Thunb.) Cogn. white gourd's seed,	冬瓜人 dongguaren	768（40/12b）

gourd melon's seed ZY 1527 ; MP 56		
0043 白海精 baihaijing	見　紺砂（0734） see gangsha	
0044 白海砂 baihaisha	見　紺砂（0734） see gangsha	
0045 白　蒿 baihao *Artemisia Siever* *siana*, Ehrh. ex Willd. beach worm-wood ZY 1392 ; MP 8	蓬　蒿 penghao	7 6 8（9/19b）
	繁皤蒿 fanpohao	7 6 8（9/20a）
	游　胡 youhu	7 6 8（9/20a）
	旁　勃 pangbo	7 6 8（9/20a）
	蔞　蒿 louhao	7 6 8（9/20a）
	見　茵蔯蒿（3090） see yinchenhao	
0046 百　合 baihe *Libium brownii* F.E. Brown var. *colchestri* wils. tiger lily ZY 1728 ; MP 682	重　箱 zhongxiang	7 6 8（12/44b）
	摩　羅 moluo	7 6 8（12/44b）
	中逢花 zhongfenghua	7 6 8（12/44b）
	強　瞿 jiangju	7 6 8（12/44b）
	強　仇 jiangchou	7 6 8（12/45b）
0047 白　虎 baihu	見　鉛精（1938） see qianjing	
	見　礜石（3220）	

		see yushi	
		見 眞鉛（ 3284 ） see zhenqian	
		見 金（ 1212 ） see jin	
0048	白花茅根 baihuamaogen	見 茅根（ 1666 ） see maogen	
0049	白環藤 baihuanteng	見 蘿摩子（ 1595 ） see luomozi	
0050	白花蛇 baihuashe *Agkistroden acutus* （Günther） embroidered Pit- viper ZY 1421 ;DS 114	褰鼻蛇 qianbishe	7 6 8 （ 34 / 8a ）
0051	白滑石 baihuashi	見 滑石（ 1048 ） see huashi	
0052	白 灰 baihui	見 石灰（ 2246 ） see shihui	
0053	百卉花醴 baihuihuali	見 蜜（ 1719 ） see mi	
0054	白虎腦 baihunao· ①Cinnabar ②Mercury mercury ZY 1054 ; MS 44	見 水銀（ 2362 ） see shuiyin	
		見 水銀霜（ 2367 ） see shuiyinshuang	
		見 脫體丹砂（ 2621 ） see tuotidansha	
		白丹砂 baibansha	9 0 5 （ 7b ）
		白金液 baijinye	9 0 5 （ 7b ）

0055 白虎腦玄武骨 baihunaoxuanwugu	見　水銀（2362） see　shuiyin	
0056 白虎脫齒 baihutuochi	見　金牙石（1274） see　jinyashi	
0057 白　驥 baiji	見　白鯉（0071） see　baili	
0058 白　及 baiji *Bletilla striata* (Thunb.) Reichb. f. ZY 1374；MP 634	甘　根 gangen	768（17/27a）
	連及草 lianjicao	768（17/27a）
	見　黃精（0993） see　huangjing	
0059 白　棘 baiji *Ziziphus jujuba*, Mill. ZY 4787；MP 290	棘　鍼 jizhen	768（23/28a）
	棘　刺 jila	768（23/28a）
0060 敗　醬 baijiang *Patrinia villosa*, Juss. ZY 2768；MP 72	鹿　腸 luchang	768（13/26a）
	鹿　首 lushou	768（13/26a）
	馬　草 macao	768（13/26a）
	澤　敗 zebai	768（13/26b）
	鹿　醬 lujiang	768（13/27a）
	酸　益 suanyi	768（13/27a）
0061 白殭蠶 baijiangcan	蟻強子 yiqiangzi	900（shang/4b）

	Bombyx mori, L. bleached dead silkworm ZY 1468 ; IN 16a	白 苟 baigou	900 (shang / 4b)
0062	白 膠 baijiao *Liquidambar tai-* *waniana* , Hance Formosan storax ZY 1456 ; MP 463	鹿角膠 lujuejiao 黃明膠 huangmìnjiao	768 (27 / 19b) 768 (27 / 19b)
0063	白膠香 baijiaoxiang	見 楓香脂 (0668) see fengxiangzhi	
0064	百節蟲 baijiechong	見 馬陸 (1646) see malu	
0065	白蒺藜 baijili	見 蒺藜子 (1206) see jilizi	
0066	白 金 baijin	見 銀 (3086) see yin	
0067	白 莖 baijiing	見 苦參 (1387) see kushen	
0068	白頸蚯蚓 baijingqiuyin *Pheretima aspergill-* *um* (E.Perrier) white necked earth worm ZY 4334 ; IN 88a	土 龍 tulong 地 龍 dilong 地龍子 dilongzi 千人踏 qianrenta	768 (33 / 11b) 768 (33 / 11b) 768 (33 / 12a) 768 (33 / 12b)
0069	白金液 baijinye	見 白虎腦 see baihunao	
0070	白 鑞 baila	崑崙毗 kunlunpi	900 (shang / 3b)

Cassiterite tin MS 15	見　鉛（1915） see qian	
0071　白　鯉 baili *Cyprinus carpio*, L. white carp ZY 5495；FI 128	白　驥 baiji	768（31/33b）
0072　白　蓮 bailian	見　杜若（0582） see duruo	
0073　白　斂 bailian *Ampelopsis japonica* (Thunb.) Mak. ZY 1393；MP 287	菟　核 tuhe 白　草 baicao 白　根 baigen 崑　崙 kunlun	768（17/22a） 768（17/22a） 768（17/22a） 768（17/22a）
0074　白　粱 bailiang	見　粟米（2439） see sumi	
0075　白　苓 bailing	見　杜若（0582） see duruo	
0076　白　陵 bailing	見　雄黃（2896） see xionghuang	
0077　白　龍 bailong	見　礜石（3220） see yushi	
0078　白龍皮肉 bailongpirou	見　天麻（2515） see tianma	
0079　白龍染 bailongran	見　白狗耳上血（0040） see baigouershangx- ue	
0080　白露汁	白雲滋	900（shang/4a）

	bailuzhi	baiyunzi	
0081	白 茅 baimao *Imperata cylindrica* (L.) P. Beauv. var. *major* (Nees) C.E. Hubb. floss grass ZY 1435 ; MP 743	白羽草 baiyucao	900（shang/4a）
0082	白茅菅 baimaojian ·	見 茅根（1666） see maogen	
0083	白茅香 baimaoxiang	見 茅香花（1675） see maoxianghua	
0084	白馬汁 baimazhi	見 覆盒子（0701） see fupenzi	
0085	白 幕 baimu	見 白薇（0103） see baiwei 見 天雄（2535） see tianxiong	
0086	白 前 baiqian *Cynanchum staun-* *tori (Decne.)* Schltr.ex Lévl. ZY 1388; MP 163	石 藍 shilan 嗽 藥 souyao	768（15/26b） 768（15/26b）
0087	白 鉛 baiqian Galenite white lead ZY 3844 ; MS 12	紫眞鉛 zizhenqian	924（shang/2b）
0088	白 青 baiqing light coloured azur- ite	魚目青 yumuqing	900（shang/2b）； 768（2/28a）

Ms 86		
0089 白　羶 baishan	見　白鮮（0105） see baixian	
0090 白　善 baishan	見　代赭（0408） see daizhe	
	見　白堊（0025） see bai'e	
0091 白　墡 baishan	見　甘土（0746） see gantu	
0092 白　參 baishen	見　沙參（2173） see shashen	
0093 百舌鳥 baisheniao *Turdus merula man-* *darinus,* Bonaparte	反　舌 fanshe	768（30/28b）
0094 白　石 baishi	見　陽起石（3024） see yangqishi	
0095 白石英 baishiying Quartz quartz ZY 1407；MS 40	素玉女 suyunü	900（shang/3a）
	白素飛龍 baisufeilong	900（shang/3a）； 1026（68/2a）
	銀　華 yinhua	900（shang/3a）
	水　精 shuijing	900（shang/3a）
	宮中玉女五色 gongzhongyunü- wuse	900（shang/3a）
	黃石英 huangshiying	768（2/15a）
	赤石英	768（2/15a）

		chishiying	
		青石英 qing shiying	768（2/15a）
		黑石英 heishiying	768（2/15a）
0096	白石脂 baishizhi kaolin ZY 1408; MR 57d	白素飛龍 baisufeilong	900（shang/3a）
		白符惡 baifu'e	768（2/22b）
0097	白 朮 baishu	見 朮（2317） see shu	
		見 芍藥（2172） see shaoyao	
0098	白 素 baisu	見 禹餘粮（3228） see yuyuliang	
0099	白素飛龍 baisufeilong	見 白石脂（0096） see baishizhi	
		見 白石英（0095） see baishiying	
0100	百 頭 baitau	見 貫衆（0810） see guanzhong	
0101	白頭翁 baitouweng *Pulsatilla chinensis* (Bge.) Reg. Pulsatilla ZY 1411 ; MP 528	野丈人 yezhangren	768（18/50b）
		明王使者 mingwangshizhe	768（18/50b）
		楫何草 jihecao	768（18/50b）
0102	白菟藿 baituhuo *C. caudatum*, Maxim. MP 161	白 葛 baige	768（11/38a）

0103	白 薇 baiwei *Cynanchum atratum,* Bge. ZY 1394 ; MP 160	白 幕 baimu	768（13/38a）
		薇 草 weicao	768（13/38a）
		春 草 chuncao	768（13/38a）
		骨 美 gumei	768（13/38a）
0104	百 味 baiwei	見 故木砧（0848） see gumuzhen	
0105	白 鮮 baixian *Dictamnus albus,* L. fraxinella MP 350	白羊鮮 baiyangxian	768（13/28b）
		白 羶 baishan	768（13/28b）
		金雀兒椒 jinqueerjiao	768（13/29a）
0106	白項蚯蚓汁 baixiangqiuyinzhi *Pheretima asper-* *gillum* (E. Perrier) white necked earth worm ZY 4334 ; IN 88a	玄龍地強汁 xuanlongdiqiang- zhi	900（shang/4b）
		土龍膏 tulonggao	900（shang/4b）
		土龍血 tulongxue	900（shang/4b）
0107	白錫金 baixijin	見 金（1212） see jin	
0108	白雪龍芽 baixuelongya	見 禿瘡花（2582） see tuchuanghua	
0109	白 鹽 baiyan salt ZY 3503 ; MS 115	白帝味（0024） baidiwei	900（shang/3b）
0110	白羊鮮	見 白鮮（0105）	

	baiyangxian	see baixian	
0111	白藥 baiyao *Stephania Cephar-antha*, Hayata kikio root ZY 1448 ; MP 54	剪草根 jiancaogen	768（15/31b）
		苽蔞 gulou	768（15/31b）
		白藥子 baiyaozi	768（15/32b）
		見 剪草（1131） see jiancao	
		見 桔梗（1176） see jiegeng	
0112	白藥子 baiyaozi	見 白藥（0111） see baiyao	
0113	敗葉 baiye	見 芫花（3164） see yuanhua	
0114	白銀 baiyin	見 銀（3086） see yin	
0115	白英 baiying *Solanum lyratum*, Thunb. white bitter-sweet ZY 3484 ; MP 118	穀菜 gucai	768（9/20b）
		白草 baicao	768（9/20b）
		鬼目草 guimucao	768（9/21a）
		鬼目 guimu	768（9/21a）
		符鬼目 fuguimu	768（9/21a）
0116	白陰瓠汁 baiyinhuzhi *Canis familiaris*, L. dog's bile	狗膽 goudan	880（zhong/10a）

	ZY 2948 ; AN 323		
0117	白油麻 baiyouma *Sesamum indicum,* L. sesame or teel MP 97	脂　麻 zhima	7 6 8（37/13a）
0118	白　魚 baiyu	見　衣魚（3139） see yiyu	
0119	白　玉 baiyu Nephrite jade MS 29	玉　札 yuzha	900（shang/2b）
		純陽主 chunyangzhu	900（shang/2b）
		玄眞赤玉 xuanzhenchiyu	900（shang/2b）
		天　婦 tianfu	900（shang/2b）
		延　婦 yanfu	900（shang/2b）
		見　代赭（0408） see daizhe	
		絕　陽 jueyang	880（zhong/10a）
0120	白　苑 baiyuan	見　女苑（1892） see nüyuan	
0121	白羽草 baiyucao	見　白茅（0081） see baimao	
0122	白餘糧 baiyuliang	見　禹餘粮（3228） see yuyuliang	
0123	白雲滋 baiyunzi	見　白露汁（0080） see bailuzhi	
0124	白礬石	見　礬石（3220）	

	baiyushi	see yushi	
0125	白 芷 baizhi *Angelica dahurica* (Fisch. ex Hoffm.) Benth. et Hook.f. ex Franch. et Sav. angelica ZY 1380 ; MP 207	芳 草 fangcao	768（13/6b）
		白 茝 baichai	768（13/6b）
		䕲 xiao	768（13/6b）
		莞 guan	768（13/6b）
		苻 蘺 fuli	768（13/6b）
		澤 芬 zefen	768（13/6b）
0126	百 枝 baizhi	見 防風（0611） see fangfeng	
		見 狗脊（0779） see gouji	
0127	白 芝 baizhi	玉 芝 yuzhi	768（9/23a）
0128	白朱砂 baizhusha	見 水銀（2362） see shuiyin	
0129	百 足 baizu	見 馬陸（1646） see malu	
0130	百足蟲茅 baizuchongmao	見 茅根（1666） see maogen	
0131	巴 椒 bajiao	見 巴豆（0006） see badou	
		見 蜀椒（2375） see shujiao	
0132	八 角 bajiao	見 附子（0728） see fuzi	

0133	八角附子 bajiaofuzi	見　附子（0728） see　fuzi	
0134	八精丹 bajingdan	見　八神丹（0156） see　bashendan	
0135	巴戟天 bajitian *Morinda officinalis,* How. ZY 1034；MP 102	三蔓草 sanmancao	768（9/8b）
0136	斑鵻 banchui *Streptopelia Orient- alis orientalis (Lath- am)* doves ZY 4728；AV291	斑鳩 banjiu 黃禍侯 huanghuohou	768（30/24b） 768（30/24b）
0137	蜯 bang	見　大蛤（0401） see　dage	
0138	蜯精 bangjing *Pteria margaritifera* (L.) Pearls ZY 3100；TS 221	見　水精精（2341） see　shuijingjing 眞珠 zhenzhu	 880（zhong/9b）
0139	板桂 bangui	見　桂（0820） see　gui	
0140	蚌中珠子 bangzhongzhuzi *Pteria margaritifera* (L.) Pearls ZY 3100；TS 221	沈明合景 shenminghejing	1026（68/3a）
0141	班蝥 banhao	見　班猫（0146） see　banmao	
0142	斑鳩 banjiu	見　斑鵻（0136） see　banchui	

0143 班菌 banjun	見 班猫（0146） see banmao	
0144 班蝨 banli	見 班猫（0146） see banmao	
0145 斑猫 banmao	見 葛上亭長（0764） see geshangtingzhang	
0146 班猫 banmao	龍尾 longwei	768（33/25a）
	班蝨 banli	768（33/25a）
	班蚝 banhao	768（33/25a）
	龍苗 longmiao	768（33/25b）
	龍蚝 longhao	768（33/26a）
	班菌 banjun	768（33/26a）
	膯髮 juanfa	768（33/26a）
	盤蝱 panqiong	768（33/26a）
	晏青 yanqing	768（33/26a）
0147 斑石 banshi	見 滑石（1048） see huashi	
0148 半夏 banxia *Pinellia ternata* (Thunb.) Breit. ZY 1550；MP 711	無心龍芽 wuxinlongya	902（3a）
	守田 shoutian	768（16/21b）
	地文	768（16/21b）

		diwen	
		水　玉 shuiyu	768（16/21b）
		示　姑 shigu	768（16/21b）
		羊　眼 yangyan	768（16/22a）
		由　跋 youba	768（16/23b）
0149	班　杖 banzhang *Polygonum Cuspid-* *atum*, Sieb. et Zuce. ZY 2743 ; MP 571	虎　杖 huzhang 見　虎杖（1113） see huzhang	768（19/9a）
0150	班杖苗 banzhangmiao	見　蒻頭（2095） see ruotou	
0151	豹　格 baoge	見　黃精（0993） see huangjing	
0152	寶砂龍芽 baoshalongya	見　桑葉（2116） see sangye	
0153	雹　葵 baotu	見　萊菔（1394） see laifu	
0154	鮑　魚 baoyu *Haliotis diversicolor*, Reeve abalone, or sea ear ZY 1232 ; TS 222	鰫　魚 yongyu 見　河独（0933） see hetun	768（31/37a）
0155	豹　足 baozu	見　卷栢（1318） see juanbai	
0156	八神丹 bashendan	昭日丹 zhaoridan 流霞丹 liuxiadan	900（xia/2b） 900（xia/2b）

		八精丹 bajingdan	900（xia/2b）
		神光丹 shenguangdan	900（xia/2b）
0157	八石丹 bashidan	麗日丹 liridan	900（xia/2a）
		度死丹 dusiden	900（xia/2a）
		濟世丹 jishidan	900（xia/2a）
0158	八仙丹 baxiandan	見　五石丹（2756） see　wushidan	
0159	椑 bei	見　鼠李（2378） see　shuli	
0160	貝齒 beichi	見　貝子（0170） see　beizi	
0161	北帝根 beidigen	見　黑鹽（0923） see　heiyan	
0162	北帝髓 beidisui	見　黑鹽（0923） see　heiyan	
0163	北帝玄珠 beidixuanzhu	見　消石（2846） see　xiaoshi	
0164	卑共 beigong	見　茵芋（3125） see　yinyu	
0165	北海鹽 beihaiyan	見　食鹽（2293） see　shiyan	
0166	貝母 beimu *Sonchus oleraceus.L.* fritillary ZY 2627；MP 678	空草 kongcao	768（13/4a）
		藥實 yaoshi	768（13/4a）
		苦花 kuhua	768（13/4a）

		苦茱 kucai	768（13/4a）
		薔草 shangcao	768（13/4a）
		勒母 lemu	768（13/4a）
		茵 many	768（13/5b）
0167	敫齊 beiqi	見 蠐螬（1952） see qicao	
0168	卑相 beixiang	見 麻黃（1633） see mahuang	
0169	卑鹽 beiyan	見 麻黃（1633） see mahuang	
0170	貝子 beizi ①*Monetaria moneta* (L.) ②*Monetaria annulus* (L.) cowry shells ZY 0809；TS 231	貝齒 beichi 白貝 baibei	768（34/3a） 768（34/4a）
0171	奔馬草 benmacao	見 丹參（0440） see danshen	
0172	本命丹 benmingdan	見 太一三使丹（2468） see taiyisanshidan	
0173	奔雲丹 benyundan	見 太一三使丹（2468） see taiyisanshidan	
0174	扁毒 biandu	見 牛扁草（1838） see niubiancao	
0175	蝙蝠 bianfu	伏翼 fuyi	900（shang/6a）

Vespertilio superans, Thomas bats ZY 5479 ; AV 288	見 牛蒡子（1836） see niubangzi 見 伏翼（0717） see fuyi	
0176 扁 符 bianfu	見 貫衆（0810） see guanzhong	
0177 扁 青 bianqing	見 綠青（1603） see luqing	
0178 褊 苣 bianqu	見 苦苣（1386） see kuqu	
0179 扁 特 biante	見 牛扁草（1838） see niubiancao	
0180 萹 蓄 bianxu *Polygonum avicu-lare,* L. knot or goose-weed ZY 4834 ; MP 566	萹 竹 bianzhu	768（18/37b）
0181 邊腰棗 bianyaozao	見 大棗（0464） see dazao	
0182 萹 竹 bianzhu	見 萹蓄（0180） see bianxu	
0183 鰾 膠 biaojiao fish glue FI 192b	騏驎竭 qilinjie 天筋縫鰾 tianjinfengbiao	900（shang/5a）
0184 碧城飛華 bichengfeihua	見 石黛（2237） see shidai	
0185 蓽澄茄 bichengqie *Piper cubeba,* L. cubebs ZY 3282 ; MP 629	毗陵茄子 pilingqiezi	768（15/37a）

0186 鼈甲 biejia	見 芍藥（2172） see shaoyao	
0187 萆薢 bijie *Dioscorea hypoglauca*, Palib. fish poison yam ZY 4120；MP 659	赤節 chijie 白菝葜 baibaqia	768（13／35a） 768（13／36a）
0188 碧陵文侯 bilingwenhou	見 石黛（2237） see shidai	
0189 蓖麻 bima	見 蓖麻子（0190） see bimazi	
0190 蓖麻子 bimaji *Ricinus communis*, L. castor oil plant ZY 5108；MP 331	蓖麻 bima	768（18／21a）
0191 檳榔 binglang *Areca catechu*, L. areca nut, betel palm ZY 5276；MP 713	山檳榔 shanbinglang 豬檳榔 zhubinglang 蒳子 nazi 檳丸 bingwan 榔 lang 檳榔孫 binglangsun	768（22／16b） 768（22／16b） 768（22／16b） 768（22／16b） 768（22／16b） 768（22／17a）
0192 檳榔孫 binglangsun	見 檳榔（0191） see binglang	
0193 冰石	見 凝水石（1831）	

	bingshi	see ningshuishi 見 紫石英（3376） see zishiying	
0194	檳丸 bingwan	見 檳榔（0191） see binglang	
0195	蛃魚 bingyu	見 衣魚（3139） see yiyu	
0196	壁錢蟲 biqianchong	見 蜘蛛（3307） see zhizhu	
0197	碧青 biqing	見 綠青（1603） see luqing	
0198	畢石 bishi	見 綠青（1603） see luqing 見 石膽（2238） see shidan	
0199	壁魚 biyu	見 衣魚（3139） see yiyu	
0200	鼻斫草 bizhuocao	見 鴨跖草（3059） see yazhicao	
0201	碧竹子 bizhuzi	見 鴨跖草（3059） see yazhicao	
0202	荸 bo	見 麻蕡（1630） mafen	
0203	波菜 bocai *Spinacia Oleracea*, L. spinach ZY 4138；MP 563	赤爪龍芽 chizhaolongya	902（8a）
0204	鵓鴿 boge	見 白鴿（0034） see baige	
0205	撥穀 bogu	見 布穀（0213） see bugu	
0206	薄荷 bohe *Mentha haplocalyx*, Briq.	南薄荷 nambohe	768（41/22b）

	field mint ZY 5553 ; MP 129		
0207	簸箕蟲 bojichong	見　䗪蟲（3277） see　zhechong	
0208	波羅脂 boluozhi	見　松脂（2419） see　songzhi	
0209	荸麻 boma	見　麻蕡（1630） see　mafen	
0210	伯萍 boping	見　貫衆（0810） see　guanzhon g	
0211	荸臍 boqi	見　烏芋（2784） see　wuyu	
0212	波斯棗 bosizao	見　無漏子（2736） see　wulouzi	
0213	布穀 bugu *Cuculus canorus* *telephonus*, Heine the eastern cuckoo AV 293	撥穀 bogu 穫穀 huogu	768（30/28 b） 768（30/28 b）
0214	補骨鴟 buguchi	見　補骨脂（0215） see　buguzhi	
0215	補骨脂 buguzhi *Psoralea corylifolia* L. scurfy pea ZY 2392 ; MP 403	破故紙 poguzhi 胡韭子 hujiuzi 補骨鴟 buguchi 惡甘草 e'gancao	768（15/15 a） 768（15/15 b） 768（15 /16 b） 768（15/16 b）
0216	不灰木 buhuimu	見　理石（1508） see　lishi	

0217	步虛丹 buxudan	見　紫遊丹（3383） see ziyoudan	
	C		
0218	菜菔 caifu	見　蘆菔（15ᵎ4） see lufu	
0219	犲羽 caiyu	見　蒺藜子（1206） see jilizi	
0220	參成芝 canchengzhi	見　木芝（1797） see muzhi	
0221	蒼耳 canger	見　葈耳（2862） see xier	
0222	蒼耳子 cangerzi	見　葈耳（2862） see xier	
0223	蒼蓬 cangpeng	仙掌龍芽 xianzhanglongya	902（8a）
0224	倉鹽石膏 cangyanshigao	見　礜石（3220） see yushi	
0225	蒼礜石 cangyushi	見　持生礜石（0327） see chishengyushi	
0226	蠶命食 canmingshi	見　桑木（2110） see sangmu	
0227	蠶沙 cansha	見　原蠶蛾（3162） see yuancan'e	
0228	蠶頭當歸 cantoudanggui	見　當歸（0428） see danggui	
0229	蠶退 cantui *Bombyx mori, L.* silkworm molt ZY 3618；IN 16f	馬鳴退 mamingtui	768（32/29a）
0230	草鴟頭 caochitou	見　貫衆（0810） see guanzhong	

0231 草蓯蓉 caocongrong	見　肉蓯蓉（2079） see roucongrong	
	見　列當（1451） see liedang	
0232 草當歸 caodanggui	見　當歸（0428） see danggui	
0233 草豆蔻 caodoukou	見　豆蔻（0564） see doukou	
0234 草　毒 caodu	見　石龍芻（2259） see shilongchu	
0235 草附子 caofuzi	見　莎草根（2128） see shacaogen	
0236 草甘遂 caogansui	見　甘遂（0743） see gansui	
0237 草　藁 caogao	見　青箱子（2011） see qingxiangzi	
0238 草　蒿 caohao *Artemisia Apiacea*, Hance Prince's feather ZY 2491；MP 558	青　蒿 qinghao	768（16/53a）
	方　潰 fangkui	768（16/53a）
	蒿　菣 haoqin	768（16/54a）
	蒿 hao	768（16/54a）
	菣 qin	768（16/54a）
	香　蒿 xianghao	768（16/56a）
	見　青箱子（2011） see qingxiangzi	
0239 草　薑	見　射干（2182）	

	caojiang	see shegan	
0240	草節鉛 caojieqian Galenite lead ZY 3844 ; MS 10	嘉州生鉛 jiazhoushengqian	924（shang/2b）
0241	草金鈴 caojinling	見 牽牛子（1940） see qianniuzi	
0242	草 藍 caolan	見 藍實（1411） see lanshi	
0243	草龍膽 caolongdan	見 龍膽（1534） see longdan	
0244	草三稜 caosanling *Sparganium stoloni- ferum*, Buch. − Ham. bulrush ZY 0097 ; MP 726	雞爪三稜 jizhaosanling	768（19/22a）
0245	草砂金 caoshajin	見 金（1212） see jin	
0246	草續斷 caoxuduan	見 石龍芻（2259） see shilonchu	
0247	草雲母 caoyunmu	見 雲實（3206） see yunshi	
0248	草禹餘粮 caoyuyuliang *Smilax glabra*, Roxb. china root ZY 0166 ; MP 680	平澤中一 pingzezhongyi	768（19/23a）
0249	草 芝 caozhi *Gastrodia elata*, Bl. ZY 0642 ; MP 636	見 五芝（2791） see wuzhi 獨搖芝	 1177（11/7a）

	duyaozhi	
	牛角芝 niujiaozhi	1177（11/7b）
	龍仙芝 longxianzhi	1177（11/7b）
	麻母芝 mamuzhi	1177（11/7b）
	白符芝 baifuzhi	1177（11/7b）
	朱草芝 zhucaozhi	1177（11/7b）
	五德芝 wudezhi	1177（11/8a）
	龍御芝 longxianzhi	1177（11/8a）
0250 萴 ce	見 側子（0254） see cezi	
0251 曾青金 cengqinjin	見 金（1212） see jin	
0252 岑莖 cenjing	見 苦參（1387） see kushen	
0253 岑皮 cenpi	見 秦皮（2026） see qinpi	
0254 側子 cezi *Aconitum carmich-aeli*, Debx. daughter root ZY 2839；MP 5236	見 烏頭（2761） see wutou	
	附子角 fuzijiao	768（16/17b）
	萴 ce	768（16/20a）
0255 茶 cha	見 苦茱（1363） see kucai	

0256 蟶 岸 chaan	見　馬刀（1626） see madao	
0257 柴 胡 chaihu ①*Bupleurum chinen-se*, DC. ②*Bupleurum scorz-onerifolium*, Willd. sickle-leaved hare's ear ZY 3763 ; MP 214	地 薰 dixun	768（8/4b）
	山 菜 shancai	768（8/4b）
	茹草葉 rucaoye	768（8/4b）
	芸 蒿 yunhao	768（8/4b）
0258 豺 節 chaijie	見　五加皮（2723） see wujiapi	
0259 蟾 蜍 chanchu	見　蝦蟇（0876） see hama	
0260 蟾蜍蘭 chanchulan	見　天名精（2519） see tianmingjing	
0261 萇 楚 changchu	見　羊桃（3030） see yangtao	
0262 長 股 changgu	見　黽（2637） see wa	
0263 菖 蒲 changpu *Acorus gramineus*, Soland. ZY 4115 ; MP 704	昌 陽 changyang	768（7/7b）
	堯 韭 yaojiu	768（7/7b）
	天双龍芽 tianrenlongya	902（1b）
0264 常 山 changshan *Dichroa febrifuga*, Lour. Szechuan varnish ZY 4321 ; MP 353	互 草 hucao	768（17/14b）
	蜀 漆 shuqi	768（17/15a）
	蜀漆根 shuqigen	768（17/16a）

		shuqigen	
0265	常山莖 changshanjing	見　蜀漆（2386） see　shuqi	
0266	常山苗 changshanmiao	見　蜀漆（2386） see　shuqi	
0267	長生石 changshengshi	見　石苔衣（2285） see　shitaiyi	
0268	常　思 changsi	見　葈耳（2862） see　xier	
0269	常思菜 changsicai	見　葈耳（2862） see　xier	
0270	常　葈 changxi	見　葈耳（2862） see　xier	
0271	昌　陽 changyang	見　菖蒲（0263） see　changpu	
0272	蟬　殼 chanke *Cryptotympana* *atrata*, Fabricius cicada nymph skin ZY 5339 ; IN 62	枯　蟬 kuchan 伏　蜻 fuyu	768（32/14a） 768（32/14a）
0273	纏樹龍芽 chanshulongya	見　凌霄（1488） see　lingxiao	
0274	姹　女 chanü	見　水銀（2362） see　shuiyin 見　鉛精（1938） see　qianjing	
0275	巢鈎子 chaogouzi	見　鈎栗（0784） see　gouli	
0276	朝景丹 chaojingdan	見　太一小還丹（2471） see　taiyixiaohuandan	
0277	朝霞散彩丹	見　艮雪丹（0763）	

	chaoxiasancaidan	see genxuedan	
0278	槎 牙 chaya 	見 烏芋（2784） see wuyu	
0279	車 螯 cheao *Meretrix meretrix,* L. giant clams ZY 0800；TS 228	大 蛤 dage 蜄 shen 見 紫貝（3353） see zibei	768（33/27b） 768（33/27b）
0280	承 膏 chenggao	見 薇銜（2680） see weixian	
0281	承 肌 chengji	見 薇銜（2680） see weixian	
0282	承 露 chenglu	見 落葵（1592） see luokui	
0283	承露仙 chengluxian	見 人肝藤（2065） see rengenteng	
0284	桯 乳 chengru	見 赤桯木（0290） see chichengmu	
0285	沉 香 chenxiang *Aquilaria agallocha,* Roxb. gharu wood or lignum aloes "agar" ZY 2384；MP 252	蜜 香 mixiang	768（21/23a）
0286	陳知白 chenzhibai	見 何首烏（0932） see heshouwu	
0287	車前子 cheqianzi *Plantago asiatica,* L., *Plantago depressa,* Willd.	當 道 dangdao 芣 苢 fuyi	768（8/13a） 768（8/13a）

Plantain ZY 0801 ; MP 90	蝦蟇衣 hamayi	768（8/13a）	
	牛 遺 niuyi	768（8/13a）	
	勝 舄 shengxi	768（8/13a）	
	馬 舄 maxi	768（8/13a）	
	地丁龍芽 didinglongya	902（5a）	
0288 車下李 chexiali	見 郁李人（3190） see yuliren		
0289 赤雹子 chibaozi	見 王瓜（2645） see wanggua		
0290 赤檉木 chichengmu *Tamarix chinensis*, Lour. tamarisk ZY 3201 ; MP 260	檉 乳 chengru	768（25/31a）	
	河 柳 heliu	768（25 /31a）	
	雨 師 yushi	768（25/31a）	
0291 荎 蕏 chichu	見 五味子（2768） see wuweizi		
0292 赤廚桑 chichusang	見 雌黄（0373） see cihuang		
0293 赤廚桑雌 chichusangci	見 赤雌（0294） see chici		
0294 赤 雌 chici	帝女廻 dinühui	900（shang/1b）	
	帝女署生 dinüshusheng	900（shang/1b）	
	帝女血	900（shang/1b）	

	dinüxue	
	黃 安 huangan	900（shang / 1b）
	赤廚桑雌 chichusangci	900（shang / 2a）
	玄臺丹半 xuantaidanban	900（shang / 2a）
0295 赤 帝 chidi	見　丹砂（0437） see dansha 見　汞（0766） see gong	
0296 赤帝華精 chidihuajing	見　礵黃（1959） see qihuang	
0297 赤帝精 chidijing	見　丹砂（0437） see dansha	
0298 赤帝流汞 chidiliugong	見　水銀（2362） see shuiyin	
0299 赤帝流珠 chidiliuzhu	見　水銀（2362） see shuiyin	
0300 赤帝鹵鹹 chidiluxian	見　白丹砂（0023） see baidansha	
0301 赤帝髓 chidisui	見　丹砂（0437） see dansha	
0302 赤帝體雪 chiditixue	見　水銀霜（2367） see shuiyinshuang	
0303 赤帝味 chidiwei	見　赤鹽（0337） see chiyan	
0304 雞糞礬 chifenfan	見　礬石（0631） see fanshi	
0305 赤 葛 chige	見　何首烏（0932） see heshouwu	

0306 赤 汞 chigong	見　水銀（2362） see　shuiyin	
0307 赤 雞 chiji	見　丹雄雞（0442） see　danxiongji	
0308 赤 箭 chijian astrodia elata, Bl. ZY 0642 ; MP 636	離　母 limu	768（9/10a）
	鬼督郵 guiduyou	768（9/10a）
	合離草 helicao	768（9/10b）
	獨　搖 duyao	768（9/10b）
	天　麻 tianma	768（9/11a）
	見　天麻（2515） see　tianma	
0309 赤箭脂 chijianzhi	見　天麻（2515） see　tianma	
0310 鴟脚莎 chijiaosha	見　奇爐草（1200） see　jijincao	
0311 赤 節 chijie	見　狗脊（0779） see　gouji	
	見　草薢（0187） see　bijie	
0312 持節丹 chijiedan	見　太一三使丹（2468） see　taiyisanshidan	
	見　太和龍胎丹（2449） see　taihelongtaidan	
0313 赤 金 chijin	見　銅（2558） see　tong	
0314 赤車使者 chijushizhe *Elatostema umbell-* *atum* Bl, var. *majus*	小錦枝 xiaojinzhi	768（19/13a）

Maxim. ZY 2236 ; MP 593		
0315　赤　鯉 chili *Cyprinus carpio*, L. carp ZY 5495 ; FI 128	玄　駒 xuanju	768（31/33b）
0316　赤流珠丹 chiliuzhudan	見　太一一味雄黃丹 　　（2477） see　taiyiyiweixiong- 　　huangdan	
0317　赤龍翹 chilongqiao	見　曾靑（3250） see　zengqing 見　雞矢礬 see　jishifan	
0318　赤　門 chimen	見　土釜（2587） see　tufu	
0319　蝭　母 chi mu	見　知母（3298） see　zhimu	
0320　赤狃砂 chiniusha	見　硇砂（0734） see　gangsha	
0321　赤　朴 chipo	見　厚朴（0946） see　houpo	
0322　赤　芹 chiqin *Corydalis edulis*, Maxim. ZY 4867 ; MP 488	天寶龍芽 tianbaolongya	902（1a）
0323　赤　色 chise	見　丹砂（0437） see　dansha	
0324　赤色門 chisemen	見　鼎（0510） see　ding	
0325　赤　砂	見　硇砂（0734）	

	chisha	see gangsha	
0326	赤 參 chishen	見 丹參（0440） see danshen	
0327	持生礜石 chishengyushi coloured arseno lite MS 89	蒼礜石 cangyushi 鼠 毒 shudu	768（6/18a） 768（6/18a）
0328	赤 石 chishi	見 玄黃石（2936） see xuanhuangshi	
0329	赤石英 chishiying	見 白石英（0095） see baishiying	
0330	赤黍米 chishumi	見 丹黍米（0441） see danshumi	
0331	赤 銅 chitong	見 熟銅（2314） see shoutong	
0332	鴟 頭 chitou *Circus cyaneus* *cyaneus* (*L.*) kite's head ZY 3921；AV 314	老 鴉 laodai 鳶 yuan	768（30/24a） 768（30/24a）
0333	赤 土 chitu	赭 堊 zhe'e	900（shang/5b）
0334	赤 網 chiwang	見 菟絲子（2627） see tusizi	
0335	赤 鬚 chixu *Juncus effusus* L. var. *decipiens*, Buchen soft rush ZY 1901；MP 696	虎鬚草 huxucao	767（shang/2/17b）
0336	赤血將軍 chixuejiangjun	見 水銀（2362） see shuiyin	

	見 黃丹（0975） see huangdan	
0337 赤 鹽 chiyan crystal salt, native salt ZY 3503 ; MS 116	赤帝味 chidiwei 聖無知 shangwuzhi	900（shang/3b） 880（zhong/10a）
0338 赤眼老母草 chiyanlaomucao	見 爵牀（1322） see juechuang	
0339 赤耀丹 chiyaodan	見 太一一味雄黃丹 （2477） see taiyiyiweixiong- huangdan	
0340 齒礜 chiyu	見 雞矢礜石（1290） see jishiyushi	
0341 赤爪龍芽 chizhaolongya	見 波菜（0203） see bocai	
0342 赤爪木 chizhaomu *Crataegus pinnati-* *fida* Bge . var . *major* N . E . Br . red haw or haw- thorn ZY 0323 ; MP 422	羊捄 yangjiu 鼠查 shucha	768（25/27b） 768（25/27b）
0343 赤芝 chizhi	丹芝 danzhi	768（9/22b）
0344 持子屎 chizishi	摩幾 moji	900（shang/6a）
0345 重樓 chonglou	見 黃精（0993） see huangjing	
0346 重臺 chongtai	見 甘遂（0743） see gansui	

0347 茺 蔚 chongwei	見 茺蔚子（0348） see chongweizi	
0348 茺蔚子 chongweizi *Leonurus heter-* *ophyllus*, Sweet Siberian motherwort or lion's tail ZY 3334 ; MP 126	益 母 yimu	768（8/24b）
	益 明 yiming	768（8/24b）
	大 札 dazha	768（8/24b）
	貞 蔚 zhenwei	768（8/24b）
	茺 蔚 chongwei	768（8/24b）
	鬱臭草 yuchoucao	768（8/25a）
0349 臭 草 choucao	見 雲實（3206） see yunshi	
0350 臭 黃 chouhuang	見 雄黃（2896） see xionghuang	
0351 荈 chuan	見 茗苦茶茗（1735） see mingkuchaming	
0352 穿山甲 chuanshanjia	見 鯪鯉甲（1476） see linglijia	
0353 傳延年 chuanyannian	見 菊花（1331） see juhua	
0354 楚 蘅 chuheng	見 杜若（0582） see duruo	
0355 吹肚魚 chuiduyu	見 河狳（0933） see hetun	
0356 垂露丹 chuiludan	見 龍珠丹（1556） see longzhudan	
0357 垂 珠	見 黃精（0993）	

	chuizhu	see huangjing	
0358	樗莢 chujia	見 椿莢（0361） see chunjia	
0359	樗木 chumu *Ailanthus altissima* (Mill.) Swingle stinking cedar ZY 5421-5422 ; MP 341	山 椿 shanchun 鬼 目 guimu	768（24/21b） 768（24/21b）
0360	春 草 chuncao	見 白薇（0103） see baiwei 見 莽草（1653） see mangcao	
0361	椿 莢 chunjia *Toona sinensis* (A. Juss.) Roem. fragrant cedar, stinking cedar ZY 5066-5067 ; MP 336, 341	樗 莢 chujia	768（25/32b）
0362	純 廬 chunlu	見 象柴（2801） see xiangchai	
0363	椿 木 chunmu Toona sinensis(A. Juss.) Roem. fragrant cedar ZY 5066-5067 ; MP 334	香木龍芽 xiangmulongya	902（5b）
0364	蠢蠕漿 chunrujiang *Bos taurus domest- icus* Gmelin ; *Bub- alus bubalis*, L.	見 牛乳汁（1848） see niuruzhi 乳 汁 ruzhi	880（zhong/9b）

cow's milk ZY 0821 ; AN 326		
0365 純陽主 chunyangzhu	見 白玉（0119） see baiyu	
0366 樗 皮 chupi *Ailanthus altissima* (Mill.) Swingle stinking cedar ZY5422 ; MP341	武目樹 wumushu	768（38/14a）
0367 處 石 chushi	見 磁石（0383） see cishi 見 玄石（2951） see xuanshi	
0368 楮 實 chushi *Broussonetia pa-* *pyrifera (L.) Vent.* paper mulberry ZY4754 ; MP597	穀 實 gushi	768（20/41a）
0369 處石不拾針者 chushibushizhenzhe	見 磁石（0383） see cishi	
0370 出 隧 chusui	見 菰根（0818） see gugen	
0371 蚝 蟲 cichong	見 蛅蟖（3270） see zhansi	
0372 茨 菰 cigu	見 烏芋（2784） see wuyu	
0373 雌 黃 cihuang Orpiment trisulphide of ans- enic ZY5324 ; MS50	帝女血鍊者 dinüxuelianzhe 玄臺月半鍊者 xuantaiyueban li- anzhe	900（shang/1b） 900（shang/1b）

		黃龍血生 huanglongxue- sheng	900（shang／1b）
		黃安鍊者 huanganlianzhe	900（shang／1b）
		赤廚桑 chichusang	900（shang／1b）
		武都仇池 wuduchouchi	768（3／20a）
		玄臺月華 xuantaiyuehua	1026（68／2a）
0374	雌黃金 cihuangjin	見　金（1212） see　jin	
0375	刺薊 ciji *Cephalanoplos sege tum* (Bge.) Kitam. cat thistle ZY0479；MP29 *Cirsium japonicum,* DC. tiger thistle ZY0191；MP30	紫華龍芽 zihualongya	902（5b）
0376	慈鰻 ciman	見　鰻鱺魚（1660） see　manliyu	
0377	蚝毛蟲 cimaochong	見　蛅蟖（3270） see　zhansi	
0378	慈謀勒 cimoule	見　時蘿（2263） see　shiluo	
0379	磁母液 cimuye	玄帝流漿 xuandiliujiang	904（6a）
0380	刺蘗	見　蘗木（1826）	

	cinie	see niemu	
0381	慈砂龍芽 cishalongya	見 天南星（2520） see tiannanxing	
0382	茨 生 cisheng	見 蒺藜子（1206） see jilizi	
0383	磁 石 cishi Magnetite magnetic iron ore ZY5320；MP76	玄石拾針 xuanshishizhen	900（shang/2a）
		玄水石 xuanshuishi	900（shang/2a）
		處石不拾針者 chushibushizhe- nzhe	900（shang/2a）
		綠 秋 luqiu	900（shang/2a）
		伏石母 fushimu	900（shang/2a）
		玄武石 xuanwushi	900（shang/2a） 900（shang/2a）；
		帝流漿 diliujiang	880（zhong/10a）；
		席流漿 xiliujiang	900（shang/2a）
		定臺引針 dingtaiyinzhen	880（zhong/10a）
		玄 石 xuanshi	768（4/1b）
		處 石 chushi	768（4/1b）
		綠伏石母 lüfushimu	1026（68/3a）
0384	葱	葱 針	768（41/6a）

cong *Allium fistulosum*, L. Chinese small onion or ciboule ZY4812-4817 ; MP666	congzhen 見 時空亭（2253） see shikongting 銀髮龍芽 yinfalongya	902（8b）
0385 葱 葵 congkui	見 藜蘆（1458） see lilu	
0386 葱 苒 congran	見 藜蘆（1458） see lilu	
0387 葱 葵 congtan	見 藜蘆（1458） see lilu	
0388 葱 涕 congti *Allium fistulosum*, L. Chinese small onion or ciboule ZY4814 ; MP666	空亭液 kongtingye	900（shang/4a）
0389 葱 針 congzhen	見 葱（0384） see cong	
0390 醋 cu	見 酢（3388） see zuo	
0391 翠 鳥 cuiniao	見 魚狗（3184） see yugou	
0392 脆 石 cuishi	見 滑石（1048） see huashi	
0393 醋 漿 cujiang	見 酸漿（2425） see suanjiang	
0394 醋母草 cumucao	見 酢漿草（3389） see zuojiangcao	
D		
0395 大蟲骨 dachonggu	見 虎骨（1057） see hugu	

0396	大蟲睛 dachongjing *Panthera tigris*, L. eyeball of the tiger ZY2750;AN351	山君目 shanjunmn 王母女爪 wangmunüzhao	900（shang/4b） 900（shang/4b）
0397	大蟲杖 dachongzhang	見 虎杖（1113） see huzhang	
0398	大春酒 dachunjiu	見 醯（2795） see xi	
0399	大 丹 dadan	見 青琅玕（1985） see qinglonggan	
0400	大當門根 dadangmengen	見 天門冬（2517） see tianmendong	
0401	大 蛤 dage *Mactra quadrangularis*, Deshayes giant fresh water mussels ZY4931 ; TS217	蛘 bang 見 車螯（0279） see cheao	768（33/6b）
0402	大 黃 dahuang ①*Rheum palmatum*, L. ②*Rheum tanguticum*, Maxim. ex Reg. ③*Rheum officinale*, Baill. rhubarb ZY0188 ; MP582	黃 良 huangliang 土大黃 tudahuang 蜀大黃 shudahuang 牛舌大黃 niushedahuang	768（16/31b） 768（16/34a） 768（16/34a） 768（16/34a）
0403	大黃蜂窠 dahuangfengke	見 露蜂房（1573） see lufengfang	
0404	代 丹 daidan	見 代赭（0408） see daizhe	
0405	戴糝 daisan	見 黃耆（1017.） see huangqi	

0406 戴 椹 daishen	見 黃耆（1017） see huangqi	
	見 旋覆花（2928） see xuanfuhua	
0407 戴星草 daixingcao	見 穀精草（0844） see gujingcao	
0408 代 赭 daizhe Hematite red hematite, blood stone ZY1363；MS78	血 師 xueshi	900（shang/3b）； 768（5/24a）
	白 善 baishan	900（shang/3b）
	白 玉 baiyu	900（shang/3b）
	代 丹 daidan	904（3b）
	須 丸 xuwan	768（5/24a）
	丁頭代赭 dingtoudaizhe	768（5/24a）
0409 大 戟 daji *Euphorbia pekinensis*, Rupr. Peking spurge ZY0189；MP327	邛 鉅 qiongju	768（17/30a）
	澤漆根 zeqigen	768（17/30b）
	金精龍芽 jinjinglongya	902（4a）
0410 大 薺 daji	見 菥蓂子（2882） see ximingzi	
0411 大 薊 daji	見 菥蓂子（2882） see ximingzi	
0412 大 椒 dajiao	見 秦椒（2022） see qinjiao	
0413 大戟苗	見 澤漆（3251）	

dajimiao	see zeqi	
0414 大薊山牛蒡 dajishanniubang	見 續斷（2977） see xuduan	
0415 大 就 dajiu	見 黃環（0986） see huanghuan	
0416 大薺子 dajizi	見 菥蓂子（2882） see ximingzi	
0417 大 菊 daju	見 瞿麥（1335） see jumai	
0418 大 空 dakong *Marlea platanifol-* *ium*, S. & Z. MP249	獨 空 dukong	768（25/32b）
0419 大 蘭 dalan	見 瞿麥（1335） see jumai	
0420 大藍實 dalanshi	見 藍實（1411） see lanshi	
0421 大 麥 damai *Hordeum vulgare*,L. barley ZY0186；MP741	稞 麥 kemai	768（38/26a）
	䴮 麥 moumai	768（38/26a）
	青稞麥 qingkemai	768（38/26a）
0422 丹 dan Cinnabar cinnabar, cinnabarite ZY1834；MS43	太 陽 taiyang	884（1/6b）； 884（12/1b）
	光明砂 guangmingsha	886（4a）
	藥 砂 yaosha	886（4a）
	丹 砂 dansha	886（4a）

	靈　砂 lingsha	886（4a）
	還　丹 huandan	886（4a）
0423　淡　菜 dancai *Mytilus crassitesta*, Lischke sea　mussels ZY4674；TS235	殼　菜 kecai	768（33／28b）
0424　單　丹 dandan	見　朴消（1906） see poxiao	
0425　丹　道 dandao	見　甘土（0746） see gantu	
0426　丹地黃 dandihuang	見　胡粉（1055） see hufen	
	見　鉛白（1918） see qianbai	
	見　太素金（2452） see taisujin	
0427　當　道 dangdao	見　車前子（0287） see cheqianzi	
0428　當　歸 danggui *Angelica sinensis* （Oliv.）Diels ZY1763；MP210	乾　歸 gangui	768（12／23b）
	馬尾當歸 maweidanggui	768（12／24a）
	蠶頭當歸 cantoudanggui	768（12／24a）
	草當歸 caodanggui	768（12／24b）
0429　當　陸 danglu	見　商陸（2142） see shanglu	

0430	丹光母 danguangmu	見　松脂（2419） see songzhi	
0431	丹光之母 danguangzhimu	見　松脂（2419） see songzhi	
0432	當　藥 dangyao	見　羊蹄（3031） see yangti	
0433	丹華之黃 danhuazhihuang	玄黃之液 xuanhuangzhiye	884（1/6a）； 951（shang/8b）
		天地之符 tiandizhifu	884（1/6a）； 951（shang/8b）
0434	單　青 danqing potassium nitrate, nitre, saltpetre MS125	青　硝 qingxiao	880（zhong/9a）
0435	丹日魂 danrihun	見　雄黃（2896） see xionghuang	
0436	丹　若 danruo	見　安石榴（0003） see anshiliu	
0437	丹　砂 dansha Cinnabar cinnabar, cinnabar- ite ZY1834；MS43	日　精 rijing	900（shang/1b）
		眞　珠 zhenzhu	900（shang/1b）
		仙　砂 xiansha	900（shang/1b）
		汞　砂 gongsha	900（shang/1b）
		赤　帝 chidi	900（shang/1b）
		太　陽 taiyang	900（shang/1b）
		朱　砂	900（shang/1b）

	zhusha	
	朱 鳥 zhuniao	900（shang／1b）
	降陵朱兒 jianglingzhuer	900（shang／1b）； 1026（68／2a）
	絳宮朱兒 jianggongzhuer	1026（68／2a）
	赤帝精 chidijing	1026（68／2a）
	赤帝髓 chidisui	1026（68／2a）
	朱 雀 zhuque	1026（68／2a）
	見 丹（0422） see dan	
	赤 色 chise	904（5a）
	流 珠 liuzhu	996（shang／35b）
0438 丹山日魂 danshanrihun	見 雄黃（2896） see xionghuang	
0439 丹山月魂 danshanyuehun	見 雄黃（2896） see xionghuang	
0440 丹 參 danshen *Salvia miltiorrhiza,* *Bge.* ZY0977；MP138	郗蟬草 qiechancao	768（11／6a）
	赤 參 chishen	768（11／6a）
	木羊乳 muyangru	768（11／6a）
	逐馬酒 zhumajiu	768（11／6b）

	山　參 shanshen	768（11/7a）
	奔馬草 benmacao	768（11/7a）
0441　丹黍米 danshumi *Panicum miliaceum*, L. glutinous millet ZY5003 ; MP752	赤黍米 chishumi	768（38/21b）
0442　丹雄雞 danxiongji *Gallus gallus domesticus*, Brisson fowls ZY2420 ; AV268	赤　雞 chiji	768（30/5b）
0443　丹　陽 danyang	見　熟銅（2314） see shoutong	
0444　丹　芝 danzhi	見　赤芝（0343） see chizhi	
0445　稻 dao *Oryza sativa*, L. glutinous rice ZY5242 ; MP746	水田米 shuitianmi	768（39/5b）
0446　盜　庚 daogeng	見　旋覆花（2928） see xuanfuhua	
0447　刀環蟲 daohuanchong	見　馬陸（1646） see malu	
0448　到景丹 daojingdan	見　紫遊丹（3383） see ziyoudan	
0449　稻　米 daomi	見　糯（1866） see nuo	
0450　道　傍	見　蒺藜子（1206）	

	daopang	see jilizi	
0451	道人頭 daorentou	見　葈耳（2862） see xier	
0452	道生龍芽 daoshenglongya	見　地編竹（0477） see dibianzhu	
0453	稻秫 daoshu	見　秫米（2380） see shumi	
0454	道脫水 daotuoshui	見　通草（2559） see tongcao	
0455	倒行神骨 daoxingshengu	見　紫石英（3376） see zishiying 見　戎鹽（2078） see rongyan	
0456	大室 dashi	見　葶藶（2555） see tingli	
0457	大適 dashi	見　葶藶（2555） see tingli	
0458	大蒜 dasuan	見　葫（0951） see hu 見　蒜（2424） see suan	
0459	大調汁 datiaozhi	見　千尋子（1948） see qianxunzi	
0460	大洞滑汁 datonghuazhi *Sophora japonica*, L. Chinese yellow berry, pagoda tree ZY5082；MP410	千尋子 qianxunzi 槐子 huaizi	880（zhong / 10a） 880（zhong / 10a）
0461	大吳風草 dawufengcao	見　薇銜（2680） see weixian	
0462	大小薊根 	青刺薊	768（14 / 16b）

daxiaojigen *Cirsium japonicum*, DC ; *Cephalanoplos sege-* *tum* (Bge.) Kitam. tiger thistle, cat thistle ZY0191, 0479 ; MP30, 29	qinglaji 千針草 qianzhencao	768（14/16 b）
0463　大　鹽 dayan Sodium chloride salt ZY3503 ; MS115	石　鹽 shiyan	900（shang/3b）
	印　鹽 yinyan	900（shang/3b）
	海印末鹽 haiyinmoyan	900（shang/3b）
	帝　味 diwei	900（shang/3b）
	食　鹽 shiyan	900（shang/3b）; 768（3/10a）
	味　鹽 weiyan	900（shang/3b）
	河東印鹽 hedongyinyan	768（3/10a）
0464　大　棗 dazao *Ziziphus jujuba* Mill, var. *inermis* (Bge.) Rehd. jujube or Chinese date ZY0187 ; MP292	乾　棗 ganzao	768（35/13a）
	美　棗 meizao	768（35/13a）
	良　棗 liangzao	768（35/13a）
	壺　棗 huzao	768（35/13b）

	邊腰棗 bianyaozao	768（35/13b）
	鹿盧棗 luluzao	768（35/13b）
	檽白棗 jibaizao	768（35/13b）
	樲酸棗 ersuanzao	768（35/13b）
	遵羊棗 zunyangzao	768（35/14a）
	羊矢棗 yangshizao	768（35/14a）
	洗尖棗 xijianzao	768（35/14a）
	蹶泄苦棗 juexiekuzao	768（35/14a）
	晳無實棗 xiwushizao	768（35/14a）
	還味稔棗 huanweirenzao	768（35/14a）
	酸　棗 suanzao	768（35/14a）
	南　棗 nanzao	768（35/14b）
0465　大　札 dazha	見　茺蔚子（0348） see chongweizi	
0466　登　日 dengri	見　鐵釜（2547） see tiefu	
0467　登　瓦 dengwa	見　鼎（0510） see ding	
	見　陰華羽蓋（3102） see yinhuayugai	

0468 荻 di	見 蘆根（1576） see lugen	
0469 棣 di	見 郁李人（3190） see yuliren	
0470 蕇 蒿 dianhao	見 葶藶（2555） see tingli	
0471 巓 棘 dianji	見 天門冬（2517） see tianmendong	
0472 殿蒟 diantang	見 蕪荑（2780） see wuyi	
0473 釣脚鉛 diaojiaoqian Galenite lead ZY3844 ; MS10	於 鉛 yuqian	924 （shang/2b）
0474 釣 藤 diaoteng *Nauclea rhyncho-* *phylla*, Miq. MP86	弔 藤 diaoteng	768（25/13a）
0475 弔 藤 diaoteng	見 釣藤（0474） see diaoteng	
0476 釣樟根皮 diaozhanggenpi *Lindera umbellata*, Thunb. ZY2822 ; MP499	烏 樟 wuzhang	768（24/38b）
0477 地編竹 dibianzhu	道生龍芽 daoshenglongya	902（7b）
0478 地 鱉 dibie	見 䗪蟲（3277） see zhechong	
0479 地不容 diburong	解毒子 jieduzi	768（11/34b）

	Stephania delavayi, Diels ZY1620 ; MP385		
0480	地膽 didan *Meloë coarctatus,* Motsch. Oil-beetle ZY1611 ; IN32	阮青 ruanqing 蚌 wa 見 葛上亭長（0764） see geshangtingzhang	768（34/32b） 768（34/32b）
0481	地膽龍芽 didanlongya	見 兔絲子（2628） see tusizi	
0482	地丁龍芽 ditinglongya	見 車前子（0287） see cheqianzi	
0483	氐冬 didong	見 欵冬花（1362） see kuandonghua	
0484	地輔 difu	見 枸杞（0787） see gouqi	
0485	地膚子 difuzi *Kochia scoparia* (L.)Schrad. broom plant ZY1635 ; MP562	地葵 digui 地麥 dimai 益明 yiming 地麥草 dimaicao 涎衣草 xianyicao	768（11/17a） 768（11/17a） 768（11/17b） 768（11/18a） 768（11/18a）
0486	地骨 digu	見 象柴（2801） see xiangchai 見 枸杞（0787） see gouqi	

0487 地 葵 digui	見 地膚子（0485） see difuzi		
0488 地骨龍芽 digulongya	見 枸杞（0787） see gouqi		
0489 地 槐 dihuai	見 苦參（1387） see kushen		
0490 地 黄 dihuang *Rehmannia glutinosa* (Gaertn.) Libosch. ZY0133；MP107	土 精 tujing 見 生地黄（2193） see shengdihuang 三黄龍芽 sanhuanglongya	900（shang/5b） 902（9a）	
0491 地 雞 diji	見 毒菌地漿（0575） see dujundijiang		
0492 地 菅 dijian	見 茅根（1666） see maogen		
0493 地 節 dijie	見 女萎（1870） see nüwei 見 乾漆（0741） see ganqi		
0494 地 筋 dijin	見 萯根（2804） see xiangen 見 茅根（1666） see maogen		
0495 地 精 dijing	見 肉蓯蓉（2079） see roucongrong 見 何首烏（0932） see heshouwu		
0496 地錦龍芽 dijinlongya	見 衣班（3081） see yiban		
0497 地 葵	見 葈耳（2862）		

	dikui	see xier
0498	地藕根 dilaigen	見 莎草根（2128） see shacaogen
0499	帝流漿 diliujiang	見 磁石（0383） see cishi
0500	帝流青 diliuqing	見 石黛（2237） see shidai
0501	地龍 dilong	見 白頸蚯蚓（0068） see baijingqiuyin
0502	地龍粉 dilongfen	見 蚯蚓屎（2039） see qiuyinshi
0503	地龍子 dilongzi	見 白頸蚯蚓（0068） see baijingqiuyin
0504	地樓 dilou	見 栝樓（0796） see gualou
0505	地麥 dimai	見 地膚子（0485） see difuzi
0506	地麥草 dimaicao	見 地膚子（0485） see difuzi
0507	地門冬 dimendong	見 天門冬（2517） see tianmendong
0508	帝男精 dinanjing	見 雄黃（2896） see xionghuang
0509	帝男血 dinanxue	見 雄黃（2896） see xionghuang

0510	鼎 ding	天器 tianqi	900（shang/5b）
		登瓦 dengwa	900（shang/5b）
		陰華明蓋 yinhuaminggai	900（shang/5b）

		赤色門 chisemen	900（shang/5b）
0511	定 粉 dingfen	見 粉錫（0678） see fenxi	
0512	定風草 dingfengcao	見 天麻（2515） see tianma	
0513	丁公藤 dinggongteng	見 南藤（1810） see nanteng	
0514	丁 歷 dingli	見 葶藶（2555） see tingli	
0515	定神丹 dingshendan	見 還魂駐魄丹（1042） see huanhunzhupodan 見 太一一味硇砂丹 （2476） see taiyiyiweigang- shadan	
0516	定臺引針 dingtaiyinzhen	見 磁石（0383） see cishi	
0517	丁頭代赭 dingtoudaizhe	見 代赭（0408） see daizhe	
0518	丁 翁 dingweng	見 通草（2559） see tongcao	
0519	丁 香 dingxiang *Syzygium aromati- cum* (L.) Merr. et Perry cloves ZY0026；MP244	母丁香 mudingxiang	768（21/21a）
0520	蓚 苨 dini	見 薺苨（1244） see jini	
0521	帝女迴 dinühui	見 赤雌（0294） see chici	

0522	帝女署生 dinüshusheng	見 赤雄（0294） see chici	
0523	帝女髓 dinüsui Cinnabar cinnabar, cinnabar- ite ZY1834 ; MS43	生朱砂 shenzhusha	880（zhong／9b）
0524	帝女血 dinüxue	見 赤雄（0294） see chici	
0525	帝女血鍊者 dinüxuelianzhe	見 雌黃（0373） see cihuang	
0526	帝女液 dinüye	見 桑汁（2118） see sangzhi	
0527	地盤龍芽 dipanlongya	見 荷葉（0934） see heye	
0528	地錢草 diqiancao	見 積雪草（1308） see jixuecao	
0529	地椹 dishen	見 石龍芮（2260） see shilongrui	
0530	地參 dishen	見 知母（3298） see zhimu	
0531	地生黃男 dishenghuangnan gold MS1	黃金 huangjin	904（1b）
0532	地參龍芽 dishenlongya	見 知母（3298） see zhimu	
0533	地菘 disong	見 天名精（2519） see tianmingjing	
0534	地髓 disui	見 生地黃（2193） see shengdihuang	

0535	地 笋 disun *Lycopus lucidus* Turcz. Japanese thorough- wort ZY1612 ; MP34	澤蘭根 zelangen	768（15 / 57 b）
0536	帝 味 diwei	見　大鹽（0463） see dayan	
0537	地 文 diwen	見　半夏（0148） see banxia	
0538	地烏桃 diwutao	見　豬苓（3332） see zhuling	
0539	地下釜 dixiafu	見　鐵釜（2547） see tiefu	
0540	地仙苗 dixianmiao	見　枸杞（0787） see gouqi	
0541	地 心 dixin	見　白昌（0018） see baichang	
0542	地 新 dixin	見　藁本（0748） see gaoben	
0543	地 血 dixue	見　茜根（2868） see xigen	
0544	地 薰 dixun	見　柴胡（0257） see chaihu	
0545	地蕈子 dixunzi	見　毒菌地漿（0575） see dujundijiang	
0546	地 衣 diyi	見　王孫（2650） see wangsun	
0547	地衣冷 diyileng	見　垣衣（3171） see yuanyi	
0548	地 楡 diyu	豚楡係 tunyuxi	900（shang / 5 b）

Sanguisorba officinalis, L. burnet ZY1617 ; MP460	玉 豉 yuchi	768（14/12b）
0549 地 涿 dizhuo	見 雲母（3201） see yunmu	
0550 東方日陽 dongfangriyang	見 金（1212） see jin	
0551 東方宿 dongfangsu	見 羊蹄（3031） see yangti	
0552 東 根 donggen	見 知母（3298） see zhimu	
0553 冬瓜人 dongguaren	見 白瓜子（0042） see baiguazi	
0554 東海鹽 donghaiyan	見 食鹽（2293） see shiyan	
0555 冬 灰 donghui *Chenopodium album*, L. pink variety ZY5651 ; MP561a	藜 灰 lihui	768（6/17a）
0556 東 建 dongjian	見 天雄（2535） see tianxiong	
0557 冬結石 dongjieshi	見 石硫黃（2257） see shiliuhuang	
0558 冬葵子 dongkuizi *Malva verticillata*, L. Chinese mallow ZY1536 ; MP280	葵 菜 kuicai 葵菜子 kuicaizi	768（40/2a） 768（40/4a）
0559 東南陽日	見 金（1212）

	dongnanyangri	see jin	
0560	冬青木 dongqingmu	見　女貞（1873） see nüzhen	
0561	東桑童子 dongsangtongzi	見　青木香（1994） see qingmuxiang	
0562	東　野 dongye	見　朴消（1906） see poxiao	
0563	豆斑石 doubanshi	見　婆娑石（1905） see poshashi	
0564	豆　蔻 doukou *Amomum cardamo- mum*, Chinese cardamon ZY1416 ; MP642	草豆蔻 caodoukou	768（35/1b）
0565	杜 du	見　杜蘅（0571） see duheng	
0566	端 duan	見　玄參（2948） see xuanshen	
0567	妬　婦 dufu	見　黃芩（1018） see huangqin	
0568	毒　根 dugen	見　鈎吻（0793） see gouwen	
0569	毒　公 dugong	見　烏頭（2761） see wutou	
0570	度　谷 dugu	見　狼跋子（1399） see langbazi	
0571	杜　蘅 duheng *Asarum forbesii*, Maxim. ZY2094 ; MP700	杜 du 土　鹵 tulu 杜　若	768（13/36b） 768（13/36b） 768（13/36b）

	duruo	
	馬蹄香 matixiang	768（13/37a）
	見　杜若（0582） see duruo	
0572 獨　活 duhuo ①*Angelica pubes-* *cens*, Maxim. f. *biserrata* Shan et Yuan ②*Angelica pubes-* *cens*, Maxim. ③*Angelica dahurica* (Fisch. ex Hoffm.) Benth. et Hook. f. ex Franch. et Sav. ZY3510；MP208	羌　活 qianghuo	768（8/8b）
	羌　青 qiangqing	768（8/8b）
	護羌使者 huqiangshizhe	768（8/8b）
	胡王使者 huwangshizhe	768（8/8b）
	獨搖草 duyaocao	768（8/8b）
0573 對節龍芽 duijielongya	見　益母（3085） see yimu	
0574 杜蒺藜 dujili	見　蒺藜子（1206） see jilizi	
0575 毒菌地漿 dujundijiang Mushroom (st.) toadstool MP835	菌 jun	768（19/23a）
	檽 nou	768（19/23a）
	蕈 xun	768（19/23a）
	中馗菌 zhongkuijun	768（19/23a）
	地蕈子 dixunzi	768（19/23a）
	地　雞	768（19/23a）

	diji 麞 頭 zhangtou	768 (19 / 23a)
0576 獨 空 dukong	見 大空 (0418) see dakong	
0577 杜 蘭 dulan	見 石斛 (2243) see shihu	
	見 木蘭 (1772) see mulan	
0578 杜 蓮 dulian	見 杜若 (0582) see duruo	
0579 獨麥草 dumaicao	山封子 shanfengzi	924 (xia / 4 b)
0580 獨茅根 dumaogen	見 仙茅 (2824) see xianmao	
0581 杜母草 dumucao	見 瞿麥 (1335) see jumai	
0582 杜 若 duruo *Asarum forbesii*, Maxim. ZY2094 ; MP700	杜 蘅 duheng	768 (11 / 26a)
	杜 蓮 dulian	768 (11 / 26a)
	白 蓮 bailian	768 (11 / 26a)
	白 苓 bailing	768 (11 / 26a)
	若 芝 ruozhi	768 (11 / 26a)
	土 鹵 tulu	768 (11 / 26b)
	楚 蘅 chuheng	768 (11 / 26b)

	見　杜蘅（0571） see duheng		
0583　獨椹 dushen	見　黄耆（1017） see huangqi		
0584　度死丹 dusidan	見　八石丹（0157） see bashidan		
0585　獨搖 duyao	見　赤箭（0308） see chijian		
0586　獨搖草 duyaocao	見　獨活（0572） see duhuo		
	見　無風獨搖草（2711） see wufengduyaocao		
	見　鬼督郵（0823） see guiduyou		
0587　獨搖芝 duyaozhi	見　草芝（0249） see caozhi		
0588　毒魚 duyu	見　芫花（3164） see yuanhua		
0589　杜芫 duyuan	見　芫花（3164） see yuanhua		
0590　杜仲 duzhong *Eucommia ulmoides*, Oliv. hardy rubber tree ZY2092；MP461	思仙 sixian	768（21／13b）	
	思仲 sizhong	768（21／13b）	
	木綿 mumian	768（21／13b）	
0591　獨箒草 duzhoucao *Kochia scoparia*, Schrad. broom plant MP562	净土龍芽 jingtulongya	902（7b）	

E		
0592 鵝不食草 ebushicao	見　石胡荽（2247） see shihusui	
0593 惡甘草 egancao	見　補骨脂（0215） see buguzhi	
0594 莪　蒿 ehao	見　蘪蒿（1498） see linhao	
0595 惡　灰 ehui	見　石灰（2246） see shihui	
0596 莪　蘿 eluo	見　蘪蒿（1498） see linhao	
0597 兒　草 ercao	見　薯蕷（2399） see shuyu 見　知母（3298） see zhimu 見　芫花（3164） see yuanhua	
0598 兒長生 erchangsheng	見　牡丹（1754） see mudan	
0599 二千石腦 erqianshinao	見　母豬足猴猻頭 （1798） see muzhuzuhousun- tou	
0600 二氣龍芽 erqilongya	見　山荷葉（2149） see shanheye	
0601 二氣砂 erqisha	見　靈砂（1481） see lingsha	
0602 樲酸棗 ersuanzao	見　大棗（0464） see dazao	
0603 樲棗實 erzaoshi	見　酸棗（2430） see suanzao	

0604	兒踵草 erzhongcao	見 知母（3298） see zhimu	
0605	惡 實 eshi	見 牛蒡子（1836） see niubangzi	
0606	惡 石 eshi	見 芍藥（2172） see shaoyao	
	F		
0607	法 黃 fahuang	見 硫黃（1514） see liuhuang	
0608	燔 fan	見 鼠婦（2325） see shufu	
0609	芳 草 fangcao	見 白芷（0125） see baizhi	
0610	房 慈 fangci	見 防葵（0617） see fangkui	
0611	防風 fangfeng *Saposhnikovia diva- ricata* (Turcz.) Schi- schk. ZY1985；MP233	銅 芸 tongyun	768（10/18a）
		茴 草 huicao	768（10/18a）
		百 枝 baizhi	768（10/18a）
		屏 風 pingfeng	768（10/18a）
		簡 根 jiangen	768（10/18a）
		百 蜚 baifei	768（10/18a）
0612	方 蓋 fanggai	見 防葵（0617） see fangkui	
0613	放 光 fangguang	見 螢火（3094） see yinghuo	

0614	防 己 fangji *Stephania tetrandra* S. Moore ZY1984 ; MP517	解 離 jieli	768（14/30a）
0615	方 金 fangjin	見 胡麻（1074） see huma	
0616	方 莖 fangjing	見 胡麻（1074） see huma	
0617	防 葵 fangkui *P. japonicum*, Th. MP228	梨 蓋 ligai	768（8/28b）
		房 慈 fangci	768（8/28b）
		爵 離 jueli	768（8/28b）
		農 果 nongguo	768（8/28b）
		利 茹 liru	768（8/28b）
		方 蓋 fanggai	768（8/28b）
		狼毒根 langdugen	768（8/29a）
0618	方 潰 fangkui	見 草蒿（0238） see caohao	
0619	房 木 fangmu	見 辛夷（2893） see xinyi	
0620	房 圖 fangtu	見 桔梗（1176） see jiegeng	
0621	礬蝴蝶 fanhudie	見 礬石（0631） see fanshi	
0622	反魂草	見 紫菀（3379）	

fanhuncao	see ziwan	
0623 返魂丹 fanhundan	見 召魂丹（3273）see zhaohundan	
0624 反藜蘆 fanlilu	見 芍藥（2172）see shaoyao	
0625 煩硫 fanliu	見 石硫黄（2257）see shiliuhuang	
0626 繁蔞 fanlou *Stellaria media* (L.) Cyr. chickwood ZY5628; MP552	雞腸草 jichangcao 蒇 ao 萎蔞 soulou	768（42/16a） 768（42/16a） 768（42/16a）
0627 繁露 fanlu	見 落葵（1592）see luokui	
0628 繁旛蒿 fanpohao	見 白蒿（0045）see baihao	
0629 反舌 fanshe	見 百舌鳥（0093）see baisheniao	
0630 番石 fanshi	見 滑石（1048）see huashi	
0631 礬石 fanshi Alunite alum ZY1383; MS131	見 玄武骨（2965）see xuanwugu 羽碑 yunie 羽澤 yuze 白礬 baifan 黄礬 huangfan	768（1/22a） 768（1/22a） 768（1/22a） 768（1/22a）

		黑礬 heifan	768（1/22a）
		綠礬 lüfan	768（1/22a）
		絳礬 jiangfan	768（1/22a）
		礬精 fanjing	768（1/22b）
		礬蝴蝶 fanhudie	768（1/22b）
		柳絮礬 liuxufan	768（1/22b）
		馬齒礬 machifan	768（1/23a）
		雞糞礬 chifenfan	768（1/23a）
		理石 lishi	768（1/23b）
		粉 fen	996（shang/42b）
0632	樊桃芝 fantaozhi	見　木芝（1797） see muzhi	
0633	薂荶 faxi	見　菥蓂子（2882） see ximingzi	
0634	飛駁烏 feibowu	見　鵲腦（2044） see quenao	
0635	非赤堅 feichijian	見　土釜（2587） see tufu	
0636	飛節芝 feijiezhi	見　木芝（1797） see muzhi	
0637	飛　精	見　錫精（2874）	

feijing	see xijing	
0638 飛 軍 feijun	見 蜂子（0671） see fengzi	
0639 飛駿馬 feijunma	見 野鵲腦（3076） see yequenao	
0640 飛 廉 feilian *Carduus Crispus*, L plumeless thistle ZY0567；MP19	漏 蘆 loulu	768（11/35a）
	天 薺 tianji	768（11/35a）
	伏 豬 fuzhu	768（11/35a）
	飛 輕 feiqing	768（11/35a）
	伏 兔 futu	768（11/35a）
	飛 雉 feizhi	768（11/35a）
	木 禾 muhe	768（11/35a）
0641 蜚 蠊 feilian *Blatta orientalis*, L. flying cockroach ZY5625；IN71	石 薑 shijiang	768（32/43a）
	蠦 肥 lufei	768（32/43a）
	負 盤 fupan	768（32/43a）
	滑 蟲 huachong	768（32/43a）
	負盤臭蟲 fupanchouchong	768（32/43a）
0642 蜚 零 feiling	見 土蜂子（2586） see tufengzi	

0643 飛 流 feiliu	見 玄黃花（2586） see xuanhuanghua	
0644 蜚 蝱 feimeng *Tabanus biwittatus*, Mats. horse-fly ZY3414；IN76	蝱 蟲 mengchong	768（32／42a）
0645 蟦 齊 feiqi	見 蠐螬（1952） see qicao	
0646 飛 輕 feiqing	見 鉛精（1938） see qianjing 見 飛廉（0640） see feilian	
0647 飛 生 feisheng	見 鸓鼠（1424） see leishu	
0648 肥 石 feishi	見 理石（1508） see lishi	
0649 肥 藤 feiteng	見 甘露藤（0739） see ganluteng	
0650 飛蚿蟲 feixianchong	見 馬陸（1646） see malu	
0651 飛仙英丹 feixianyingdan	見 艮雪丹（0763） see genxuedan	
0652 飛 雄 feixiong	見 鉛精（1938） see qianjing	
0653 飛雪丹 feixuedan	見 太一小玉粉丹 （2473） see taiyixiaoyufendan	
0654 飛翼丹 feiyidan	見 太一一味硇砂丹 （2476） see taiyiyiweigang- shadan	

0655 飛 雉 feizhi	見 飛廉（0640） see feilian	
0656 飛 椶 feizong	見 蜂子（0671） see fengzi	
0657 粉 fen	見 礬石（0631） see fanshi	
0658 糞 fen	見 人屎（2069） see renshi	
0659 蜂 feng	羅 叉 luocha 蜂 精 fengjing	900（shang／5a） 900（shang／5b）
0660 蜂 腸 fengchang	見 露蜂房（1573） see lufengfang	
0661 蜂 精 fengjing	見 蜂（0659） see feng	
0662 封 君 fengjun	見 母豬足猴猻頭 （1798） see muzhuzhousu- ntou	
0663 蜂 勒 fengke	見 露蜂房（1573） see lufengfang	
0664 風 爐 fenglu	見 越竈（3180） see yuezao	
0665 楓木苓 fengmuling	見 豬苓（3332） see zhuling	
0666 風生獸 fengshengshou	見 肉芝（2083） see rouzhi	
0667 楓樹苓 fengshuling	見 豬苓（3332） see zhuling	
0668 楓香脂 fengxiangzhi	白膠香 baijiaoxiang	768（21／15b）

Liquidambar taiwaniana, Hance formosan storax ZY1456 ; MP463		
0669 風 煙 fengyan	見　越竈曲（3181） see yuezaoqu	
0670 鳳 翼 fengyi	見　射干（2182） see shegan	
0671 蜂 子 fengzi *Apis cerana*, Fabricius bee larva ZY5407 ; IN3a	飛 軍 feijun 飛 粽 feizong 蜜蜂子 mifengzi	900（shang/5a） 900（shang/5a） 768（31/6a）
0672 蜂子蜜 fengzimi *Apis Cerana*, Fabricius honey ZY5171 ; IN1	白 芭 baiba	900（shang/6a）
0673 芬 華 fenhua	見　葺陸根（3261） see zhanglugen	
0674 蕡 蠐 fenqi	見　蠐螬（1952） see qicao	
0675 蕡蠐螬 fenqicao	見　蠐螬（1952） see qicao	
0676 䶆 鼠 fenshu	見　鼹鼠（3046） see yanshu	
0677 粉 霜 fenshuang purified calomel ZY4010 ; MS46	流丹白膏 liudanbaigao	1026（68/2b）
0678 粉 錫	見　鉛（1915）	

fenxi white lead, carbon- ate of lead ZY3847 ; MS12	see qian 解 錫 xiexi	768（5/21a）
	胡 粉 hufen	768（5/21a）
	鉛 粉 qianfen	768（5/21b）
	定 粉 dingfen	768（5/21b）
0679 佛耳草 foercao *Gnaphalium affine,* D. Don ZY5218 ; MP35	木耳龍芽 muerlongya	902（5a）
0680 釜 fu	見 天器土（2523） see tianqitu	
0681 葍 fu	見 旋覆花（2928） see xuanfuhua	
0682 腐 婢 fubi *Premna microphylla,* Turcz. ZY5384 ; MP146	小豆花 xiaodouhua	768（39/8a）
	葛 花 gehua	768（39/8a）
0683 芣 菜 fucai	見 水萍（2346） see shuiping	
0684 腐 腸 fuchang	見 黃芩（1018） see huangqin	
0685 蔦 茨 fuci	見 烏芋（2784） see wuyu	
0686 伏 丹 fudan	見 錫精（2874） see xijing	
	見 玄黃（2934）	

	see xuanhuang 見 鉛精（1938） see qianjing	
0687 釜 底 fudi	陽曹萼 yangcao'e	900（shang/5b）
0688 扶 蓋 fugai	見 狗脊（0779） see gouji	
0689 釜 蓋 fugai	見 陰華羽蓋（3102） see yinhuayugai 見 陽華羽（3013） see yanghuayu	
0690 負革脂 fugezhi	見 豬頂上脂（3324） see zhudingshangzhi	
0691 符鬼目 fuguimu	見 白英（0115） see baiying	
0692 枹 檵 fuji	見 枸杞（0787） see gouqi	
0693 扶 筋 fujin	見 狗脊（0779） see gouji	
0694 麩 金 fujin	黃 牙 huangya	924（shang/1a）
0695 鳧 葵 fukui *Nymphoides peltat- um* (Gmel.) O. Ktze. fringedwater lily or floating heart ZY3685；MP170	荇 菜 xingcai	768（15/45a）
	接 余 jieyu	768（15/45a）
	豬 蓴 zhuchun	768（15/45a）
	荇 菜 xingcai	768（15/45a）
	龜 蓴 guichun	768（15/45b）

	見 水萍（2346） see shuiping	
0696 苻蘺 fuli	見 白芷（0125） see baizhi	
0697 茯苓 fuling *Poria cocos*(Schw.) Wolf Indian bread, Tuka- hoe ZY3314；MP838	天精 tianjing	900（shang／5b）
	茯菟 futu	768（20／26a）
	茯神 fushen	768（20／26a）
	松脂 songzhi	768（20／28b）
	女蘿 nüluo	768（20／28b）
	琥珀 hupo	768（20／27a）
	江珠 jiangzhu	768（20／27a）
0698 負盤 fupan	見 蜚蠊（0641） see feilian	
0699 負盤臭蟲 fupanchouchong	見 蜚蠊（0641） see feilian	
0700 覆盆 fupen	見 蓬蘽（1887） see penglei	
0701 覆盆子 fupenzi ①*Rubus chingii*, Hu ②*Rubus coreanus*, Miq. wild raspberry ZY5661；MP457	缺盆 quepen	900（shang／4a）
	龍膏 longgao	900（shang／4a）
	雲水 yunshui	900（shang／4a）
	白馬汁	900（shang／4a）

	baimazhi	
	秋膠 qiujiao	900（shang／4a）
	義物錫 yiwuxi	900（shang／4a）
	見 莓子（1710） see meizi	
0702 浮萍 fuping ①*Spirodela polyrr-* *hiza*, Schleid. ②*Lemna minor*, L. duckweed ZY4005；MP702	水浮龍芽 shuifulongya 見 水萍（2346） see shuiping	902（4b）
0703 膚青 fuqing Azurite azurite ZY3578；MS86a	推青 tuiqing 推石 tuishi	768（4／29a） 768（4／29a）
0704 釜臍下墨 fuqixiamo	見 釜月中墨（0723） see fuyuezhongmo	
0705 芙蕖 fuqu	見 荷（0892） see he	
0706 芙蓉 furong	見 荷華（0899） see hehua	
0707 桴挨子 fushanzi	見 通草（2559） see tongcao	
0708 茯神 fushen	見 茯苓（0697） see fuling	
0709 伏石母 fushimu	見 磁石（0383） see cishi	
0710 伏尸栀子 fushizhizi	見 栀子（3309） see zhizi	

0711 父 鼠 fushu	見 牡鼠（1787） see mushu	
0712 菖藤莖 futengjing	見 通草（2559） see tongcao	
0713 伏 兔 futu	見 飛廉（0640） see feilian	
0714 茯 菟 futu	見 茯苓（0697） see fuling	
0715 附 蝸 fuwo	見 蛞蝓（1384） see kuoyu	
0716 伏玄丹 fuxuandan	見 太素金（2452） see taisujin	
0717 伏 翼 fuyi *Vespertilio superans* , Thomas	蝙 蝠 bianfu	768（30/12b）
	仙 鼠 xianshu	768（30/13a）
	天 鼠 tianshu	768（30/13b）
	見 蝙蝠（0175） see bianfu	
0718 芣 苢 fuyi	見 車前子（0287） see cheqianzi	
0719 扶栘木皮 fuyimupi *Amelanchier sinica* (Schneid.), Chun ZY2264；MP421	棠 棣 tangdi	768（25/29b）
	栘 楊 yiyang	768（25/29b）
0720 伏 蜻 fuyu	見 蟬殼（0272） see chanke	
0721 鮒 魚 fuyu	見 鯽魚（1309） see jiyu	
0722 浮 餘	見 紫石英（3376）	

fuyu	see zishiying	
0723 釜月中墨 fuyuezhongmo ZY3903	釜臍下墨 fuqixiamo	768（5／2a）
0724 鰒魚甲 fuyujia	見 石決明（2252） see shijueming	
0725 浮雲滓 fuyunzi	見 雲母（3201） see yunmu	
0726 附 支 fuzhi	見 通草（2559） see tongcao	
0727 伏 豬 fuzhu	見 飛廉（0640） see feilian	
0728 附 子 fuzi *Aconitum carmich- aeli*, Debx. autumn root ZY2414；MP523a	烏 烟 wuyan	900（shang／4a）
	香附子 xiangfuzi	900（shang／4a）
	烏頭子 wutouzi	900（shang／4a）
	八 角 bajiao	768（16／2b）
	八角附子 bajiaofuzi	768（16／5a）
	見 烏頭（2761） see wutou	
0729 附子角 fuzijiao	見 側子（0254） see cezi	
G		
0730 甘 草 gancao *Glycyrrhiza uralen- sis*, Fisch.	蜜 甘 migan	768（7／19b）
	美 草 meicao	768（7／19b）

liquorice, licorice ZY1187 ; MP391	蜜 草 micao	768 (7 / 19b)
	潞 草 lucao	768 (7 / 19b)
	甘露龍芽 ganlulongya	902 (2a)
0731　甘　藁 gangao	見　甘遂（0743） see gansui	
0732　甘　根 gangen	見　白及（0058） see baiji	
0733　剛　前 gangqian	見　淫羊藿（3123） see yinyanghuo	
0734　硇　砂 gangsha sal ammoniac, am- monium chloride MS126	金　賊 jinzei	900 (shang / 2a) ; 880 (zhong / 9b) ; 905 (19b)
	赤　砂 chisha	900 (shang / 2a)
	狃　砂 niusha	900 (shang / 2a) ; 905 (19b)
	濃　砂 nongsha	900 (shang / 2a)
	白海精 baihaijing	900 (shang / 2a)
	狃砂黃 niushahuang	900 (shang / 2a)
	黃　砂 huangsha	9 00 (shang / 2a)
	赤狃砂 chiniusha	900 (shang / 2a) ; 905 (19a)
	白海沙 baihaisha	905 (19a)

0735 乾 歸 gangui	見 當歸（0428） see danggui	
0736 肝 黃 ganhuang	見 牛黃（1840） see niuhuang	
0737 甘蕉根 ganjiaogen *Musa paradisiaca* L. var. *sapientum* (L.) O. Ktze. root of bananas or plantains ZY1197 ; MP652	籠 草 longcao 烏薟草 wuliancao	768（18/53b） 768（18/53b）
0738 甘露龍芽 ganlulongya	見 甘草（0730） see gancao	
0739 甘露藤 ganluteng	肥 藤 feiteng	768（25/32a）
0740 甘 蒲 ganpu	見 香蒲（2813） see xiangpu	
0741 乾 漆 ganqi *Rhus verniciflua* *stokes* varnish tree, Japa- nese lacquer tree ZY0131 ; MP318	地 節 dijie 黃 芝 huangzhi	768（21/2a） 768（21/2a）
0742 贛 生 gansheng	見 薏苡人（3138） see yiyiren	
0743 甘 遂 gansui *Euphorbia kansui*, Liou Siebold's spurge ZY1188 ; MP328	甘 藁 gangao 陵 藁 linggao 凌 澤 lingze	768（17/19a） 768（17/19a） 768（17/19a）

	圭 田 zhutian	768（17／19a）	
	草甘遂 caogansui	768（17／19b）	
	蚤 休 zaoxiu	768（17／19b）	
	重 臺 chongtai	768（17／19b）	
0744	感 藤 ganteng MP881	甘 藤 ganteng	768（25／31a）
		甜 藤 tianteng	768（25／31a）
0745	甘 藤 ganteng	見 感藤（0744） see ganteng	
0746	甘 土 gantu Montmorillonite ZY1185	白 單 baidan	900（shang／5a）
		白 墡 baishan	900（shang／5b）
		丹 道 dandao	900（shang／5b）
		土 精 tujing	900（shang／5b）
0747	乾 棗 ganzao	見 大棗（0464） see dazao	
0748	藁 本 gaoben *Ligusticum Sinense*, Oliv. ZY5616；MP224	鬼 卿 guiqing	768（13／32b）
		地 新 dixin	768（13／32b）
		微 莖 weijing	768（13／32b）
0749	皋蘆葉	茗	768（21／34a）

gaoluye *Camellia Sinensis*, O. Ktze. var. *macrophylla*, Sieb. ZY3879 ; MP268	ming 過　羅 guoluo 物　羅 wuluo	768（21/34a） 768（21/34a）
0750 葛　根 gegen *Pueraria lobata* (Willd.) Ohwi ke hemp ZY4796 ; MP406	雞齋根 jizhaigen 鹿　藿 luhuo 黄　斤 huangjin	768（12/11b） 768（12/11b） 768（12/11b）
0751 葛根蔓 gegenman *Pueraria lobata* (Willd.) Ohwi ke hemp ZY4796 ; MP406	靑龍龍芽 qinglonglongya	902（10a）
0752 割孤露澤 geguluze	見　胡黄連（1060） see huhuanglian	
0753 葛　花 gehua	見　腐婢（0682） see fubi	
0754 蛤　蚧 gejie *Gekko gecko* (L.) toad-headed lizard ZY4930 ; DS109	守　宮 shougong 蛤　蠏 gexie	768（33/19b） 768（33/20a）
0755 葛　虆 gelei	見　千歲虆（1945） see qiansuilei	
0756 庚 geng	見　金（1212） see jin	
0757 梗　草 gencao	見　桔梗（1176） see jiegeng	

0758	更　生 gengsheng	見　菊花（1331） see　juhua	
0759	更生丹 gengshengdan	見　召魂丹（3273） see　zhaohundan	
0760	庚　辛 gengxin	見　金（1212） see　jin	
0761	庚辛白金 gengxinbaijin	見　金（1212） see　jin	
0762	耿　子 gengzi	見　烏頭（2761） see　wutou	
0763	艮雪丹 genxuedan	水銀霜丹 shuiyinshuang- dan	900（xia／2a）
		流珠白雪丹 liuzhubaixuedan	900（xia／2a）
		飛仙英丹 feixianyingdan	900（xia／2a）
		流珠素霜丹 luizhusushuang- dan	900（xia／2a）
		玄珠絳雪丹 xuanzhujiangxu- edan	900（xia／2a）
		太陽紅粉丹 taiyanghongfen- dan	900（xia／2a）
		朝霞散彩丹 chaoxiasancai- dan	900（xia／2a）
		夕月流光丹 xiyueliuguangd- an	900（xia／2a）

		傾相珠丹 qingxiangzhudan	900（xia／2a）
		疑堦積雪丹 yijiejixuedan	900（xia／2a）
0764	葛上亭長 geshangtingzhang *Epicauta gorhami*, Mars. blister-beetle ZY4802；IN31	斑 猫 banmao	768（33／17b）
		芫 青 yuanqing	768（33／18a）
		王不留行蟲 wangbuliuxing- chong	768（33／18a）
		地 膽 didan	768（33／18a）
0765	蛤 蟹 gexie	見 蛤蚧（0754） see gejie	
0766	汞 gong ①Cinnabar ②Mercury mercury ZY1054；MS44	見 水銀（2362） see shuiyin	
		見 太陰玄精（2464） see taiyinxuanjing	
		子 明 ziming	884（1／6a）
		砂 子 shazi	904（3a）
		赤 帝 chidi	904（5a）
		流 珠 liuzhu	904（6a）； 996（shang／33b）
0767	汞 粉 gongfen ①Cinnabar ②Mercury calomel	水銀灰 shuiyinhui	768（3／23a）
		見 水銀粉（2363） see shuiyinfen	

ZY1054；M45		
0768 工門精 gongmenjing	見　天名精（2519） see　tianmingjing	
0769 弓　皮 gongpi	見　蛇蛻（2224） see　shetui	
0770 公　乳 gongru	見　石鍾乳（2307） see　shizhongru	
0771 汞　砂 gongsha	見　丹砂（0437） see　dansha	
	見　白丹砂（0023） see　baidansha	
0772 共　石 gongshi	見　滑石（1048） see　huashi	
0773 宮　脂 gongzhi	見　麋脂（1744） see　mizhi	
0774 宮中玉女五色 gongzhongyunüwuse	見　白石英（0095） see　baishiying	
0775 鉤 gou	見　王瓜（2645） see　wanggua	
0776 勾　陳 gouchen	見　雄黄（2896） see　xionghuang	
0777 狗　膽 goudan	見　白陰瓠汁（0116） see　baiyinhuzhi	
0778 狗　糞 goufen	見　陰龍肝（3105） see　yinlonggan	
0779 狗　脊 gouji *Cibotium barometz* (L.) J. Sm. chain fern ZY2949；MP804	百　枝 baizhi	768（13/14a）
	強　膂 jianglu	768（13/14a）
	扶　蓋 fugai	768（13/14a）

	扶 筋 fujin	768（13/14a）
	狗 青 gouqing	768（13/15a）
	赤 節 chijie	768（13/15a）
0780 枸 忌 gouji	見 枸杞（0787） see gouqi	
0781 狗 薺 gouji	見 菥蓂子（2882） see ximingzi 見 葶藶（2555） see tingli	
0782 狗 椒 goujiao	見 蔓椒（1656） see manjiao	
0783 狗 精 goujing	見 牡狗陰莖（1760） see mugouyinjing	
0784 鈎 栗 gouli *Castanopsis tibet-* *ana*, Hance sweet acorn ZY3435 ; MP614	巢鈎子 chaogouzi	768（36/35b）
0785 狗 尿 gouniao dog's urine AN323	陰龍汁 yinlongzhi	900（shang/4b）
0786 搆耨草 gounoucao	見 蒲公草（1907） see pugongcao	
0787 枸 杞 gouqi *Lycium chinense*, Mill. matrimony vine ZY3163-3164 ; MP115	杞 根 qigen	768（20/16b）
	地 骨 digu	768（20/16b）
	枸 忌 gouji	768（20/16b）

	地 輔 difu	768（20/16b）
	羊 乳 yangru	768（20/16b）
	却 暑 queshu	768（20/16b）
	仙人杖 xianrenzhang	768（20/16b）
	西王母杖 xiwangmuzhang	768（20/16b）
	若 杞 ruoqi	768（20/17a）
	枹 檵 fuji	768（20/18a）
	苦 杞 kuqi	768（20/18a）
	家 柴 jiachai	768（20/18a）
	托 盧 tuolu	768（20/18a）
	天 精 tianjing	768（20/18a）
	却 老 quelao	768（20/18a）
	地仙苗 dixianmiao	768（20/18b）
	地骨龍芽 digulongya	902（4b）
0788 苟 杞 gouqi	見 象柴（2801） see xiangchai	
0789 狗 青	見 狗脊（0779）	

	gouqing	see gouji	
0790	鉤茹 gouru	見 王瓜（2645） see wanggua	
0791	狗蝨 goushi	見 胡麻（1074） see huma	
0792	鉤藪 gousou	見 王瓜（2645） see wanggua	
0793	鉤吻 gouwen *Gelsemium elegans*, Benth. ZY3434；MP174	野葛 yege	768（17／5a）
		固活 guhuo	768（17／5b）
		毛莨 maolang	768（17／5b）
		除辛 xuxin	768（17／6b）
		毒根 dugen	768（17／7b）
		胡蔓草 humancao	768（17／7b）
		見 毛莨鉤吻（1672） see maolanggouwen	
0794	狗血 gouxue	見 陰龍肝（3105） see yinlonggan	
0795	瓜蒂 guadi *Cucumis melo*, L. stem of musk melon or cantaloup ZY4492；MP58	甜瓜蒂 tianguadi	768（40／8b）
0796	栝樓 gualou *Trichosanthes kiri-*	地樓 dilou	768（12／15a）
		果臝	768（12／15b）

lowii, Maxim. ZY3653 ; MP68	gouluan 天 瓜 tiangua	768 (12 / 15 b)
	澤 姑 zegu	768 (12 / 15 b)
	黃 瓜 huanggua	768 (12 / 15 b)
	栝 樓 子 gualouzi	768 (12 / 16 b)
0797 栝樓子 gualouzi	見 栝樓 (0796) see gualou	
0798 莞 guan	見 白芷 (0125) see baizhi	
0799 光明砂 guangmingsha	見 丹 (0422) see dan	
0800 光明鹽 guangmingyan rock salt, crystall- ized salt, mineral salt ZY1766 ; MS117	見 紫石英 (3376) see zishiying 石 鹽 shiyan	768 (4 / 28 b)
	聖 石 shengshi	768 (4 / 29 a)
0801 官 桂 guangui	見 菌桂 (1338) see jungui	
0802 瓜 牛 guaniu	見 蛞蝓 (1384) see kuoyu	
	見 蝸牛 (2691) see woniu	
0803 貫 節 guanjie	見 貫眾 (0810) see guanzhong	
0804 鸛 菌 guanjun	見 雚菌 (0805) see guanjun	

0805	雚 菌 guanjun *Ciconia ciconia* *boyciana*, Swinhoe white stork's excre- ment ZY5757 ; AV246	雚 蘆 guanlu 鸛 菌 guanjun	768 (17 / 25b) 768 (17 / 26a)
0806	雚 蘆 guanlu	見 雚菌 (0805) see guanjun	
0807	貫 渠 guanqu	見 貫眾 (0810) see guanzhong	
0808	鸛鵲血 guanquexue *Ciconia ciconia* *boyciana*, Swinhoe blood of the East- ern white stork ZY5757 ;AV246	陰鳥汁 yinniaozhi	900 (shang / 4b)
0809	管 松 guansong	見 天門冬 (2517) see tianmendong	
0810	貫 眾 guanzhong ①*Dryopteris crass-* *irhizoma*, Nakai ②*Lunathyrium ac-* *rostichoides* (Sw.) Ching ③*Matteuccia struth-* *iopteris* (L.) Tod- aro wood fern ZY3092 ; MP800A	貫 節 guanjie 貫 渠 guanqu 百 頭 baitou 虎 卷 hujuan 扁 符 bianfu 伯 萍 boping 藥 藻	768 (17 / 35b) 768 (17 / 35b) 768 (17 / 35b) 768 (17 / 35b) 768 (17 / 35b) 768 (17 / 35b) 768 (17 / 35b)

	yaozao	
	草鴟頭 caochitou	768（17/35b）
0811 管 仲 guanzhong *Potentilla fulgens,* Wall. ZY5350	五鳳龍芽 wufenglongya	902（1b）
0812 瓜子金 guazijin	見 金（1212） see jin	
0813 穀菜 gucai	見 白英（0115） see baiying	
0814 菰菜 gucai	見 菰根（0818） see gugen	
0815 鶻嘲 guchao *Colymbus ruficollis* *poggei* (Reichenow) grebes ZY5684；AV258	鸇鶂 qusou	768 （30/27a）
	骨鵰 gudiao	768 （30/27a）
0816 骨 鵰 gudiao	見 鶻嘲（0815） see guchao	
0817 谷釜生 gufusheng	見 蘇膏（2433） see sugao	
0818 菰 根 gugen *Zizania caduciflora* (Turcz.) Hand.– Mazz. Water bamboo, Indian rice ZY4143；MP766	菰蔣草 gujiangcao	768（18/34a）
	茭草 jiaocao	768（18/34a）
	菰菜 gucai	768（18/34a）
	菰首 gushou	768（18/34a）

		出 隧 chusui	768（18/34b）
		蓮 蔬 qushu	768（18/34b）
		茭 鬱 jiaoyu	768（18/35b）
0819	固 活 guhuo	見 鈎吻（0793） see gouwen	
0820	桂 gui *Cinnamomum Cassia* , Presl Saigon cinnamon ZY1790；MP495	木 桂 mugui	768（20/2b）
		牡 桂 mugui	768（20/2b）
		筒 桂 tonggui	768（20/2b）
		肉 桂 rougui	768（20/2b）
		桂 心 guixin	768（20/2b）
		板 桂 bangui	768（20/2b）
		紫 桂 zigui	768（20/2b）
0821	鬼釵草 guichaicao *Bidens bipinnata*, L. black jack ZY3491；MP15	鬼 針 guizhen	768（17/47b）
0822	龜 蓴 guichun	見 鳧葵（0695） see fukui	
0823	鬼督郵 guiduyou *Cynanchum panicul.*	獨搖草 duyaocao	768（11/38b）
		徐長卿	768（11/39a）

	atum (Bge.) Kitag. ZY3897 ; MP41, 166	xuzhangqing 見　赤箭（0308） see chijian	
0824	鬼　蓋 guigai	見　人參（2068） see renshen	
0825	龜　甲 guijia *Chinemys reevesii* (Gray) terrapin shell ZY2348 ; TS199a	神　屋 shenwu	768（31/11b）
0826	鬼　箭 guijian	見　衛矛（2672） see weimao	
0827	鬼　臼 guijiu *Dysosma versipellis* (Hance) M. Cheng umbrella leaf ZY3485 ; MP520	爵　犀 juexi	768（18/59b）
		馬目毒公 mamudugong	768（18/59b）
		九　臼 jiujiu	768（18/59b）
		天　臼 tianjiu	768（18/59b）
		解　毒 jiedu	768（18/59b）
0828	鬼蒟蒻 guijuruo	見　天南星（2520） see tiannanxing	
0829	鬼　考 guikao	見　蛇床子（2179） see shechuangzi	
0830	皈命丹 guimingdan	見　召魂丹（3273） see zhaohundan	
0831	鬼　目 guimu	見　白英（0115） see baiying 見　羊蹄（3031）	

	see yangti	
	見 樗木 (0359) see chumu	
	見 石南 (2270) see shinan	
0832 鬼目草 guimucao	見 白英 (0115) see baiying	
0833 鬼卿 guiqing	見 藁本 (0748) see gaoben	
0834 桂荏 guiren	見 蘇 (2423) see su	
0835 鬼桃 guitao	見 羊桃 (3030) see yangtao	
0836 鱖豚 guitun	見 鱖魚 (0839) see guiyu	
0837 桂心 guixin	見 桂 (0820) see gui	
0838 鬼油麻 guiyouma	見 漏蘆 (1562) see loulu	
0839 鱖魚 guiyu *Siniperca chuatsi* (Basilewsky) mandarin fish ZY5723 ; FI150	桂魚 guiyu 鱖豚 guitun 水豚 shuitun	768 (32 / 43b) 768 (32 / 44a) 768 (32 / 44a)
0840 桂魚 guiyu	見 鱖魚 (0839) see guiyu	
0841 規魚 guiyu	見 河狌 (0933) see hetun	
0842 鬼針 guizhen	見 鬼釵草 (0821) see guichaicao	

0843	菰蔣草 gujiangcao	見 菰根（0818） see gugen	
0844	穀精草 gujingcao *Eriocaulon buerger-* *ianum*, Koern. pipewort ZY2336 ; MP701	戴星草 daixingcao	768（19/4b）
0845	谷精草 guijingcao *Eriocaulon buerger-* *ianum*, Koern. pipewort ZY2336 ; MP701	通頂龍芽 tongdinglongya	902（4b）
0846	苽蔞 gulou	見 白藥（0111） see baiyao	
0847	骨美 gumei	見 白薇（0103） see baiwei	
0848	故木砧 gumuzhen	百 味 baiwei	768（23/32a）
0849	菓耳 guoer	見 葈耳（2862） see xier	
0850	果負 guofu	見 烏頭（2761） see wutou	
0851	果贏 guoluan	見 栝樓（0796） see gualou	
0852	過羅 guoluo	見 皐蘆葉（0749） see gaoluye	
0853	蜾蠃 guoluo	見 蠮螉（3131） see yiweng	
0854	穀實 gushi	見 楮實（0368） see chushi	

0855 菰 首 gushou	見 菰根（0818） see gugen	
0856 骨碎補 gusuibu *Drynaria fortunei* (Kunze) J. Sm. polypody ZY3421；MP808	胡孫薑 husunjiang	768（18/76a）
	石菴藺 shianlü	768（18/76a）
	骨碎布 gusuibu	768（18/76a）
	猴 薑 houjiang	768（18/76a）
	石毛薑 shimaojiang	768（18/76b）
0857 骨碎布 gusuibu	見 骨碎補（0856） see gusuibu	
0858 鵠頭血 gutouxue	見 桑汁（2118） see sangzhi	
0859 鵠 瀉 guxue	見 澤瀉（3254） see zexie	
0860 固 羊 guyang	見 礜石（3220） see yushi	
0861 鼓子花 guzihua	見 旋花（2932） see xuanhua	
H 0862 蛤 ha	見 鼃（2637） see wa	
0863 海潮沫 haichaomo	見 水泡沫（2345） see shuipaomo	
0864 海 蛤 haige *Cyclina sinensis* (Gmelin) Venus shells	魁 蛤 kuige	768（31/23a）
	海 蚧 haijie	768（31/23b）

	ZY3996；TS223	紫 薇 ziwei	768（31/23b）
		犵耳蛤 tunerge	768（31/23b）
0865	海狗腎 haigoushen	見 膃肭臍（2640） see wanaqi	
0866	海 薑 haijiang	見 陰命鈎吻（3111） see yinminggouwen	
0867	海 蚧 haijie	見 海蛤（0864） see haige	
0868	海 蘿 hailuo	見 海藻（0874） see haizao	
0869	海 鰻 haiman	見 鰻鱺魚（1660） see manliyu	
0870	海 末 haimo	見 朴消（1906） see poxiao	
0871	海內狗外腎 haineigouwaishen	見 膃肭臍（2640） see wanaqi	
0872	海 孫 haisun	見 王孫（2650） see wangsun	
0873	海印末鹽 haiyinmoyan	見 大鹽（0463） see dayan	
0874	海 藻 haizao ①*Sargassum fusiforme* (Harv.) Setch. ②*Sargassum pallidum* (Turn.) C. Ag. seaweed, gulfweed ZY3978；MP866	落 首 luoshou	768（14/18b）
		薅 tan	768（14/18b）
		海 蘿 hailuo	768（14/19b）
		石 衣 shiyi	768（14/21a）
		薄	768（14/21a）

	tan	
	海 藻 haizao	768（14/21a）
	水 苔 shuitai	768（14/21a）
	石 髮 shifa	768（14/21a）
	陟 釐 zhili	768（14/21a）
0875 海 藻 haizao	見 海藻（0874） see haizao	
0876 蝦 蟇 hama ①*Bufo bufo gargar-* *izans*, Cantor ②*Bufo melanostic-* *tus*, Schneider small toad ZY5693；IN79	蟾 蜍 chanchu	768（33/1b）
	鼀 qiu	768（33/1b）
	去 甫 qufu	768（33/1b）
	苦 蠪 kulong	768（33/1b）
0877 蝦蟇藍 hamalan	見 天名精（2519） see tianmingjing	
0878 蝦嘛皮 hamapi ①*Bufo bufo gargar-* *izans*, Cantor ②*Bufo melanostic-* *tus*,Schneider skin of small toad ZY5690；IN79	龍子單衣 longzidanyi	900（shang/5a）
0879 蝦蟇衣 hamayi	見 車前子（0287） see cheqianzi	
0880 菡 萏	見 荷華（0899）	

handan	see hehua	
0881 寒號蟲糞 hanhaochongfen	見　五靈脂（2735） see wulingzhi	
0882 含漿丹 hanjiangdan	見　太一八景四藥紫 　　遊玉珠生神丹 　　（2458） see taiyibajingsirui- ziyouyuzhushen- gshendan	
0883 旱蓮子 hanlianzi	見　鱧腸（1448） see lichang	
0884 寒水石 hanshuishi	見　凝水石（1831） see ningshuishi	
0885 寒獻玉 hanxianyu	見　蚯蚓屎（2039） see qiuyinshi	
0886 寒　鹽 hanyan	見　紫石英（3376） see zishiying	
0887 蒿 hao	見　草蒿（0238） see caohao	
0888 蠔 hao	見　牡蠣（1773） see muli	
0889 蒿 hao	見　莎草根（2128） see shacaogen	
0890 蒿菣 haoqin	見　草蒿（0238） see caohao	
0891 蛤子 hazi	見　蛙（2637） see wa	
0892 荷 he *Nelumbo nucifera*, Gaertn. Indian lotus ZY3706-3708, 3693;	芙蕖 fuqu	768（35/3b）

	MP542		
0893 河 車 heche	見 錫精（2874） see xijing 見 鉛精（1938） see qianjing 見 眞鉛（3284） see zhenqian 見 鉛（1915） see qian		
0894 河東鹽 hedongyan	見 食鹽（2293） see shiyan		
0895 河東野 hedongye	見 消石（2846） see xiaoshi		
0896 鶴 粉 hefen	見 胡粉（1055） see hufen		
0897 荷 根 hegen *Nelumbo nucifera,* Gaertn. Indian lotus's root ZY5647 ; MP542	藕 ou	768（35/4a）	
0898 合 汞 hegong	見 陽（3009） see yang		
0899 荷 華 hehua *Nelumbo nucifera,* Gaertn. Indian lotus ZY3693 ; MP542	菡 萏 handan 芙 蓉 furong	768（35/4a） 768（35/4a）	
0900 合 歡 hehuan *Albizzia julibrissin,* Durazz.	夜 合 yehe 合 昏 hehun	768（23/30a） 768（23/30b）	

	mimosa ZY1880 ; MP370		
0901	合 昏 hehun	見　合歡（0900） see hehuan	
0902	黑帝孫肌 heidisunji	見　豬頂上脂（3324） see zhudingshangzhi	
0903	黑帝味 heidiwei	見　黑鹽（0923） see heiyan	
0904	黑帝烏脂 heidiwuzhi	見　水牛脂（2344） see shuiniuzhi	
0905	黑 荳 heidou *Glycine max* (L.) Merr. black soybean, soya-bean ZY4941 ; MP388	烏豆龍芽 wudoulongya	902（6a）
0906	黑 礬 heifan Melanterite ferrous sulphate, green vitriol, cop- peras ZY4715 ; MS132	見　礬石（0631） see fanshi 皂 礬 zaofan	 768（1 / 22b）
0907	黑飯草 heifancao	見　南蠋枝葉（1814） see nanzhuzhiye	
0908	黑狗糞 heigoufen	見　黑龍膏（0915） see heilonggao	
0909	黑狗糞汁 heigoufenzhi *Canis familiaris*, L. black dog's feces AN323	黑 龍 heilong 陰龍膏 yinlonggao	900（shang / 4b） 900（shang / 4b）

0910 黑狗血 heigouxue *Canis familiaris*, L. black dog's blood AN323	陰龍汁 yinlongzhi	900 (shang /4b)
0911 黑 虎 heihu	見 鉛精 (1938) see qianjing	
0912 黑 金 heijin	見 鉛 (1915) see qian	
0913 黑鯉魚 heiliyu	見 鱧魚 (1528) see liyu	
0914 黑 龍 heilong	見 黑狗糞汁 (0909) see heigoufenzhi	
0915 黑龍膏 heilonggao *Canis familiaris*, L. black dog's feces AN323	黑狗糞 heigoufen	880 (zhong /9b)
0916 黑龍脂 heilongzhi	見 豬頂上脂 (3324) see zhudingshangzhi	
0917 黑鉛金 heiqianjin	見 金 (1212) see jin	
0918 黑三稜 heisanling	見 京三稜 (1235) see jingsanling	
0919 黑 石 heishi	見 石膽 (2238) see shidan 見 青石脂 (2002) see qingshizhi	
0920 黑石英 heishiying	見 白石英 (0095) see baishiying	
0921 黑石脂 heishizhi	見 青石脂 (2002) see qingshizhi	

graphite MS57C	石　涅 shinie	768（2/27a）
	石　墨 shimo	768（2/27a）
0922　黑　黍 heishu *Panicum miliaceum,* L. glutinous millet ZY5003；MP752	秬　黍 jushu	768（38/21b）
0923　黑　鹽 heiyan salt, crystal salt ZY3503；MS115, 116	黑帝味 heidiwei	900（shang/3b）； 880（zhong/9b）
	玄武味 xuanwuwei	900（shang/3b）
	玄武腦 xuanwunao	900（shang/3b）
	北帝髓 beidisui	900（shang/3b）
	北帝根 beidigen	900（shang/3b）
0924　黑　芝 heizhi mushroom MP832	玄　芝 xuanzhi	768（9/22b）
0925　荷　莖 hejing *Nelumbo nucifera,* Gaertn. stem of Indian lotus ZY3707；MP542	茄 jia	768（35/3b）
0926　合離草 helicao	見　赤箭（0308） see chijian	
0927　河　柳	見　赤檉木（0290）	

	heliu	see chichengmu	
0928	恒生骨 hengshenggu	見　竹根（3327） see　zhugen	
0929	橫　唐 hengtang	見　莨菪（1402） see　langdang	
0930	河上姹女 heshangchanü	見　水銀（2362） see　shuiyin	
		見　鉛精（1938） see　qianjing	
		見　鉛黃華（1929） see　qianhuanghua	
		見　水（2329） see　shui	
0931	荷　實 heshi *Nelumbo nucifera,* Gaertn. seed of Indian lotus ZY3691；MP542	蓮 lian	768（35/4a）
0932	何首烏 heshouwu *Polygonum multiflor* *um,* Thunb. ZY2310；MP576	野　苗 yemiao	768（18/2a）
		交　藤 jiaoteng	768（18/2a）
		夜　合 yehe	768（18/2a）
		地　精 dijing	768（18/2a）
		陳知白 chenzhibai	768（18/2a）
		桃柳藤 taoluiteng	768（18/2b）
		赤　葛	768（18/5a）

	chige 首 烏 shouwu	768（18／6a）
0933 河 豚 hetun ①*Haliotis diversico-* *lor*, Reeve ②*Haliotis gigantea* discus, Reeve abalone ZY1232；TS222(1)	鮑 魚 baoyu	768（32／44a）
	鰞 魚 weiyu	768（32／44a）
	規 魚 guiyu	768（32／44a）
	吹肚魚 chuiduyu	768（32／44a）
0934 荷 葉 heye *Nelumbo nucifera*, Gaertn. leaves of Indian lo- tus ZY3706；MP542	蘧 jia	768（35／3b）
	地盤龍芽 dipanlongya	902（5a）
0935 鴻 藏 hongcang	見 胡麻（1074） see huma	
0936 葒 草 hongcao *Polygonum orientale* ,L. prince's feather ZY3349；MP577	鴻 藍 hongxie	768（15／33a）
	籠 古 longgu	768（15／33a）
	水 紅 shuihong	768（15／33a）
	紅籠古 honglonggu	768（15／33a）
	馬 蓼 maliao	768（15／33a）
0937 鴻 光 hongguang	見 雲母（3201） see yunmu	

0938 紅 花 honghua	見 紅藍花（0939） see honglanhua	
0939 紅藍花 honglanhua *Carthamus tinctorius*, L. parrot seed or saf- flower ZY1999；MP21	黃 藍 huanglan 紅 花 honghua	768（14/49a） 768（14/49a）
0940 紅籠古 honglonggu	見 葒草（0936） see hongcao	
0941 鴻 蘺 hongxie	見 葒草（0936） see hongcao	
0942 紅紫相間丹 hongzixiangjiandan	見 太一一味雄黃丹 　（2477） see taiyiyiweixiongh- 　uangdan	
0943 後宮遊女 hougongyounü	見 螢火蟲（3103） see yinhuochong	
0944 猴 薑 houjiang	見 骨碎補（0856） see gusuibu	
0945 厚 皮 houpi	見 厚朴（0946） see houpo	
0946 厚 朴 houpo *Magnolia officinalis*, Rehd. et Wils. ZY3366；MP511	厚 皮 houpi 赤 朴 chipo 烈 朴 liepo	768（22/36b） 768（22/36b） 768（22/38a）
0947 侯 莎 housha	見 莎草根（2128） see shacaogen	
0948 侯 桃 houtao	見 辛夷（2893） see xinyi	

0949 苄 hu	見 生地黃（2193） see shengdihuang	
0950 穀 hu	見 螻蛄（1560） see lougu	
0951 葫 hu *Allium Aativum*, L. chive ZY0190 ; MP672	大 蒜（0458） dasuan	768（42／6b）
0952 華 池 huachi	見 酢（3388） see zuo	
0953 滑 蟲 huachong	見 蜚蠊（0641） see feilian	
0954 花蓯蓉 huacongrong	見 肉蓯蓉（2079） see roucongrong	
0955 化公石 huagongshi	見 握雪礜石（2692） see woxueyushi	
0956 化公石持生礜石 huagongshichisheng- yushi	見 握雪礜石（2692） see woxueyushi	
0957 槐 huai	見 續斷（2977） see xuduan	
0958 蘹香子 huaixiangzi *Foeniculum Vulgare*, Mill. fennel ZY3306 ; MP222	茴香子 huixiangzi 茴 香 huixiang 土茴香 tuhuixiang	768（14／43a） 768（14／43b） 768（14／43b）
0959 槐 子 huaizi	見 大洞滑汁（0460） see datonghuazhi	
0960 華景丹 huajingdan	見 紫遊丹（3383） see ziyoudan	

0961	化金石 huajinshi	見　消石（2846） see xiaoshi	
0962	化金石生 huajinshisheng	見　消石（2846） see xiaoshi	
0963	萑 huan	見　蘆根（1576） see lugen	
0964	藿 huan	見　蘿摩子（1595） see luomozi	
0965	桓 huan	見　無患子皮（2718） see wuhuanzipi	
0966	還　丹 huandan minium, red oxide of lead ZY3845；MS13	見　丹（0422） see dan 天持龍虎 tianchilonghu 太一陰符 taiyiyinfu	 886（8b） 886（8b）
0967	還丹金 huandanjin	見　金(1212) see jin	
0968	黃　安 huangan	見　赤雌（0294） see chici	
0969	黃安鍊者 huanganlianzhe	見　雌黃（0373） see cihuang	
0970	黃白沙 huangbaisha	見　硫黃（1514） see liuhuang	
0971	黃　蒼 huangcang	見　雄黃（2896） see xionghuang	
0972	黃　草 huangcao *Artemisia argyi,* L'evl. et Vant common mugwort ZY1175；MP9	中央龍芽 zhongyanglong- ya	902（9b）

0973 黃　池 huangchi	見　錫精（2874） see xijing	
	見　鉛精（1938） see qianjing	
	見　眞鉛（3284） see zhenqian	
0974 黃大戟 huangdaji	見　芫花（3164） see yuanhua	
0975 黃　丹 huangdan minium, litharge ZY3845；MS13,14	見　鉛黃華（1929） see qianhuanghua	
	見　銀丹者（3091） see yindanzhe	
	赤血將軍 chixuejiangjun	926（7a）
	見　鉛丹（1921） see qiandan	
	見　鉛（1915） see qian	
0976 黃帝足 huangdizu *Tulip gesneriana*, L. ZY2712；MP692	鬱金根 yujingen	880（zhong/10a）
0977 黃　礬 huangfan	見　礬石（0631） see fanshi	
0978 黃　服 huangfu	見　黃華池（0985） see huanghuachi	
0979 黃茯苓 huangfuling *Poria cocos*(Schw.) Wolf Indian bread, Tukahoe	烏頭俊 wutoujun	880（zhong/9a）

ZY3314；MP838	`	
0980 黃附琹 huangfuqin	見　烏頭沒（2763） see wutoumei	
0981 黃硇砂 huanggangsha	見　石硫黃（2257） see shiliuhuang	
0982 黃　瓜 huanggua	見　栝樓（0796） see gualou	
0983 黃瓜葉 huangguaye	見　胡瓜葉（1058） see huguaye	
0984 黃　華 huanghua	見　錫精（2874） see xijing 見　黃精（0993） see huangjing 見　鉛精（1938） see qianjing	
0985 黃華池 huanghuachi Fibrous gypsum a variety of gypsum ZY4066；MS52 Chalcanthite copper sulphate, bluestone, blue vitriol ZY3524；MS87 arsenolite, white arsenical ore MS88	黃　龍 huanglong 黃　服 huangfu 立制石 lizhishi	884（1/7a） 884（1/7a） 884（1/7a）
0986 黃　環 huanghuan *Wistaria chinensis,* DC. MP418a	凌　泉 lingquan 大　就 dajiu 就　葛 jiuge	768（25/24a） 768（25/24a） 768（25/24a）

		jiuge	
0987	黃環子 huanghuanzi	見　狼跋子（1399） see langbazi	
0988	黃滑石 huanghuashi	見　滑石（1048） see huashi	
0989	黃　昏 huanghun	見　王孫（2650） see wangsun	
0990	黃禍侯 huanghuohou	見　斑鶲（0136） see banchui	
0991	黃　斤 huangjin	見　葛根（0750） see gegen	
0992	黃　金 huangjin	見　金（1212） see jin	
		見　地生黃男（0531） see dishenghuangnan	
		見　雄黃（2896） see xionghuang	
0993	黃　精 huangjing *Polygonatum sibiricum*, Redoute deer bamboo ZY4157；MP687	重　樓 chonglou	900（shang／5b）； 768（7／3b）
		兔　竹 tuzhu	900（shang／5b）； 1177（11／2b）； 768（7／3b）
		豹　格 baoge	900（shang／5b）
		救　窮 jiuqiong	900（shang／5b）； 1177（11／2b）； 768（7／3b）
		見　錫精（2874） see xijing	
		黃　芽 huangya	884（1／6b）

	黃 輕 huangqing	884（1／6b）
	黃 華 huanghua	884（1／6b）
	見　眞鉛（3284） see zhenqian	
	白 及 baiji	1177（11／2a）； 768（7／3b）
	垂 珠 chuizhu	1177（11／2b）； 768（7／3b）
	雞 格 jige	768（7／3b）
	鹿 竹 luzhu	768（7／3b）
	萎 蕤 weirui	768（7／3b）
	仙人餘糧 xianrenyuliang	768（7／3b）
	馬 箭 majian	768（7／3b）
0994　黃荆實 huangjingshi	見　牡荆實（1769） see mujingshi	
0995　黃 藍 huanglan	見　紅藍花（0939） see honglanhua	
0996　黃 老 huanglao	見　白礬石（0027） see baifanshi	
0997　黃老丹 huanglaodan	見　太一八景四蘂 　紫遊玉珠生神丹 　（2458） see taiyibajingsiruiz- iyouyuzhusheng- shendan	

0998 黃 鯉 huangli *Cyprinus carpio*, L. yellow carp ZY5495；FI128	黃 雉 huangzhi	768（31/33b）
0999 黃 蓮 huanglian ①*Coptis Chinensis*, 　Franch. ②*Coptis deltoidea*, 　C. Y. Cheng et 　Hsiao ③*Coptis omeiensis* 　(Chen), C. Y. 　Cheng golden thread ZY4148；MP534	王 蓮 wanglian 支 蓮 zhilian	768（10/4b） 768（10/5b）
1000 黃 茛 huangliang	見　大黃（0402） see dahuang	
1001 黃粱米 huangliangmi *Setaria italica* (L.) Beauv. short millet ZY4219；MP760	竹根黃 zhugenhuang	768（38/23a）
1002 黃 龍 huanglong	見　錫精（2874） see xijing 見　黃華池（0985） see huanghuachi 見　鉛精（1938） see qianjing 見　眞鉛（3284） see zhenqian	
1003 黃龍肝 huanglonggan	鉛 丹 qiandan	900（shang/5b）

	minium, red oxide ZY3845 ; MS13	錫　丹 xidan	880（zhong/9b）
1004	黄龍膏 huanglonggao	見　西龍膏（2879） see xilonggao	
1005	黄龍華 huanglonghua	見　砌黄（1959） see qihuang	
1006	黄龍汋 huanglongshao	見　銅青（2567） see tongqing	
1007	黄龍血生 huanglongxuesheng	見　雌黄（0373） see cihuang	
1008	黄明膠 huangmingjiao	見　白膠（0062） see baijiao	
1009	黄　男 huangnan	見　鉛精（1938） see qianjing 見　硫黄（1514） see liuhuang	
1010	黄鳥首 huangniaoshou *Oriolus chinensis indicus*, Jerdon head of the black naped orioles AV299	黄鸚頭 huangyingtou 黄鳥頭 huangniaotou 見　消石（2846） see xiaoshi	900（shang/5b） 880（zhong/9b）
1011	黄鳥頭 huangniaotou	見　黄鳥首（1010） see huangniaoshou	
1012	黄糵 huangnie	見　糵木（1826） see niemu	
1013	黄糵檀桓芝 huangnietanhengzhi	見　木芝（1797） see muzhi	
1014	黄牛糞汁 huangniufenzhi	陰獸精汁 yinshoujingzhi	900（shang/4b）

	Bos taurus, L. dung from black or yellow bulls AN326		
1015	黃牛母 huangniumu	見 黃土（1025） see huangtu	
1016	黃 奴 huangnu	見 雄黃（2896） see xionghuang	
1017	黃 耆 huangqi ①*Astragalus mem- branaceus*, (Fisch.) Bge. ②*Astragalus mong- holicus*, Bge. ③*Astragalus chry- sopterus*, Bge. yellow vetch ZY4153 ; MP372	戴 糝 daisan	768（10/12b）
		戴 椹 daishen	768（10/12b）
		獨 椹 dushen	768（10/12b）
		芰 草 jicao	768（10/12b）
		蜀 脂 shuzhi	768（10/12b）
		百 本 baiben	768（10/12b）
		綿黃耆 mianhuangqi	768（10/13a）
		王 孫 wangsun	768（10/13a）
1018	黃 芩 huangqin *Scutellaria baicalen sis*, Georgi skullcap ZY4147 ; MP140	腐 腸 fuchang	768（13/11b）
		空 腸 kongchang	768（13/11b）
		內 虛 neixu	768（13/11b）
		黃 文 huangwen	768（13/11b）

	經 芩 jingqin	768（13/11b）
	妬 婦 dufu	768（13/11b）
	子 芩 ziqin	768（13/12a）
	宿 芩 suqin	768（13/12a）
	狁尾芩 tunweiqin	768（13/12b）
1019　黃　輕 huangqing	見　錫精（2874） see　xijing	
	見　黃精（0993） see　huangjing	
	見　鉛精（1938） see　qianjing	
1020　黃　砂 huangsha	見　硇砂（0734） see　gangsha	
1021　黃石砂 huangshisha	見　石鍾乳（2307） see　shizhongru	
1022　黃食石 huangshishi	見　雄黃（2896） see　xionghuang	
1023　黃石英 huangshiying	見　白石英（0095） see　baishiying	
1024　黃　孫 huangsun	見　王孫（2650） see　wangsun	
1025　黃　土 huangtu Loess ZY4145	黃牛母 huangniumu	900（shang/5b）
1026　換骨丹砂 huangudansha	見　脫體丹砂（2621） see　tuotidansha	

1027 黃 文 huangwen	見 黃芩（1018） see huangqin	
1028 黃烏首 huangwushou	見 烏頭（2761） see wutou	
1029 黃 牙 huangya gold MS1 Sulphur, sulfur MS128	見 錫精（2874） see xijing 見 黃精（0993） see huangjing 見 鉛精（1938） see qianjing 見 眞鉛（3284） see zhenqian 見 鉛（1915） see qian 砂 sha 見 石硫黃（2257） see shiliuhuang 金 精 jinjing 見 硫黃（1514） see liuhuang 見 麩金（0694） see fujin	 996（shang/37a） 996 （shang/28b）
1030 黃芽鉛 huangyaqian	見 黃芽眞性（1031） see huangyazhenxing	
1031 黃芽眞性 huangyazhenxing sulphur, sulfur ZY3845；MS128	黃芽鉛 huangyaqian 白丹鉛 baidanqian 硫 黃 liuhuang	905（22a） 905（22a） 905（22a）

		鉛黃華白丹芽 qianhuanghua- bi baidanya	905（22 b）
1032	黃 英 huangying	見 石硫黃（2257） see shiliuhuang 見 硫黃（1514） see liuhuang	
1033	黃鸚頭 huangyingtou	見 黃鳥首（1010） see huangniaoshou	
1034	黃 鬱 huangyu	見 鬱金（3187） see yujin	
1035	黃 礜 huangyu	見 錫精（2874） see xijing 見 鉛精（1938） see qianjing	
1036	黃雲英 huangyunying	見 曾青（3250） see zengqing	
1037	黃 澤 huangze	見 西龍膏（2879） see xilonggao	
1038	黃 雉 huangzhi	見 黃鯉（0998） see huangli	
1039	黃 芝 huangzhi *Polygonatum Sibiri-* *cum*, Redoute deer bamboo ZY 4157 ; MP687	金 芝 jinzhi 見 乾漆（0741） see ganqi	768（9/23a）
1040	黃 燭 huangzhu	見 硫黃（1514） see liuhuang	
1041	黃 子 huangzi	見 蘖米（1825） see niemi	
1042	還魂駐魄丹 huanhunzhupodan	駐顏丹 zhuyandan	900（xia/2a）

		朱雀丹 zhuquedan	900（xia／2a）
		定神丹 dingshendan	900（xia／2a）
		延齡丹 yanlingdan	900（xia／2a）
1043	還神丹 huanshendan	見 太一赤車使者八 神精起死人丹 （2459） see taiyichicheshizh- ebashenjingqisi- rendan	
1044	貛 㹠 huantun	見 㹠肉胞膏（2576） see tuanroubaogao	
1045	還味稔棗 huanweirenzao	見 大棗（0464） see dazao	
1046	鯇魚 huanyu	見 蠡魚（1528） see liyu	
1047	畫 石 huashi	見 滑石（1048） see huashi	
1048	滑 石 huashi Talc soapstone ZY5037；MS55	石 液 shiye	900（shang／2b）
		共 石 gongshi	900（shang／2b）； 768（2／1b）
		脆 石 cuishi	900（shang／2b）；
		番 石 fanshi	900（shang／2b）； 768（2／1b）
		雷河督子 leiheduzi	900（shang／2b）； 880（zhong／10a）
		今 石 jinshi	900（shang／2b）

	留 石 liushi	900（shang／2b）
	液 石 yeshi	768（2／1b）
	脫 石 tuoshi	768（2／1b）
	脅 石 liaoshi	768（2／2a）
	斑 石 banshi	768（2／2a）
	器 石 qishi	768（2／3a）
	白滑石 baihuashi	768（2／3b）
	綠滑石 luhuashi	768（2／3b）
	烏滑石 wuhuashi	768（2／3b）
	冷滑石 lenghuashi	768（2／3b）
	黃滑石 huanghuashi	768（2／3b）
	夕 冷 xileng	768（2／4a）
	畫 石 huashi	768（2／5a）
1049　華陽玉漿丹 huayangyujiangdan	陽元丹 yangyuandan	900（xia／2b）
	玉髓丹 yusuidan	900（xia／2b）
	靈壽丹	900（xia／2b）

	lingshoudan	
1050 華 盞 huazhan	見 鉛黃華（1929） see qianhuanghua	
1051 胡菝蕳 hubake	見 胡薄荷（1052） see hubohe	
1052 胡薄荷 hubohe *Nepeta glechoma*, Bth. ground ivy or field balm MP 132	新羅薄荷 xinluobohe	768（41/21b）
	胡菝蕳 hubake	768（41/22a）
	新羅菝蕳 xinluobake	768（41/22a）
1053 互 草 hucao	見 常山（0264） see changshan	
1054 蔛 草 hucao *Monochoria vagin- alis*, Presl var. *pauciflora* (Bl.) Merr. Pickerel—weed ZY5314 ; MP698	斛 榮 hurong	768（15/49b）
1055 胡 粉 hufen carbonate of lead white lead ZY3847 ; MS12	錫 粉 xifen	900（shang/2a）
	鉛 粉 qianfen	900（shang/2a）
	丹地黃 dandihuang	900（shang/2b）
	流 丹 liudan	900（shang/2b）
	解錫矗者 jiexicuzhe	900（shang/2b）
	鶴 粉	900（shang/2b）

	hefen	
	流丹白豪 liudanbaihao	900（shang/2b）
	白 膏 baigao	900（shang/2b）
	見　鉛（1915） see　qian	
	見　粉錫（0678） see　fenxi	
1056　胡乾薑 huganjiang	見　天竺乾薑（2543） see　tianzhuganjiang	
1057　虎 骨 hugu *Panthera tigris*, L. tiger bones ZY2747；AN351	大蟲骨 dachonggu	768（28/30b）
1058　胡瓜葉 huguaye *Cucumis Sativus*, L. leaves of cucumber ZY4168；MP60	黃瓜葉 huangguaye	768（40/26a）
1059　胡菓子 huguozi *Coriandrum sativum*, L. coriander ZY3231；MP217	胡荽子 husuizi	768（40/15a）
1060　胡黃連 huhuanglian *Picrorrhiza kurrooa*, Royle ex Benth. ZY3233；MP106	割孤露澤 geguluze	768（15/38b）
1061　茴 草 huicao	見　防風（0611） see　fangfeng	

1062 蕙草 huicao	見 零陵香（1478） see linglingxiang	
1063 虺牀 huichuang	見 蛇床子（2179） see shechuangzi	
1064 蟪蛄 huigu	見 螻蛄（1560） see lougu	
1065 會及 huiji	見 五味子（2768） see wuweizi	
1066 蕙葵 huikui	見 藜蘆（1458） see lilu	
1067 迴命丹 huimingdan	見 太一赤車使者八 神精起死人丹 （2459） see taiyichicheshizh- ebashenjingqisi- rendan	
1068 茴香 huixiang	見 蘹香子（0958） see huaixiangzi	
1069 茴香子 huixiangzi	見 蘹香子（0958） see huaixiangzi	
1070 胡韭子 hujiuzi	見 補骨脂（0215） see buguzhi	
1071 虎卷 hujuan	見 貫衆（0810） see guanzhong	
1072 虎蘭 hulan	見 澤蘭（3246） see zelan	
1073 胡蜊 huli	見 蜻蛉（1986） see qingling	
1074 胡麻 huma *Sesamum indicum*, DC sesame or teel	巨勝 jusheng	768（37/1b）
	狗蝨 goushi	768（37/1b）

ZY3234-3235；MP97	方 莖 fangjing	768（37/1b）
	鴻 藏 hongcang	768（37/1b）
	藤 弘 tenghong	768（37/2a）
	方 金 fangjin	768（37/3a）
	夢 神 mengshen	768（37/3a）
	見 巨勝（1343） see jusheng	
1075 虎 麻 huma	見 苦參（1387） see kushen	
	見 馬先蒿（1695） see maxianhao	
1076 胡蔓草 humancao	見 鈎吻（0793） see gouwen	
1077 斛 芒 humang	見 芍藥（2172） see shaoyao	
1078 胡麻葉 humaye	見 青蘘（1998） see qingrang	
1079 虎 男 hunan	見 鉛精（1938） see qianjing	
1080 菫 菜 huncai	見 蒜（2424） see suan	
1081 魂 常 hunchang	見 木蝱（1778） see mumeng	
1082 胡女砂 hunüsha	銀 黃 yinhuang	924（shang/5a）
1083 火	子 明	884（1/6a）

huo	ziming	
1084 火 齊 huochi	見 雲母（3201） see yunmu	
1085 火 丹 huodan	見 玄黃花（2935） see xuanhuanghua	
1086 活 東 huodong	見 魁蛤（1373） see kuige	
1087 穫 穀 huogu	見 布穀（0213） see bugu	
1088 火 母 huomu	見 景天（1237） see jingtian	
1089 貨 母 huomu	見 知母（3298） see zhimu	
1090 火 薟 huoxian	見 豨薟（2912） see xixian	
1091 火杴草 huoxiancao	見 豨薟（2912） see xixian	
1092 琥 珀 hupo amber amber ZY4727；MP784	見 茯苓（0697） see fuling 松 脂 songzhi	 768（20/30b）
1093 虎 蒲 hupu	見 澤蘭（3246） see zelan	
1094 胡蜣蜋 huqianglang	見 蜣蜋（1931） see qianglang	
1095 護羌使者 huqiangshizhe	見 獨活（0572） see duhuo	
1096 胡 藭 huqiong	見 芎藭（2898） see xiongqiong	
1097 斛 榮 hurong	見 蔛草（1054） see hucao	

1098	虎涉 hushe	見 梨豆蚺蛇（1450） see lidouranshe	
1099	胡荽 husui *Coriandrum sativum,* L. coriander ZY3217；MP217	香荽 xiangsui	768（40/15a）
1100	胡荽子 husuizi	見 胡菓子（1059） see huguozi	
1101	胡孫薑 husunjiang	見 骨碎補（0856） see gusuibu	
1102	胡桐淚 hutonglei *populus diversifolia,* Schrenk tacamahac ZY3223；MP263	見 胡桐律（1103） see hutonglü 胡桐律 hutonglü	768（23/8b）
1103	胡桐律 hutonglü *populus diversifolia,* Schrenk tacamahac ZY3223；MP263	胡桐淚 hutonglei 屈原蘇 quyuansu 見 胡桐淚（1102） see hutonglei	900（shang/2a） 880（zhong/10a）； 900（shang/2a）
1104	虎頭腦陰骨 hutounaoyingu *Panthera tigris,* L. tiger bones ZY2747；AN351	威文中王 weiwenzhongwa- ng	1026（68/3a）
1105	虎脫幽 hutuoyou	見 金牙（1272） see jinya	
1106	胡王使者 huwangshizhe	見 獨活（0572） see duhuo	

1107	胡荵 huxi	見　葈耳（2862） see　xier	
1108	虎鬚 huxu	見　沙參（2173） see　shashen	
		見　欵冬花（1362） see　kuandonghua	
1109	虎鬚草 huxucao	見　赤鬚（0335） see　chixu	
1110	胡鹽 huyan	見　戎鹽（2078） see　rongyan	
1111	壺棗 huzao	見　大棗（0464） see　dazao	
1112	護宅 huzhai	碎焰龍芽 suiyanlongya	902（3a）
1113	虎杖 huzhang *Polygonum cuspida- tum*, Sieb. et Zuce. ZY2743；MP571	大蟲杖 dachongzhang	768（23/20a）
		酸杖 suanzhang	768（23/20b）
		斑杖 banzhang	768（23/20b）
		見　斑杖（0149） see　banzhang	
1114	虎掌 huzhang	見　天南星（2520） see　tiannanxing	
1115	瓠汁 huzhi	見　白狗膽（0039） see　baigoudan	
1116	虎子桐 huzitong	見　罌子桐子（3098） see　yingzitongzi	
	J		
1117	薺 ji	薺菜 jicao	768（40/21a）

Capsella bursa-past-oris (L.) Medic. shepherd's purse ZY3328；MP478		
1118 穄 ji	見 稷米（1208） see jimi	
1119 芰 ji *Trapa bispinosa*, Roxb. water calthrop or water chestnut ZY 4100；MP 243	菱 實 lingshi 菱 角 lingjiao	768（35/28b） 768（35/29a）
1120 芨 ji	見 蒴藋（2385） see shuodi	
1121 茄 jia	見 荷莖（0925） see hejing	
1122 蕸 jia	見 荷葉（0934） see heye	
1123 家 柴 jiachai	見 枸杞（0787） see gouqi	
1124 假公黄 jiagonghuang	見 錫精（2874） see xijing 見 鉛精（1938） see qianjing	
1125 荚 蒿 jiahao	見 漏蘆（1562） see loulu	
1126 葭 華 jiahua	見 蘆根（1576） see lugen	
1127 迦拘勒 jiajule	見 肉豆蔻（2080） see roudoukou	
1128 荚 蒾 jiami	擊 蒾 jimi	768（25/27a）

Viburnum dilatatum, Thunb. ZY 3277 ; MP79	羿　先 yixian	768（25/27a）
1129 �È jian	見　蜀葵（2377） see shukui	
1130 建 jian	見　天雄（2535） see tianxiong	
1131 剪　草 jiancao *Stephania cepharan- tha*, Hayata ZY 1448 ; MP 549	白　藥 baiyao	768（15/58b）
1132 剪草根 jiancaogen	見　白藥（0111） see baiyao	
1133 兼　杜 jiandu	見　茅根（1666） see maogen	
1134 強　仇 jiangchou	見　百合（0046） see baihe	
1135 簡　根 jiangen	見　防風（0611） see fangfeng	
1136 絳　礬 jianfan Melanterite ferrous sulphate, green vitriol, cop- peras ZY 4715 ; MS132	見　礬石（0631） see fanshi 石膽（2238） shidan	 768（1/22b）
1137 絳宮朱兒 jianggongzhuer	見　丹砂（0437） see dansha	
1138 薑　黃 jianghuang *Curcuma longa,*L. turmeric	蒁 shu 蓬莪蒁 pengeshu	768（14/59a） 768（14/59b）

	ZY 3564；MP 645		
1139	薑 芥 jiangjie	見　假蘇（1163） see　jiasu	
1140	監 精 jiangjing	見　太陰玄精（2464） see　taiyinxuanjing	
1141	強 瞿 jiangju	見　百合（0046） see　baihe	
1142	茳 蘺 jiangli	見　蘼蕪（1739） see　miwu	
1143	降陵朱兒 jianglingzhuer	見　丹砂（0437） see　dansha	
1144	絳陵朱兒 jianglingzhuer	見　丹砂（0437） see　dansha	
1145	強 脊 jianglu	見　狗脊（0779） see　gouji	
1146	薑 石 jiangshi	見　石鍾乳（2307） see　shizhongru 見　殷孽（3113） see　yinnie	
1147	絳雪丹 jiangxuedan	見　太一小還丹（2471） see　taiyixiaohuandan	
1148	江 珠 jiangzhu	見　茯苓（0697） see　fuling	
1149	建木芝 jianmuzhi	見　木芝（1797） see　muzhi	
1150	建 平 jianping	見　天雄（2535） see　tianxiong	
1151	蒹 藡 jianshi	見　蘆根（1576） see　lugen	
1152	堅 銀 jianyin	素 汞 sugong	904（6b）

1153	揀　子 jianzi	見　蠡實（1506） see lishi	
1154	茭 jiao	見　馬芹子（1679） see maqinzi	
1155	醮 jiao	見　香蒲（2813） see xiangpu	
1156	茭　草 jiaocao	見　菰根（0818） see gugen	
1157	驕　槐 jiaohuai	見　苦參（1387） see kushen	
1158	交　時 jiaoshi	見　卷栢（1318） see juanbai	
1159	交　藤 jiaoteng	見　何首烏（0932） see heshouwu	
1160	膠　飴 jiaoyi	見　飴糖（3128） see yitang	
1161	茭　鬱 jiaoyu	見　菰根（0818） see gugen	
1162	鮫魚皮 jiaoyupi *Mustelus manazo*, Bleeker Shark's shin ZY 5366；FI 179 b	沙魚皮 shayupi	768（32／38b）
1163	假　蘇 jiasu *N. japonica*, Maxim. MP 133	鼠　蓂 shuming	768（41／19a）
		薑　芥 jiangjie	768（41／19a）
		荆　芥 jingjie	768（41／19b）
		蘇 su	768（41／20a）

1164	甲 香 jiaxiang *Bellamya quadrata* (Benson) sea snails ZY5622 ; TS 236	流 螺 liuluo	768（34/30b）
1165	嘉州生鉛 jiazhoushengqian	見 草節鉛（0240） see caojieqian	
1166	猴猪屎 jiazhushi	見 猪苓（3332） see zhuling	
1167	檕白棗 jibaizao	見 大棗（0464） see dazao	
1168	薺 菜 jicai	見 薺（1117） see ji	
1169	芨 草 jicao	見 黃耆（1017） see huangqi	
1170	雞腸草 jichangcao	見 蘩蔞（0626） see fanlou	
1171	棘刺花 jicihua *Ziziphus jujuba,* Mill. ZY 4789 ; MP 290	菥 蓂 ximing 馬 朐 maqu 刺 原 layuan	768（23/25a） 768（23/25a） 768（23/25a）
1172	芥 jie *Brassica juncea* (L.) Czern, et Coss. black mustard ZY 2172-2173 ; MP 474	青 芥 qingjie	768（40/23b）
1173	解 倉 jiecang	見 芍藥（2172） see shaoyao	
1174	解 毒 jiedu	見 鬼臼（0827） see guijiu	

1175 解毒子 jieduzi	見 地不容（0479） see diburong	
1176 桔 梗 jiegeng *Platycoden grandif- lorum* (Jacq.) A. DC. kikio root ZY 3642；MP 54	利 如 liru	768（16/45b）
	房 圖 fangtu	768（16/45b）
	白 藥 baiyao	768（16/45b）
	梗 草 gengcao	768（16/45b）
	薺 苨 jini	768（16/45b）
1177 藉 姑 jiegu	見 烏芋（2784） see wuyu	
1178 接 骨 jiegu	見 續斷（2977） see xuduan	
1179 接骨木 jiegumu *Sambucus williamsii* ,Hance red elder-berry ZY 4297；MP 77	蒴藋 shuodi	768（25/10b）
	木蒴藋 mushuodi	768（25/10b）
1180 節 花 jiehua	見 菊花（1331） see juhua	
1181 戒 火 jiehuo	見 景天（1237） see jingtian	
1182 芥 苴 jieju	見 水蘇（2353） see shuisu	
1183 解 離 jieli	見 防巳（0614） see fangji	
1184 解 蠡 jieli	見 薏苡人（3138） see yiyiren	

1185 蛣蜣 jieqiang	見 蜣蜋（1931） see qianglang	
1186 蛣蟩 jiequ	見 蠐螬（1952） see qicao	
1187 結砂 jiesha	見 精（1222） see jing	
1188 竭天狗 jietiangou	見 魚狗（3184） see yugou	
1189 解錫矙者 jiexicuzhe	見 胡粉（1055） see hufen	
1190 接續草 jiexucao	見 問荊（2685） see wenjing	
1191 接余 jieyu	見 鳧葵（0695） see fukui	
1192 芥葅 jiezu	見 水蘇（2353） see shuisu	
1193 雞肝 jigan	見 兔肝草（2588） see tugancao	
1194 棘剛子 jigangzi	見 雀甕（2051） see queweng	
1195 雞格 jige	見 黃精（0993） see huangjing	
1196 幾公白 jigongbai *Cassiterite* tin ZY 5201 ; MS 15	錫 xi	880（zhong/10a）
1197 幾公黃 jigonghuang	見 鉛精（1938） see qianjing	
1198 楫何草 jihecao	見 白頭翁（0101） see baitouweng	
1199 芨菫	見 石龍芮（2260）	

jijin	see shilongrui	
	見 天雄（2535） see tianxiong	
1200 奇檽草 jijincao *Arthraxon hispidus* (Thunb.) Mak. ZY 3340；MP 732	菉 草 lucao	768（19/2b）
	王芻肴 wangchuyao	768（19/2b）
	菉鹿蓐 luluru	768（19/2b）
	鴟脚莎 chijiaosha	768（19/2b）
	蓋 草 jincao	768（19/2b）
1201 芨菫草 jijincao	見 烏頭（2761） see wutou	
	見 蒴藋（2385） see shuodi	
1202 蝍 蛆 jiju	見 蜈蚣（2713） see wugong	
1203 棘 剌 jila	見 白棘（0059） see baiji	
1204 即 藜 jili	見 蒺藜子（1206） see jilizi	
1205 蒺 藜 jili	見 蒺藜子（1206） see jilizi	
1206 蒺藜子 jilizi *Tribulus terrestris*, L. calthrop ZY 5118-5120； MP 364	旁 道 pangdao	768（10/9b）
	屈 人 quren	768（10/9b）
	止 行 zhixing	768（10/9b）

	犲 羽 caiyu	768（10/9b）
	升 推 shengtui	768（10/9b）
	即 藜 jili	768（10/9b）
	茨 生 cisheng	768（10/9b）
	蒺 藜 jili	768（10/10a）
	杜蒺藜 dujili	768（10/11b）
	道 傍 daopang	768（10/11b）
	白蒺藜 baijili	768（10/12a）
1207 擊 蒾 jimi	見 莢蒾（1128） see jiami	
1208 稷 米 jimi *Panicum miliaceum*, L. panicled millet, common millet, Indian millet ZY 5487；MP 751	穄 ji	768（39/6b）
	烏 禾 wuhe	768（39/6b）
	穄 米 jimi	768（39/6b）
1209 穄 米 jimi	見 稷米（1208） see jimi	
1210 繼母草 jimucao	繼母籍 jimuji	768（17/47a）
1211 繼母籍 jimuji	見 繼母草（1210） see jimucao	

1212 金 jin gold MS1	庚　辛 gengxin	900（shang/3b）
	天　眞 tianzhen	900（shang/3b）
	黄　金 huangjin	900（shang/3b）； 768（3/34b）
	東南陽日 dongnanyangri	900（shang/3b）
	男石上火 nanshishanghuo	900（shang/3b）
	庚 geng	904（4a）
	庚辛白金 gengxinbaijin	905（17b）
	白素金 baisujin	905（17b）
	東方日陽 dongfangriyang	905（18a）
	卯木青金 maomuqingjin	905（18a）
	太　眞 taizhen	768（3/31b）
	雄黄金 xionghuangjin	768（3/33a）
	雌黄金 cihuangjin	768（3/33a）
	曾青金 cengqingjin	768（3/33a）
	硫黄金 liuhuangjin	768（3/33a）
	土中金	768（3/33a）

	tuzhongjin	
	生鐵金 shengtiejin	768（3/33a）
	熟鐵金 shutiejin	768（3/33a）
	生銅金 shengtongjin	768（3/33a）
	偸石金 toushijin	768（3/33a）
	沙子金 shazijin	768（3/33b）
	白錫金 baixiyin	768（3/33b）
	黑鉛金 heiqianjin	768（3/33b）
	朱砂金 zhushajin	768（3/33b）
	還丹金 huandanjin	768（3/33b）
	水中金 shuizhongjin	768（3/33b）
	瓜子金 guazijin	768（3/33b）
	青麩金 qingfujin	768（3/33b）
	草砂金 caoshajin	768（3/33b）
	白　虎 baihu	996（shang/33b）
1213　覲 　　jin	見　天名精（2519） see　tianmingjing	

1214 菫 jin	見　烏頭（2761） see wutou	
1215 蓋草 jincao	見　奇燼草（1200） see jijincao	
1216 菫草 jincao	見　蒴藋（2385） see shuodi	
1217 金釵石斛 jinchaishihu	見　石斛（2243） see shihu	
1218 金燈花 jindenghua	見　山慈菰根（2135） see shancigugen	
1219 金沸 jinfei	見　旋花（2932） see xuanhua	
1220 金沸草 jinfeicao	見　旋覆花（2928） see xuanfuhua	
1221 秔 jing *Oryza sativa*, L. ZY 5242	粳　米 jingmi	768（39/3b）
1222 精 jing	結　砂 jiesha 見　蠡實（1506） see lishi	904（3b）
1223 薊 jing	見　鼠尾草（2396） see shuweicao	
1224 井底泥 jingdini	見　爵牀（1322） see juechuang	
1225 筋根花 jingenhua	見　旋花（2932） see xuanhua	
1226 筋根旋花 jingenxuanhua	見　旋花（2932） see xuanhua	
1227 井華水 jinghuashui	五　水 wushui	900（shang/5b）

	露 霜 lushuang	900（shang／5b）
	雪 雨 xueyu	900（shang／5b）
1228 荆 芥 jingjie	見 假蘇（1163） see jiasu	
1229 粳 米 jingmi	見 秔（1221） see jing	
1230 金 公 jingong	見 鉛精（1938） see qianjing	
	見 鉛白（1918） see qianbai	
1231 金公河車 jingongheche	見 錫精（2874） see xijing	
1232 金公華 jingonghua	見 錫精（2874） see xijing	
1233 金 勾 jingou	仙掌龍芽 xianzhanglongya	902（8a）
1234 經 芩 jingqin	見 黃芩（1018） see huangqin	
1235 京三稜 jingsanling *S. maritimus*, L. bulrush MP 726	雞爪三稜 jizhaosanling	768（14／56a）
	黑三稜 heisanling	768（14／56a）
	石三稜 shisanling	768（14／56a）
1236 井 苔 jingtai	見 王孫（2650） see wangsun	
1237 景 天 jingtian *Sedum erythrostict- um*, Miq.	戒 火 jiehuo	768（11／21a）
	火 母	768（11／21a）

stonecrop ZY 4937 ; MP 471	huomu	
	救 火 jiuhuo	768（11/21a）
	據 火 juhuo	768（11/21a）
	愼 火 shenhuo	768（11/21a）
	愼火草 shenhuocao	768（11/22a）
1238 淨土龍芽 jingtulongya	見 獨箒草（0591） see duzhoucao	
1239 金光丹 jinguangdan	見 龍珠丹（1556） see longzhudan	
1240 京 芎 jingxiong	見 芎藭（2898） see xiongqiong	
1241 井中藍 jingzhonglan	見 爵牀（1322） see juechuang	
1242 金華丹 jinhuadan	見 太一金液華丹 （2460） see taiyijinyehuadan	
1243 金華龍芽 jinhualongya	見 葵（1370） see kui	
1244 薺苨 jini *Adenophora trache- lioides*, Maxim. harebell ZY 3327 ; MP 52 kikio root MP 54	苨 ni	768（15/28b）
	蒩苨 dini	768（15/28b）
	見 桔梗（1176） see jiegeng	
1245 雞尿草 jiniaocao	見 蜀漆（2386） see shuqi	

1246 薺薴 jining	見 水蘇（2353） see shuisu	
1247 金精 jinjing	見 錫精（2874） see xijing 見 黃芽（1029） see huangya	
1248 金精丹 jinjingdan	見 五嶽眞人小還丹 （2786） see wuyuezhenren- xiaohuandan	
1249 金精龍芽 jinjinglongya	見 大戟（0409） see daji	
1250 金酒芝 jinjiuzhi	見 楸木耳（2035） see qiumuer	
1251 錦葵 jinkui	見 蜀葵（2377） see shukui	
1252 金匱 jinkui	見 鐵釜（2547） see tiefu	
1253 金鈴 jinling	見 牽牛子（1940） see qianniuzi	
1254 金陵草 jinlingcao	見 鱧腸（1448） see lichang	
1255 金鈴子 jinlingzi	見 楝實（1443） see lianshi	
1256 金柳 jinliu	見 鉛黃華（1929） see qianhuanghua	
1257 嚛蔞 jinlou	見 無患子皮（2718） see wuhuanzipi	
1258 金美龍芽 jinmeilongya	見 羊蹄（3031） see yangti	
1259 金雀兒椒 jinqueerjiao	見 白鮮（0105） see baixian	

1260	金蕊龍芽 jinruilongya	見　菊華（1331） see juhua	
1261	金商芝 jinshangzhi	見　楸木耳（2035） see qiumuer	
1262	禁　生 jinsheng	見　石斛（2243） see shihu	
1263	金生丹 jinshengdan	見　召魂丹（3273） see zhaohundan	
1264	今　石 jinshi	見　滑石（1048） see huashi	
1265	金　水 jinshui	龍　虎 longhu	996（shang/42b）
1266	金絲龍芽 jinsilongya	見　兔絲（2625） see tusi	
1267	錦鏁龍芽 jinsuolongya	見　續斷（2977） see xuduan	
1268	金仙丹 jinxiandan	見　太一金液華丹 （2460） see taiyijinyehuadan	
1269	金　溳 jinxiang	見　水銀（2362） see shuiyin	
1270	金線䵷 jinxianwa	見　䵷（2637） see wa	
1271	金　屑 jinxie gold fragments MS 1e	生　金 shengjin	768（3/31b）
1272	金　牙 jinya	虎脫幽 hutuoyou	900（shang/2a）
1273	金　鹽 jinyan	見　五加皮（2723） see wujiapi	
1274	金牙石	白虎脫齒	1026（68/2b）

jinyashi iron pyrites MS 98	baihutuochi	
1275 金 液 jinye	見　水銀霜（2367） see shuiyinshuang	
1276 金銀虎 jinyinhu	見　水銀霜（2367） see shuiyinshuang	
1277 金銀席 jinyinxi	見　水銀（2362） see shuiyin	
1278 金 賊 jinzei	見　硇砂（0734） see gangsha	
1279 金 芝 jinzhi	見　黃芝（1039） see huangzhi	
1280 雞舌草 jishecao	見　鴨跖草（3059） see yazhicao	
1281 雞舌香 jishexiang *Syzygium aromati- cum*(L.) Merr. et. Perry cloves ZY 0026 ; MP 244	亭炅獨生 tingjiongdusheng	1026（68/2b）
1282 荌 實 jishi *Trapa bispinosa,* Roxb. water calthrop or water chestnut ZY 4100 ; MP 243	菱 ling	768（35/28a）
1283 肌 石 jishi	見　理石（1508） see lishi	
1284 蒺 實 jishi	見　山茱萸（2170） see shanzhuyu	

1285 碁 石 jishi	見 石膽（2238） see shidan		
1286 棘 實 jishi	見 酸棗（2430） see suanzao		
1287 蒺 實 jishi *Thlaspi arvense*, L. pennycress ZY 4108；MP 484	菥蓂子 ximingzi	768（40/21a）	
1288 濟世丹 jishidan	見 八石丹（0157） see bashidan		
1289 雞矢礬 jishifan	玄武骨 xuanwugu	900（shang/2b）	
	赤龍翹 chilongqiao	900（shang/2b）	
	尋不見石赤者 xunbujianshichi- zhe	900（shang/2b）	
1290 雞矢礬石 jishiyushi	青 鳥 qingniao	900（shang/3a）	
	齒 礜 chiyu	900（shang/3a）	
	五色山脂 wuseshanzhi	900（shang/3a）	
1291 雞 蘇 jisu	見 水蘇（2353） see shuisu		
1292 雞頭盤 jitoupan	見 雞頭實（1293） see jitoushi		
1293 雞頭實 jitoushi *Euryale ferox*, Sal- isb. foxnut, chicken's	鴈喙實 yanhuishi	768（35/21b）	
	芡 qian	768（35/21b）	

	head ZY 2183 ; MP 541	雞頭盤 jitoupan	768（35／21b）
		鴈頭實 yantoushi	768（35／22a）
1294	韭 jiu *Allium tuberosum*, Rottler leek ZY 3393-3394 ; MP 670	仙力龍芽 xianlilongya	902（8b）
1295	韭 逢 jiufeng	見 知母（3298） see zhimu	
1296	就 葛 jiuge	見 狠跋子（1399） see langbazi	
		見 黃環（0986） see huanghuan	
1297	九光丹 jiuguangdan	見 鉛黃華（1929） see qianhuanghua	
1298	救 火 jiuhuo	見 景天（1237） see jingtian	
1299	九 臼 jiujiu	見 鬼臼（0827） see guijiu	
1300	九孔螺 jiukongluo	見 石決明（2252） see shijueming	
1301	九靈黃童 jiulinghuangtong	見 石硫黃（2257） see shiliuhuang	
		見 硫黃（1514） see liuhuang	
1302	救 窮 jiuqiong	見 黃精（0993） see huangjing	
1303	救世丹 jiushidan	見 五嶽眞人小還丹 （2786）	

		wuyuezhenren——xiaohuandan	
1304	膠似椒 jiusijiao	見　蔓椒（1656） see manjiao	
1305	鳩酸草 jiusuancao	見　酢漿草（3389） see zuojiangcao	
1306	棘菀 jiwan	見　遠志（3175） see yuanzhi	
1307	寄屑 jixie	見　桑上寄生（2112） see sangshangjisheng	
1308	積雪草 jixuecao *Centella asiatica* (L.) Urban ground ivy or field balm ZY 3853；MP 132	地錢草 diqiancao 連錢草、 lianqiancao	768（15/23b） 768（15/23b）
1309	鯽魚 jiyu *Carassius auratus* golden carp ZY 5510；FI 146	鮒魚 fuyu	768（31/31a）
1310	雞齋根 jizhaigen	見　葛根（0750） see gegen	
1311	即炤 jizhao	見　螢火（3094） see yinghuo	
1312	雞爪三稜 jizhaosanling	見　京三稜（1235） see jingsanling 見　草三稜（0244） see caosanling	
1313	棘鍼 	見　白棘（0059） 	

jizhen	see baiji	
1314 績 苧 jizhu	見 苧根（3328） see zhugen	
1315 即 子 jizi	見 烏頭（2761） see wutou	
1316 雞 足 jizu	見 山茱萸（2170） see shanzhuyu	
1317 睢 ju	見 香蒲（2813） see xiangpu	
1318 卷 栢 juanbai *Selaginella tamarisc- ina* (Beaur.) Spring selaginella ZY 3067；MP 794	萬 歲 wansui 豹 足 baozu 求 股 qiugu 交 時 jiaoshi	768（9/16b） 768（9/16b） 768（9/16b） 768（9/16b）
1319 卷 耳 juaner	見 葈耳（2862） see xier	
1320 睠 髮 juanfa	見 班猫（0146） see banmao	
1321 劇 草 jucao	見 蠡實（1506） see lishi	
1322 爵 牀 juechuang *Rostellularia pro- cumbens* (L.) Ness ZY 5629；MP 92	赤眼老母草 chiyanlaomucao 香 蘇 xiangsu 井中藍 jingzhonglan 井底泥 jingdini	768（15/52a） 768（15/52a） 768（15/52a） 768（15/52a）

1323 爵　離 jueli	見　防葵（0617） see fangkui	
1324 爵　李 jueli	見　郁李人（3190） see yuliren	
1325 決明子 juemingzi *Cassia tora*, L. foetid cassia ZY 1906；MP 379	馬蹄決明 matijueming	768（11/4b）
1326 爵　犀 juexi	見　鬼臼（0827） see guijiu	
1327 蹶泄苦棗 juexiekuzao	見　大棗（0464） see dazao	
1328 絕　陽 jueyang	見　白玉（0119） see baiyu	
1329 角中黃 juezhonghuang	見　牛黃（1840） see niuhuang	
1330 巨　骨 jugu	見　溲疏（2421） see soushu	
1331 菊　花 juhua *Chrysanthemum morifolium*, Ramat. Chrysanthemum ZY 4127；MP 27	節　花 jiehua	768（7/10b）
	日　精 rijing	768（7/10b）
	女　節 nüjie	768（7/11a）
	女　花 nühua	768（7/11a）
	女　莖 nüjing	768（7/11a）
	更　生 gengsheng	768（7/11a）
	周　盈	768（7/1¹a）

		zhouying	
		傳延年 chuanyannian	768（7/11a）
		陰　成 yincheng	768（7/11a）
		金蘂龍芽 jinruilongya	902（6a）
1332	據　火 juhuo	見　景天（1237） see jingtian	
1333	巨句麥 jujumai	見　瞿麥（1335） see jumai	
1334	欅　柳 juliu	見　欅木皮（1336） see jumupi	
1335	瞿　麥 jumai ①Dianthus Super- 　bus, L. ②Dianthus chinensis, 　L。 pink ZY 5667；MP 547	巨句麥 jujumai	768（12/37b）
		大　菊 daju	768（12/37b）
		大　蘭 dalan	768（12/37b）
		杜母草 dumucao	768（12/38b）
		燕　麥 yanmai	768（12/38b）
		蘥　麥 yaomai	768（12/38b）
1336	欅木皮 jumupi Zelkova Schneideri- ana, Hand.-Mazz. ZY 5095；MP 609	欅　柳 juliu	768（24/38b）
1337	菌 jun	見　毒菌地漿（0575） see dujundijiang	

1338 菌 桂 jungui *Cinnamomum cassia*, Presl Chinese cinnamom ZY 1790 ; MP 494	官 桂 guangui	768（20/7a）
1339 軍 門 junmen	見 鉛黃華（1929） see qianhuanghua	
1340 橘 皮 jupi	見 橘柚（1345） see juyou	
1341 舉輕丹 juqingdan	見 紫遊丹（3383） see ziyoudan	
1342 蒟 蒻 juruo	見 蒻頭（2095） see ruotou	
1343 巨 勝 jusheng *Sesamum indicum*, DC. Sesame or teel ZY 3234-3235 ; MP 97	胡 麻 huma 見 胡麻（1074） see huma	1177（11/13a）
1344 秬 黍 jushu	見 黑黍（0922） see heishu	
1345 橘 柚 juyou ①*Citrus tangerina*, 　Hort. et Tanaka ②*Citrus erythrosa*, 　Tanaka 　bitter peel tanger- 　inf 　ZY 5532-5535 ; 　MP 347	橘 皮 jupi	768（35/9a）
K		

1346 殼菜 kecai	見 淡菜（0423） see dancai	
1347 顆凍 kedong	見 欵冬花（1362） see kuandonghua	
1348 顆東 kedong	見 欵冬花（1362） see kuandonghua	
1349 稞麥 kemai	見 大麥（0421） see damai	
1350 柯樹皮 keshupi *Lithocarpus glaber* (Thunb.) Nakai ZY 3122 ; MP 611	木 奴 munu	768（25/34a）
1351 榼藤子 ketengzi *Entada phaseoloides* (L.) Merr. gilla nut ZY 5272 ; MP 407	象 豆 xiangdou	768（25/28a）
1352 空 kong	見 空青（1358） see kongqing	
1353 空草 kongcao	見 貝母（0166） see beimu	
1354 空腸 kongchang	見 黃芩（1018） see huangqin	
1355 孔公蘗 konggongnie stalactites MS 64	見 石鍾乳（2307） see shizhongru 通 石 tongshi	 768（4/10b）
1356 孔公石 konggongshi	見 石鍾乳（2307） see shizhongru	
1357 控鶴丹 konghedan	見 太一三使丹（2468） see taiyisanshidan	

1358 空 青 kongqing Azurite malachite, large hollow variety ZY 3062 ; MS 82	青要中女 qingyaozhongnü	900（shang／2a）; 905（21b）
	青油羽 qingyouyu	880（zhong／9b）; 900（shang／2a）
	青神羽 qingshenyu	900（shang／2a）
	青神羽理 qingshengyuli	880（zhong／9a）
	空 kong	904（3b）
	青 砂 qingsha	905（21b）
	楊梅青 yangmeiqing	768（2／7b）
	青要玉女 qingyaoyunü	1026（68／2a）
1359 空 䟽 kongshu	見 溲䟽（2421） see soushu	
	見 楊櫨木（3019） see yanglumu	
1360 空亭液 kongtingye	見 葱涕（0388） see congti	
1361 蒯草子 kuaicaozi	見 狼尾草（1408） see langweicao	
1362 欵冬花 kuandonghua *Tussilago farfara*, L. coltsfoot ZY 4782 ; MP 49	槖 吾 tuowu	768（14／46a）
	顆 東 kedong	768（14／46a）
	虎 鬚 huxu	768（14／46a）
	菟 奚 tuxi	768（14／46a）

	tuxi	
	氐 冬 didong	768（14/46a）
	顆 凍 kedong	768（14/46a）
1363　苦 菜 kucai *Sonchus oleraceus*, L. sow thistle ZY 2627 ; MP 47	荼 苦 tuku	768（40/17b）
	選 xuan	768（40/17b）
	游 you	768（40/17b）
	茗 ming	768（40/17b）
	荼 cha	768（40/17b）
	見　貝母（0166） see　beimu	
1364　苦 茶 kucha	見　茗苦檟茗（1735） see　mingkuchaming	
1365　苦 檟 kucha	見　茗苦檟茗（1735） see　mingkuchaming	
1366　枯 蟬 kuchan	見　蟬殼（0272） see　chanke	
1367　苦 耽 kudan *Physalis pubescens*, L. Chinese lantern or winter cherry ZY 2629 ; MP 116	洛神珠 luoshenzhu	768（40/27b）
	王母珠 wangmuzhu	768（40/27b）
	皮弁草 pibiancao	768（40/27b）
	苦 蘵 kuzhi	768（40/28a）

1368 苦 楝 kulian	見 楝實（1443） see lianshi	
1369 苦 花 kuhua	見 貝母（0166） see beimu	
1370 葵 kui *Helianthus annuus*, L. Chinese mallow ZY 1869；MP 280	金華龍芽 jinhualongya	902（7a）
1371 葵 菜 kuicai	見 冬葵子（0558） see dongkuizi	
1372 葵菜子 kuicaizi	見 冬葵子（0558） see dongkuizi	
1373 魁 蛤 kuige *Arca inflata*, Reeve ark shells ZY 4328；TS 229	魁 陸 kuilu 活 東 huodong 見 海蛤（0864） see haige	768（31/36b） 768（31/36b）
1374 瞆 姑 kuigu	見 王瓜（2645） see wanggua	
1375 魁 陸 kuilu	見 魁蛤（1373） see kuige	
1376 瞆 茹 kuiru	見 王瓜（2645） see wanggua	
1377 苦 酒 kujiu	見 酢（3388） see zuo	
1378 苦 葵 kukui	見 龍葵（1542） see longkui	
1379 苦 蠪 kulong	見 蝦蟇（0876） see hama	

1380 崑崙 kunlun	見 曾青（3250） see zengqing	
	見 白斂（0073） see bailian	
1381 崑崙黃 kunlunhuang	見 石硫黃（2257） see shiliuhuang	
1382 崑崙毗 kunlunpi	見 白鑞（0070） see baila	
1383 昆詩梁 kunshiliang	見 消石（2846） see xiaoshi	
1384 蛞蝓 kuoyu *Eulota peliomphala*, Pfr. helicoid snails ZY 5165；TS 239	陵蠡 lingli	768（32/30a）
	土蝸 tuwo	768（32/30a）
	附蝸 fuwo	768（32/30a）
	蝸牛 woniu	768（32/30b）
	瓜牛 guaniu	768（32/30b）
	蚹蝓 yiyu	768（32/30b）
1385 苦杞 kuqi	見 枸杞（0787） see gouqi	
1386 苦苣 kuqu *Lactuca versicolor* (Fisch) Sch.-Bip. ZY 2621	野苣 yequ	768（40/28a）
	褊苣 bianqu	768（40/28a）
1387 苦參 kushen *Sophora flavescens*, Ait.	水槐 shuihuai	768（12/20a）
	苦薽	768（12/20a）

Sophora ZY 2624；MP 409	kuzhi	
	地 槐 dihuai	768（12/20a）
	菟 槐 tuhuai	768（12/20a）
	驕 槐 jiaohuai	768（12/20a）
	白 莖 baijing	768（12/20a）
	虎 麻 huma	768（12/20a）
	岑 莖 cenjing	768（12/20a）
	祿 白 lubai	768（12/20a）
	陵 郎 linglang	768（12/20a）
1388 苦 丸 kuwan	見 蘿摩（1594） see luomo	
1389 苦 消 kuxiao	見 消石（2846） see xiaoshi	
1390 苦 心 kuxin	見 沙參（2173） see shashen	
1391 苦 箴 kuzhen	見 酸漿（2425） see suanjiang	
1392 苦 蘵 kuzhi	見 苦參（1387） see kushen	
	見 苦耽（1367） see kudan	
L		
1393 蠟 茶	見 茗苦榛茗（1735）	

lacha	see mingkuchaming	
1394 萊菔 laifu *Raphanus satiwus,* L. radish ZY 3688 ; MP 482	溫菘 wensong	768（40/24b）
	葵 tu	768（40/24b）
	苞葵 baotu	768（40/24b）
	蘆菔 lufu	768（40/24b）
	蘿蔔 luobo	768（40/24b）
	萊菔根 laifugen	768（40/25a）
1395 萊菔根 laifugen	見 萊菔（1394） see laifu	
1396 藍草 lancao *Polygonum tinctor-* *ium,* Ait. Indigo plant ZY 5101 ; MP 579	鹿茸龍芽 lurong longya	902（3b）
1397 蘭草 lancao *Lycopus lucidus,* Turcz. Chinese thorough- wort ZY 3045 ; MP 33	水香 shuixiang	768（11/36a）
	澤蘭 zelan	768（11/36b）
1398 茛 lang	見 烏頭（2761） see wutou	
1399 狼跋子 langbazi *Wistaria chinensis,* DC.	黃環子 huanghuanzi	768（19/13b）
	度谷 dugu	768（19/13b）

MP 418 a	dugu	
	就 葛 jiuge	7 6 8 (19 / 13 b)
1400 椰 lang	見 檳榔 (0191) see binglang	
1401 狼 齒 langchi	見 牙子 (3060) see yazi	
1402 莨 菪 langdang *Hyoscyamus niger*, L. henbane ZY 3717-3718 ; MP 114	橫 唐 hengtang	7 6 8 (16 / 50 a)
	行 唐 xingtang	7 6 8 (16 / 50 a)
	天仙子 tianxianzi	7 6 8 (16 / 51 a)
1403 狼 毒 langdu ①*Stellera chamae- jasme*, L. ②*Euphorbia fischer- iana*, Steud. wolfsbane ZY 3907 ; MP526	續 毒 xudu	7 6 8 (18 / 40 a)
1404 狼毒根 langdugen	見 防葵 (0617) see fangkui	
1405 蘭 根 langen *Imperata cylindrica* (L.) P. Beauv. var. *major* (Ness) C. E. Hubb. root of floss grass ZY 1435 ; MP 743	見 茅根 (1666) see maogen	
1407 狼茅子 langmaozi	見 狼尾草 (1408) see langweicao	

1408 狼尾草 langweicao *Pennisetum alopec-* *uroides* (L.) Spr. foxtail ZY 3910；MP 753	孟狼尾 menglangwei	768（39/11b）
	狼茅子 langmaozi	768（39/11b）
	蒯草子 kuaicaozi	768（39/11b）
1409 狼 牙 langya	見 牙子（3060） see yazi	
1410 狼 子 langzi	見 牙子（3060） see yazi	
1411 藍 實 lanshi *Polygonum tinctor-* *ium*, Ait. Indigo plant ZY 5101；MP 579	木 藍 mulan	768（10/29a）
	草 藍 caolan	768（10/29a）
	馬 藍 malan	768（10/29a）
	葴馬藍 zhenmalan	768（10/29a）
	蓼 藍 liaolan	768（10/29a）
	大藍實 dalanshi	768（10/31a）
1412 爛石草 lanshicao	見 馬先蒿（1695） see maxianhao	
1413 蘭 香 lanxiang	見 羅勒（1593） see luole	
1414 纜 魚 lanyu	見 烏賊魚（2790） see wuzeiyu	
1415 老 鴉 laodai	見 鴟頭（0332） see chitou	
1416 老 薺	見 菥蓂子（2882）	

laoji	see ximingzi	
1417 老翁鬚 laowengxu	見 生銀（2210） see shengyin	
1418 老亞瓜 laoyagua	見 王瓜（2645） see wanggua	
1419 勞 祖 laozu	見 水蘇（2353） see shuisu	
1420 剌 原 layuan	見 棘刺花（1171） see jicihua	
1421 雷河督子 leiheduzi	見 滑石（1048） see huashi	
1422 雷 矢 leishi	見 雷丸（1425） see leiwan	
1423 雷 實 leishi	見 雷丸（1425） see leiwan	
1424 鸓 鼠 leishu *Petaurista petaurista* (Pallas) ZY5767	鸓 鼠 wushu 飛 生 feisheng	768（29/11a） 768（29/11a）
1425 雷 丸 leiwan *Polyporus mylittae*, cook. et Mass. thunder pills ZY 5148；MP 837	雷 矢 leishi 雷 實 leishi 見 芍藥（2172） see shaoyao	768（24/34a） 768（24/34a）
1426 虆 蕪 leiwu	見 千歲虆（1945） see qiansuilei	
1427 勒 母 lemu	見 貝母（0166） see beimu	
1428 冷滑石 lenghuashi	見 滑石（1048） see huashi	

1429	勒佉 lequ	見 紫鉚騏驎竭(3364) see zikuangqilinjie	
1430	蒚 li *Allium scorodopra-* *sum*, L. Japanese garlic ZY 0478 ; MP 669	小 蒜 xiaosuan	768 (42 / 10a)
1431	蓮 lian	見 荷實（0931） see heshi 見 藕實（1875） see oushi	
1432	連蟲陸 lianchonglu	見 羊蹄（3031） see yangti	
1433	蓮的 liandi	見 蓮子（1444） see lianzi	
1434	艮飛 liangfei	見 玄黃花（2935） see xuanhuanghua	
1435	兩華飛英 lianghuafeiying	見 雲母（3201） see yunmu	
1436	兩監末鹽 liangjianmoyan	見 食鹽（2293） see shiyan	
1437	艮棗 liangzao	見 大棗（0464） see dazao	
1438	蓮華 lianhua *Nelumbo nucifera,* Gaertn. Indian lotus ZY 3693 ; MP 542	天焰龍芽 tianyanlongya	902 (10 b)
1439	連及草 lianjicao	見 白及（0058） see baiji	
1440	連母	見 知母（3298）	

lianmu	see zhimu	
1441 連 木 lianmu	見 藥實根（3055） see yaoshigen	
1442 連錢草 lianqiancao	見 積雪草（1308） see jixuecao	
1443 楝 實 lianshi *Melia toosendan*, Sieb, et Zucc.; *M. azedarach*, L. Persian lilac ZY 5070-5071; MP 335	金鈴子 jinlingzi 苦 楝 kulian	768（24/18b） 768（24/19a）
1444 蓮 子 lianzi *Nelumbo nucifera*, Gaertn. Seed of Indian lotus ZY 3691; MP 542	蓮 的 liandi	768（35/5b）
1445 蓮子草 lianzicao	見 鱧腸（1448） see lichang	
1446 蓼 藍 liaolan	見 藍實（1411） see lanshi	
1447 脩 石 liaoshi	見 滑石（1048） see huashi	
1448 鱧 腸 lichang *Eclipta alba*, Hassk. ink plant MP 32	蓮子草 lianzicao 旱蓮子 hanlianzi 金陵草 jinlingcao	768（15/50b） 768（15/51a） 768（15/51a）
1449 栗 當 lidang	見 列當（1451） see liedang	

1450	梨豆蚺蛇 lidouranshe *Python molurus biwittatus*, Schlegel Python ZY 4329-4331 ; DS 113	虎 涉 hushe	768 (19 / 24b)
1451	列 當 liedang ①*Orobanche caeru- lescens*, Steph ②*Orobanche pycno- stachya*, Hance ZY 1722 ; MP 96	栗 當 lidang 草蓯蓉 caocongrong	768 (19 / 16b) 768 (19 / 16b)
1452	烈 朴 liepo	見 厚朴 (0946) see houpo	
1453	苪蕋豕首 liezhenshishou	見 天名精 (2519) see tianmingjing	
1454	梨 蓋 ligai	見 防葵 (0617) see fangkui	
1455	蠣 蛤 lige	見 牡蠣 (1773) see muli	
1456	狸 骨 ligu *Felis bengalensis*, Kerr bones of wild cat ZY 3905 ; AN 372	猫 骨 maogu	768 (28 / 35b)
1457	藜 灰 lihui	見 冬灰 (0555) see donghui	
1458	棃 蘆 lilu *Veratrum nigrum*, L. black veratrum	葱 苒 congran 葱 菼 congtan	768 (17 / 2b) 768 (17 / 2b)

ZY 5652 ; MP 693	山 葱 shancong	768 (17 / 2b)
	葱 葵 congkui	768 (17 / 3a)
	豐 蘆 lilu	768 (17 / 3a)
	蕙 葵 huikui	768 (17 / 3a)
	鹿 葱 lucong	768 (17 / 3b)
1459 豐 蘆 lilu	見 藜蘆 (1458) see lilu	
1460 蠡 螺 liluo	見 田中螺 (2542) see tianzhongluo	
1461 蔓 苗 limiao	見 蒜 (2424) see suan	
1462 離 母 limu	見 赤箭 (0308) see chijian	
1463 櫟木子 limuzi	見 橡實 (2817) see xiangshi	
1464 離南活脫 linanhuotuo	見 通草 (2559) see tongcao	
1465 菱 ling	見 芰實 (1282) see jishi	
1466 苓 耳 linger	見 葈耳 (2862) see xier	
1467 陵 藁 linggao	見 甘遂 (0743) see gansui	
1468 苓 根 linggen	見 猪苓 (3332) see zhuling	
1469 菱 華	見 紫葳 (3381)	

	linghua	see ziwei	
1470	靈華沈腴 linghuachenyu	見　薰陸香（2991） see　xunluxiang	
1471	靈華丹 linghuadan	見　五靈丹（2734） see　wulingdan	
1472	菱　角 lingjiao	見　芰（1119） see　ji	
1473	陵　郎 linglang	見　苦參（1387） see　kushen	
1474	陵　藳 linglei	見　蓬藳（1887） see　penglei	
1475	陵　蠡 lingli	見　蛞蝓（1384） see　kuoyu	
1476	鯪鯉甲 linglijia *Manis pentadactyla*, L. Scales of the pan－ golin(scaly ant eater) ZY 3549；DS 106	穿山甲 chuanshanjie	768（34/21a）
1477	零　陵 lingling	見　　玄黃石（2936） see　xuanhuangshi	
1478	零陵香 linglingxiang *Lysimachia foenum-* *graecm*, Hance ZY 5152；MP 134a	燕　草 yancao	768（15/17b）
		薰　草 xuncao	768（15/17b）
		香　草 xiangcao	768（15/18a）
		蕙　草 huicao	768（15/18a）
1479	陵　翹	見　鼠尾草（2396）	

lingqiao	see shuweicao	
1480 凌 泉 lingquan	見 黃環（0986） see huanghuan	
1481 靈 砂 lingsha sulphuret of mer— cury, black sulphide of mercury MS 48	見 丹（0422） see dan 二氣砂 erqisha	 768（3/37a）
1482 菱 實 lingshi	見 芰（1119） see ji	
1483 領 石 lingshi	見 絡石（1597） see luoshi	
1484 陵 時 lingshi	見 鼠尾草（2396） see shuweicao	
1485 靈壽丹 lingshoudan	見 華陽玉漿丹(1049) see huayangyujiang- dan	
1486 凌水石 lingshuishi	見 凝水石（1831） see ningshuishi	
1487 陵 苕 lingtiao	見 紫葳（3381） see ziwei	
1488 凌 霄 lingxiao *Campsis grandiflora* (Thunb.) Loisel. ZY 3947；MP101	纏樹龍芽 chanshulongya	902（9a）
1489 凌霄丹 lingxiaodan	見 五靈丹（2734） see wulingdan	
1490 凌霄花 lingxiaohua	見 紫葳（3381） see ziwei	
1491 靈 薪 lingxin	見 馬糞（1631） see mafen	

1492 凌虛丹 lingxudan	見　紫遊丹（3383） see ziyoudan	
1493 陵陽子 lingyangzi	見　水銀（2362） see shuiyin	
1494 陵陽子明 lingyangziming	見　水銀（2362） see shuiyin	
1495 陵　游 lingyou	見　龍膽（1534） see longdan	
1496 零　楡 lingyu	見　楡皮（3215） see yupi	
1497 凌　澤 lingze	見　甘遂（0743） see gansui	
1498 藺　蒿 linhao *Pedicularis gloriosa*, Biss. et Mre. MP104	莪　蒿 ehao 莪　蘿 eluo 蘿　蒿 luohao	768（18/62a） 768（18/62a） 768（18/62b）
1499 蠡　牛 liniu	見　蝸牛（2691） see woniu	
1500 林　蘭 linlan	見　石斛（2243） see shihu 見　木蘭（1772） see mulan	
1501 磷　石 linshi	見　雲母（3201） see yunmu	
1502 磷石白 linshibai	見　雲母（3201） see yunmu	
1503 麗日丹 liridan	見　八石丹（0157） see bashidan	
1504 利　茹	見　防葵（0617）	

liru	see fangkui	
1505 利 如 liru	見 桔 梗（1176） see jiegeng	
1506 蠡 實 lishi *Iris pallasii* Fisch. var. *chinensis* Fisch. Chinese iris ZY 0608 ; MP 655	荔 實 lishi	768（12/35b）
	劇 草 jucao	768（12/35b）
	三 堅 sanjian	768（12/35b）
	豕 首 shishou	768（12/35b）
	馬藺子 malinzi	768（12/36a）
	揀 子 jianzi	768（12/36a）
	精 jing	768（12/36a）
	馬 藺 malin	768（12/36b）
1507 荔 實 lishi	見 蠡實（1506） see lishi	
1508 理 石 lishi Fibrous gypsum a variety of gypsum ZY 4066 ; MS 52	立制石 lizhishi	900（shang/2a）； 768（4/27a）
	石 膽 shidan	900（shang/2a）
	肥 石 feishi	900（shang/2a）
	不灰木 buhuimu	900（shang/2a）
	見 礬石（0631） see fanshi	

		肌 石 jishi	7 68（4/27a）
1509 犂 食 lishi	見 芍藥（2172） see shaoyao		
1510 流 丹 liudan	見 胡粉（1055） see hufen		
1511 流丹白膏 liudanbaigao	見 粉霜（0677） see fenshuang		
1512 流丹白豪 liudanbaihao	見 胡粉（1055） see hufen		
1513 柳 花 liuhua *Salix babylonica*, L. common willow, weeping willow ZY 3178；MP 624		柳 絮 liuxu	7 68（24/17a）
1514 硫 黄 liuhuang Sulphur sulphur ZY 1260；MS 128	見 石硫黄（2257） see shiliuhuang		
		黄 男 huangnan	8 8 7（1 b）； 9 2 4（shang/4a）
		亭 脂 tingzhi	9 0 4（3 a）； 9 0 4（4 a）
		石停脂 shitingzhi	9 0 5（9 b）
		黄 英 huangying	9 0 5（9 b）
		黄 燭 huangzhu	9 0 5（9 b）
		法 黄 fahuang	9 0 5（9 b）
		九靈黄童 jiulinghuangtong	9 0 5（9 b）

		黃白砂 huangbaisha	905（10a）
	見 see	黃芽眞性（1031） huangyazhenxing	
		黃 牙 huangya	924（shang/4a）
1515	硫黃金 liuhuangjin	見 金（1212） see jin	
1516	六甲父母 liujiafumu	見 章陸根（3261） see zhanglugen	
1517	劉燼草 liujincao	見 天名精（2519） see tianmingjing	
1518	流 螺 liuluo	see 甲香（1164） see jiaxing	
1519	留 石 liushi	見 滑石（1048） see huashi	
1520	流霞丹 liuxiadan	見 八神丹（0156） see bashendan	
1521	柳 絮 liuxu *Salix babylonica,* L. common willow, weeping willow ZY 3178；MP 624	玉英龍芽 yuyinglongya 見 柳花（1513） see liuhua	902（4a）
1522	柳絮礬 liuxufan	見 礬石（0631） see fanshi	
1523	流 珠 liuzhu	見 水銀（2362） see shuiyin	
		見 汞（0766） see gong	
		見 丹砂（0437）	

	dansha	
1524 流珠白雪丹 liuzhubaixuedan	見 艮雪丹（0763 ） see genxuedan	
1525 流珠素霜丹 liuzhusushuangdan	見 艮雪丹（0763） see genxuedan	
1526 鱧 魚 liyu	見 蠡魚（1528） see liyu	
1527 鯉 魚 liyu	見 蠡魚（1528） see liyu	
1528 蠡 魚 liyu *Ophicephalus argus*, Cantor serpent-head(murrel) ZY 5747；FI 162	鮦 魚 tongyu	768（31/25b）
	鱧 魚 liyu	768（31/25b）
	鯇 魚 huanyu	768（31/26a）
	鯉 魚 liyu	768（31/26a）
	黑鯉魚 heiliyu	768（31/27a）
1529 鯉魚眼睛 liyuyanjing *Ophicephalus argus*, cantor eye-ball of serpenthead ZY 5747；FI 162	水人目 shuirenmu	900（shang/4b）
1530 立制石 lizhishi	見 理石（1508） see lishi	
	見 石膽（2238） see shidan	
	見 鉛精（1938） see qianjing	
	見 黃華池（0985）	

		see huanghuachi	
		見　眞鉛（3284） see zhenqian	
		見　礜石（3220） see yushi	
1531	立制太陰 lizhitaiyin	見　鉛精（1938） see qianjing	
1532	龍寶龍芽 longbaolongya	見　牡丹（1753） see mudan	
1533	籠草 longcao	見　甘蕉根（0737） see ganjiaogen	
1534	龍膽 longdan *Gentiana scabra*, Bge. gentian ZY 1284 ; MP 169	陵　游 lingyou 草龍膽 caolongdan	768（9/18a） 768（9/18a）
1535	龍豆 longdou	見　續斷（2977） see xuduan	
1536	龍膏 longgao	見　覆盆子（0701） see fupenzi 見　白狗膽（0039） see baigoudan	
1537	籠古 longgu	見　茳草（0936） see hongcao	
1538	龍骨 longgu dragon's bones, prehistoric animal bones, fossilized ZY 1283 ; DS 102 A	陸虛遺生 luxuyisheng	1026（68/3a）
1539	龍蚝 longhao	見　班猫（0146） see banmao	

1540 龍 虎 longhu	見　金水（1265） see jinshui	
1541 龍 華 longhua	見　石龍蒭（2259） see shilongchu	
1542 龍 葵 longkui *Solanum nigrum*, L. common night-shade ZY 1286 ; MP 120	苦　葵 kukui	768（40/27a）
1543 龍 苗 longmiao	見　班猫（0146） see banmao	
1544 龍 沙 longsha	見　蔴黃（1633） see mahuang	
1545 龍通粉 longtongfen	見　蚯蚓屎（2039） see qiuyinshi	
1546 龍 尾 longwei	見　班猫（0146） see banmao	
1547 龍仙芝 longxianzhi	見　草芝（0249） see caozhi	
1548 龍銜芝 longxianzhi	見　草芝（0249） see caozhi	
1549 龍 鬚 longxu	見　石龍蒭（2259） see shilongchu	
1550 龍鬚草 longxucao	見　石龍蒭（2259） see shilongchu	
1551 龍 眼 longyan *Euphoria longan* (Lour.) steud. Lungngans or Longans ZY 1300 ; MP 302	益　智 yizhi	768（23/15a）
1552 龍 棗	見　澤蘭（3246）	

longzao	see zelan	
1553 龍 汁 longzhi	見 鉛黃華（1929） see qianhuanghua	
1554 龍 芝 longzhi	見 靑芝（2020） see qingzhi	
1555 龍 珠 longzhu	見 石龍蒭（2259） see shilongchu	
1556 龍珠丹 longzhudan	曳虹丹 yehongdan	900（xia/2a）
	垂露丹 chuiludan	900（xia/2a）
	金光丹 jinguangdan	900（xia/2a）
	吐耀丹 tuyaodan	900（xia/2a）
1557 龍子單衣 longzidanyi	見 蝦蟆皮（0878） see hamapi	
	見 蛇蛻（2224） see shetui	
1558 龍子皮 longzipi	見 蛇蛻（2224） see shetui	
1559 龍子衣 longziyi	見 蛇脫皮（2225） see shetuopi	
	見 蛇蛻（2224） see shetui	
1560 螻蛄 lougu *Gryllotalpa africana* , Pal. de Beauvois molecricket ZY 5477；IN 66	蟪蛄 huigu	768（34/18b）
	天 螻 tianlou	768（34/18b）
	轂 hu	768（34/18b）

	碩 鼠 shishu	768 (34 / 19a)
1561 蔞 蒿 louhao	見 白蒿 (0045) see baihao	
1562 漏 蘆 loulu ①*Rhaponticum un- iflorum* (L.) DC. ②*Echinops latifolius* , Tausch globe thistle ZY 5397 ; MP 31	野 蘭 yelan 荚 蒿 jiahao 鬼油麻 guiyouma 見 飛廉 (0641) see feilian	768 (10 / 27a) 768 (10 / 27b) 768 (10 / 27b)
1563 祿 白 lubai	見 苦參 (1387) see kushen	
1564 盧 布 lubu	見 石鍾乳 (2307) see shizhongru	
1565 潞 草 lucao	見 甘草 (0730) see gancao	
1566 蓫 草 lucao	見 奇蘴草 (1200) see jijincao	
1567 鹿 腸 luchang	見 玄參 (2948) see xuanshen 見 敗醬 (0060) see baijiang	
1568 鸕鷀屎 lucishi *Phalacrocorax carbo sinensis* (Blumenbach) cormorant's excre- ment ZY 3759-3761 ; AV 265 B	蜀水花 shushuihua	768 (30 / 19b)

1569 鹿　葱 lucong	見　藜蘆（1458） see lilu	
	見　萱草（2922） see xuancao	
1570 略　石 lüeshi	見　絡石（1597） see luoshi	
1571 綠　礬 lüfan	見　礬石（0631） see fanshi	
1572 鱸　脂 lufei	見　蜚蠊（0641） see feilian	
1573 露蜂房 lufengfang *Polistes mandarinus* , Saussure hornets' and wasps' nests ZY 5741 ; IN 6	蜂　腸 fengchang	768（32/4a）
	百　穿 baichuan	768（32/4a）
	蜂　剽 fengke	768（32/4a）
	大黃蜂窠 dahuangfengke	768（32/4b）
1574 蘆　菔 lufu *Raphanus sativus*, L. radish ZY 3688 ; MP 482	菜　菔 caifu	768（40/5a）
	見　萊菔（1394） see laifu	
1575 綠伏石母 lüfushimu	見　磁石（0383） see cishi	
1576 蘆　根 lügen *Phragmites com- munis.* Trin. common reed ZY 2191 ; MP 754	葭　華 jiahua	768（18/57a）
	葦 wei	768（18/57a）
	蒹　適 jianshi	768（18/57b）

		荻 di	768（18/57b）
		菼 tan	768（18/57b）
		薍 wan	768（18/57b）
		烏蓲 wuqiu	768（18/57b）
		萑 huan	768（18/57b）
1577	魯果能 luguoneng	見　石龍芮（2260） see shilongrui	
1578	綠滑石 luhuashi	見　滑石（1048） see huashi	
1579	盧會 luhui ①*Aloe vera*, L. ②*Aloe ferox*, Mill ③*Aloe vera*, L. var. 　*Chinensis*(Haw.) 　Berger 　aloes, or aloë 　ZY 2190；MP 674	訥會 nehui 奴會 nuhui 象膽 xiangdan	768（15/9 b） 768（15/9b） 768（15/9b）
1580	鹿藿 luhuo	見　葛根（0750） see gegen	
1581	鹿活草 luhuocao	見　天名精（2519） see tianmingjing	
1582	鹿醬 lujiang	見　敗醬（0060） see baijiang	
1583	鹿韭 lujiu	見　牡丹（1753） see mudan	
1584	鹿角膠 lujuejiao	見　白膠（0062） see baijiao	

1585 鹿驪 luli	見 木梨蘆（1774） see mulilu	
1586 鹿列 lulie	見 知母（3298） see zhimu	
1587 菉鹿草 lulucao	見 奇爐草（1200） see jijincao	
1588 鹿盧棗 luluzao	見 大棗（0464） see dazao	
1589 蘿蔔 luobo *Raphanus sativus*, L. radish ZY 3688；MP 482	玉瓶龍芽 yupinglongya 見 萊菔（1394） see laifu	902（3b）
1590 羅叉 luocha	見 蜂（0659） see feng	
1591 蘿蒿 luohao	見 蔴蒿（1498） see linhao	
1592 落葵 luokui *Basella rubra*, L. malabar nightshade ZY 4821；MP 553	天葵 tiankui 繁露 fanlu 承露 chenglu	768（42/17b） 768（42/17b） 768（42/17b）
1593 羅勒 luole *Ocimum basilicum*, L. Sweet basil, grand basilic ZY 2804；MP 134	蘭香 lanxiang	768（40/22b）
1594 蘿藦 luomo	見 蛇合（2185） see shehe	

Metaplexis japonica (Thunb.) Mak. ZY 4116 ; MP 165	苦 丸 kuwan	768 (20 / 17b)
1595 蘿摩子 luomozi *Metaplexis japonica* (Thunb.) Mak. ZY 4116 ; MP 165	芄 蘭 wanlan	768 (15 / 4a)
	雀 瓢 quepiao	768 (15 / 4a)
	女 青 nüqing	768 (15 / 4a)
	白環藤 baihuanteng	768 (15 / 4a)
	藿 huan	768 (15 / 4b)
1596 洛神珠 luoshenzhu	見 苦耽 (1367) see kudan	
1597 絡 石 luoshi *Trachelospermum jasminoides*(Lindl.) ZY 3604 ; MP 168	石 鯪 shiling	768 (10 / 32a)
	石 磋 shicuo	768 (10 / 32a)
	略 石 lüeshi	768 (10 / 32a)
	明 石 mingshi	768 (10 / 32a)
	領 石 lingshi	768 (10 / 32a)
	懸 石 xuanshi	768 (10 / 32a)
1598 落 首 luoshou	見 海藻 (0874) see haizao	
1599 落 蘇 luosu	見 茄子 (1954) see qiezi	

1600	落新婦 luoxinfu	見　升麻（2198） see sheng ma	
1601	絡新婦 luoxinfu	見　蜘蛛（3307） see zhizhu	
1602	落耀丹 luoyaodan	見　太一小還丹(2471) see taiyixiaohuan— dan	
1603	綠　青 luqing Melachite malachite ZY 4714 ; MS 84	碧　青 biqing 畢　石 bishi 扁　青 bianqing 石　綠 shilu	900（shang / 2b）； 768（2 / 23b） 900（shang / 2b） 900（shang / 2b）； 768（2/23 b） 768（2 / 23b）
1604	綠　秋 luqiu	見　磁石（0383） see cishi	
1605	鹿　茸 lurong ①Cervus nippon, Temminck ②Cervus elaphus, L. velvet horns of the sika deer ZY 4639 ; AN 364	茄子茸 qiezirong	768（28/2a）
1606	鹿茸龍芽 luronglongya	見　藍草（1396） see lancao	
1607	鹿　肉 lurou	見　鱘魚（2993） see xunyu	
1608	蘆　石 lushi	見　石鍾乳（2307） see shizhongru	
1609	鹿　首	見　敗醬（0060）	

lushou	see baijiang	
1610 露 霜 lushuang	見 井華水（1227） see jinghuashui	
1611 鹵殊汁 lushuzhi	見 元津（3165） see yuanjin	
1612 鹿蹄草 luticao	見 山慈菰根（2135） see shancigugen	
1613 鹿 頭 lutou	見 鱏魚（2993） see xunyu	
1614 鹵 鹹 luxian salt ZY 2275；MS 115 native lake-salt ZY 2275；MS 118	青牛落 qingniuluo 石 脾 shipi	900（shang/3b） 900（shang/3b）
1615 鹿銜草 luxiancao	見 薇銜（2680） see weixian	
1616 陸虛遺生 luxuyisheng	見 龍骨（1538） see longgu	
1617 陸 英 luying	見 蒴藋（2385） see shuodi	
1618 鹿 竹 luzhu	見 黃精（0993） see huangjing	
M 1619 馬鼈 mabie	見 水蛭（2372） see shuizhi	
1620 麻 勃 mabo	見 麻蕡（1630） see mafen	
1621 馬 勃 mabo ①Lasiosphaera fenzlii, Reich	馬 庀 mapi 馬窟勃 mapibo	768（19/16b） 768（19/16b）

②*Calvatia gigantea* (Batsch ex Pers.) Lloyd. puff ball ZY 0586；MP 831	馬庀菌 mapijun	768（19/16b）
1622 馬 草 macao	見 敗醬（0060） see baijiang	
1623 馬 齒 machi *portulaca oleracea,* L. purslane ZY 0598；MP 554	五葉龍芽 wuyelongya	902（4b）
1624 馬齒礬 machifan	見 礬石（0631） see fanshi	
1625 馬齒莧 machixian *Portulaca oleracea,* L. Purslane ZY 0598；MP 554	五行草 wuxingcao	768（42/4a）
1626 馬 刀 madao *Solen gouldii,* Conrad giant mussels ZY 0576；TS 218	馬 蛤 mage 單 姥 shanmu 蟶 岸 chaan	768（33/5b） 768（33/5b） 768（33/6a）
1627 馬大頭 madatou	見 蜻蛉（1986） see qingling	
1628 馬 豆 madou	見 雲實（3206） see yunshi	
1629 馬兜零 madouling ①*Aristolochia*	雲南根 yunnangen	768（18/64a）

contorta, Bge. ②*Aristolochia* *debilis*, Sieb. et Zucc. ZY 0603；MP 585	土青木香 tuqingmuxiang	768（18/64a）
1630 麻蕡 mafen *Cannabis sativa*, L. hemp ZY 4617；MP 598	麻勃 mabo	768（37/6b）
	牡麻 muma	768（37/8a）
	枲實 xishi	768（37/8b）
	荸麻 boma	768（37/8b）
	荸 bo	768（37/8b）
	麻母 mamu	768（37/8b）
	枲麻 xima	768（37/8b）
1631 馬糞 mafen *Equus caballus*, L. dung of the horse AN 327	馬通 matong	900（shang/5a）
	靈薪 lingxin	900（shang/5a）
1632 馬蛤 mage	見 馬刀（1626） see madao	
1633 麻黃 mahuang ①*Ephedra Sinica*, Stapf. ②*Ephedra equise-* *tina*, Bge. ③*Ephedra interme-* *dia*, Schrenk et	卑相 baixiang	768（12/27a）
	龍沙 longsha	768（12/27b）
	卑鹽 beiyan	768（12/27b）

Mey. ephedra ZY 4615 ; MP 783		
1634 馬 黄 mahuang	見　水蛭（2372） see　shuizhi	
1635 馬 蟥 mahuang	見　水蛭（2372） see　shuizhi	
1636 麥 斛 maihu	見　石斛（2243） see　shihu	
1637 麥句薑 maijujiang	見　天名精（2519） see　tianmingjing	
1638 麥門冬 maimendong *Ophiopogon japoni-cus*, Ker-Gawl. black leek ZY 2082 ; MP 684	羊 韭 yangjiu	768（8／6b）
	愛 韭 aijiu	768（8／6b）
	馬 韭 majiu	768（8／6b）
	羊 蓍 yangshi	768（8／6b）
	禹 葭 yujia	768（8／6b）
	禹餘粮 yuyuliang	768（8／6b）
1639 麥秋薑 maiqiujiang	見　天名精（2519） see　tianmingjing	
1640 馬 箭 majian	見　黄精（0993） see　huangjing	
1641 馬 韭 majiu	見　麥門冬（1638） see　maimendong	
1642 馬 藍 malan	見　藍實（1411） see　lanshi	

1643	馬蓼 maliao	見 葒草（0936） see hongcao	
1644	馬藺 malin	見 蠡實（1506） see lishi	
1645	馬藺子 malinzi	見 蠡實（1506） see lishi	
1646	馬陸 malu *Prospirobolus joan- nsi* (Brolemann) millipede (wire worm) ZY 0582；IN 86	百足 baizu	768（34/31b）
		馬軸 mazhou	768（34/31b）
		飛蚿蟲 feixianchong	768（34/32a）
		土蟲 tuchong	768（34/32a）
		馬蚿 maxian	768（34/32a）
		刀環蟲 daohuanchong	768（34/32a）
		百節蟲 baijiechong	768（34/32b）
1647	馬鳴退 mamingtui	見 蠶退（0229） see cantui	
1648	麻母 mamu	見 麻蕡（1630） see mafen	
1649	馬目毒公 mamudugong	見 鬼臼（0827） see guijiu	
1650	麻母芝 mamuzhi	見 草芝（0249） see caozhi	
1651	茵 mang	見 貝母（0166） see beimu	
1652	芒	見 莽草（1653）	

mang	see mangcao	
1653 莽 草 mangcao *Illicium lanceolatum* , A. C. Smith bastard anise, Japanese anise ZY 3687 ; MP 505	蒻 mi	768 (24 / 26 b)
	春 草 chuncao	768 (24 / 26 b)
	芮 草 wangcao	768 (24 / 27 a)
	芒 mang	768 (24 / 27 a)
1654 芒 消 mangxiao Mirabilite crude glauber's salt ZY 1679 ; MS 123	見 消石 (2846) see xiaoshi	
	盆 消 panxiao	768 (1 / 34 b)
1655 芒 芋 mangyu	見 澤瀉 (3254) see zexie	
1656 蔓 椒 manjiao *Xanthexylum Bun- geri*, Pl. pepper creeper MP 359	豕 椒 shijiao	768 (25 / 30 b)
	豬 椒 zhujiao	768 (25 / 30 b)
	巢 椒 zhijiao	768 (25 / 30 b)
	狗 椒 goujiao	768 (25 / 30 b)
	樛似椒 jiusijiao	768 (25 / 30 b)
	稀 椒 xijiao	768 (25 / 30 b)
1657 蔓 菁 manjing	見 蕪菁 (2726) see wujing	
1658 蔓荆實 manjingshi	蔓 生 mansheng	768 (21 / 8 b)

Vitex rotundifolia, L. ZY 5309 ; MP 150	蔓荆子 manjingzi	768（21／8b）
1659 蔓荆子 manjingzi	見　蔓荆實（1658） see manjingshi	
1660 鰻鱺魚 manliyu *Anguilla japonica*, Temminck et Schlegel eels ZY 5696 ; FI 163	慈　鰻 ciman 猧狗魚 wogouyu 海　鰻 haiman 鰻　魚 manyu	768（32／22a） 768（32／22a） 768（32／22a） 768（32／22a）
1661 蔓　生 mansheng	見　蔓荆實（1658） see manjingshi	
1662 蔓　延 manyan	見　王孫（2650） see wangsun	
1663 鰻　魚 manyu	見　鰻鱺魚（1660） see manliyu	
1664 楙 mao	見　木瓜實（1761） see muguashi	
1665 茆 mao	見　女苑（1872） see nüyuan	
1666 茅　根 maogen *Imperata cylindrica* (L.) P. Beauv. var. *major* (Ness) C. E. Hubb. floss grass ZY 1435 ; MP 743	蘭　根 langen 茹　根 rugen 地　菅 dijian 地　筋 dijin	768（13／18a） 768（13／18a） 768（13／18a） 768（13／18a）

	蒹 杜 jiandu	768（13/18b）
	白茅菅 baimaojian	768（13/18b）
	茅 針 maozhen	768（13/18b）
	茅 笋 maosun	768（13/19a）
	屋 茅 wumao	768（13/19a）
	百足蟲茅 baizuchongmao	768（13/19a）
	白花茅根 baihuamaogen	768（13/19a）
1667 猫 骨 maogu	見 狸骨（1456） see ligu	
1668 茅瓜子 maoguazi	見 仙茅（2824） see xianmao	
1669 茅 鬼 maogui	見 茜根（2868） see xigen	
1670 貓虎脂 maohuzhi	見 蝟脂（2683） see weizhi	
1671 毛 莨 maolang	見 鉤吻（0793） see gouwen	
	見 毛莨鉤吻（1672） see maolanggouwen	
1672 毛莨鉤吻 maolanggouwen *Ranunculus japon-icus*, Thunb. buttercup or bitter crow-foot	鉤 吻 gouwen	768（19/22b）
	毛 莨 maolang	768（19/22b）
	石龍芮	768（19/22b）

	ZY 0881 ; MP 538	shilongrui	
1673	卯木青金 maomuqingjin	見　金（1212） see　jin	
1674	茅　箏 maosun	見　茅根（1666） see　maogen	
1675	茅香花 maoxianghua *Hierochloë odorata* geranium grass, camel grass, rosha grass ZY 2698 ; MP 729	白茅香 baimaoxiang	768（15／53b）
1676	馬　庀 mapi	見　馬勃（1621） see　mabo	
1677	馬窯勃 mapibo	見　馬勃（1621） see　mabo	
1678	馬庀菌 mapijun	見　馬勃（1621） see　mabo	
1679	馬芹子 maqinzi *A. Yabeana*, Mak MP 212	茭 jiao	768（42／12b）
		牛蕲蒫 niuqi	768（42／12b）
1680	馬　胊 maqu	見　棘刺花（1171） see　jicihua	
1681	馬　屎 mashi *Equus caballus*, L. dung of the horse AN 327	馬　通 matong	768（28／7a）
1682	馬矢蒿 mashihao	見　馬先蒿（1695） see　maxianhao	
1683	馬屎蒿	見　馬先蒿（1695）	

mashihao	see maxianhao	
1684 馬蒁 mashu	見 鬱金（3187） see yujin	
1685 馬蹄決明 matijueming	見 決明子（1325） see juemingzi	
1686 馬蹄香 matixiang	見 杜蘅（0571） see duheng	
1687 馬通 matong	見 馬糞（1631） see mafen 見 馬屎（1681） see mashi	
1688 茅針 maozhen	見 茅根（1666） see maogen	
1689 馬尾 mawei	見 商陸（2142） see shanglu	
1690 麻韋 mawei	見 夜光骨幷虛銷薪 （3064） see yeguanggubing- xuxiaoxin	
1691 馬尾當歸 maweidanggui	見 當歸（0428） see danggui	
1692 馬舃 maxi	見 車前子（0287） see cheqianzi	
1693 馬蚿 maxian	見 馬陸（1646） see malu	
1694 馬莧 maxian *Portulaca oleracea,* L. purslane ZY 0598；MP 554	狲馬齒莧 tunmachixian 狲耳 tuner 見 莧實（2829） see xianshi	768（17/43b） 768（17/43b）

1695 馬先蒿 maxianhao *Pedicularis resupin-* *ata,* L. ZY 0594 ; MP 105	馬屎蒿 mashihao	768 (15/11a)
	爛石草 lanshicao	768 (15/11a)
	虎 麻 huma	768 (15/11a)
	馬新蒿 maxinhao	768 (15/11a)
	蔚 wei	7 68 (15/11a)
	牡 菣 muqin	768 (15/11a)
	牡 蒿 muhao	768 (15/11a)
	馬矢蒿 mashihao	768 (15/11b)
1696 麻鞋底 maxiedi	千里馬麻鞋 qianlimamaxie	768 (18/73a)
1697 馬 辛 maxin	見 蒵蓂子 (2882) see ximingzi	
1698 馬 行 maxing	見 紫參 (3375) see zishen	
1699 馬新蒿 maxinhao	見 馬先蒿 (1695) see maxianhao	
1700 馬 薰 maxun	見 女萎 (1870) see nüwei	
1701 馬牙消 mayaxiao crude glauber's salt ZY 1667 ; MS 123	英 消 yingxiao	768 (1/35 b)
	見 朴消 (1906) see poxiao	
1702 馬 軸	見 馬陸 (1646)	

mazhou	see malu	
1703 美 草 meicao	見 甘草（0730） see gancao 見 旋花（2932） see xuanhua	
1704 美草根 meicaogen	見 旋花（2932） see xuanhua	
1705 莓 然 meiran	見 蓬蘽（1887） see penglei	
1706 梅 實 meishi *Prunus mume* (Sieb) Sieb. et Zucc. dark plum ZY 0935；MP 447	烏 梅 wumei 梅 子 meizi	768（35/31a） 768（35/31a）
1707 沒食子 meishizi	見 無食子（2757） see wushizi	
1708 沒石子 meishizi	見 無食子（2757） see wushizi	
1709 美 棗 meizao	見 大棗（0464） see dazao	
1710 莓 子 meizi	見 覆盆子（0701） see fupenzi	
1711 梅 子 meizi	見 梅實（1706） see meishi	
1712 蒙 meng	見 菟絲子（2627） see tusizi	
1713 蝱 蟲 mengchong	見 蜚蝱（0644） see feimeng	
1714 猛虎脂 menghuzhi	見 蝟脂（2683） see weizhi	
1715 孟狼尾	見 狼尾草（1408）	

menglangwei	see langweicao	
1716 夢 神 mengshen	見 胡麻（1074） see huma	
1717 礞 石 mengshi ①Chlorite-schist ②Mica-schist 　micaceous earth 　ZY 5664 ; MS 95	靑礞石 qingmengshi	768（6／9b）
1718 夢 子 mengzi	見 牡荆子（1770） see mujingzi	
1719 蜜 mi *Apis cerana*, Fabri- cius honey ZY 5171 ; IN1	百卉花醴 baihuihuali 衆口華芝 zhongkouhuazhi	900（shang／5a） 900（shang／5a）
1720 蒢 mi	見 莽草（1653） see mangcao	
1721 綿黃耆 mianhuangqi	見 黃耆（1017） see huangqi	
1722 薻 miao	見 紫草（3355） see zicao	
1723 蜜 草 micao	見 甘草（0730） see gancao	
1724 蜜蜂子 mifengzi	見 蜂子（0671） see fengzi	
1725 蜜 甘 migan	見 甘草（0730） see gancao	
1726 獼猴梨 mihouli	見 獼猴桃（1727） see mihoutao	
1727 獼猴桃 mihoutao	藤 梨 tengli	768（36／33b）

	Actinidia chinensis, Planch. ZY 4590 ; MP 269	木 子 muzi	768 (36 / 33b)
		獼猴梨 mihouli	768 (36 / 33b)
1728	蜜蒙花 mimenghua *Buddleia officinalis,* Maxim. ZY 4700 ; MP 173	小錦花 xiaojinhua	768 (23 / 24a)
1729	米 囊 minang	見 罌子粟 (3097) see yingzisu	
1730	茗 ming	見 皋蘆葉 (0749) see gaoluye	
		見 苦菜 (1363) see kucai	
1731	鳴 蟬 mingchan	見 蚱蟬 (3256) see zhachan	
1732	茗 葱 mingcong	見 山葱 (2136) see shancong	
1733	明合景 minghejing	見 水精精 (2341) see shuijingjing	
1734	茗苦茶 mingkucha	見 茗苦㯷茗 (1735) see mingkuchaming	
1735	茗苦㯷茗 mingkuchaming *Camellia sinensis,* O. Ktze. Chinese tea ZY 3320 ; MP 267	苦 㯷 kucha	768 (22 / 39a)
		茗苦茶 mingkucha	768 (22 / 39a)
		苦 茶 kucha	768 (22 / 39b)
		荈 chuan	768 (22 / 39b)
		蠟 茶	768 (22 / 41a)

	lacha	
1736　明　石 mingshi	見　雲母（3201） see yunmu 見　絡石（1597） see luoshi	
1737　明王使者 mingwangshizhe	見　白頭翁（0101） see baitouweng	
1738　明玉神珠 mingyushenzhu	見　眞瑰（3281） see zhengui	
1739　蘼　蕪 miwu *Ligusticum wallichi,* Franch. ZY 5760 ; MP 231	薇　蕪 weiwu 茳　蘺 jiangli 蘼蕪香草 miwuxiangcao	768（10/34a） 768（10/34a） 768（10/34b）
1740　覓烏龍芽 miwulongya	見　櫻桃（3095） see yingtao	
1741　蘼蕪香草 miwuxiangcao	見　蘼蕪（1739） see miwu	
1742　糜　銜 mixian	見　薇銜（2680） see weixian	
1743　蜜　香 mixiang	見　木香（1793） see muxiang 見　沉香（0285） see chenxiang	
1744　麋　脂 mizhi *Elaphurus davidian- us,* Milne-Edwards moose fat ZY 5639 ; AN 365	宮　脂 gongzhi	768（29/17a）
1745　摩　幾 moji	見　持子屎（0344） see chizishi	
1746　摩　羅 moluo	見　百合（0046） see baihe	
1747　摩娑石 moshashi	見　婆娑石（1905） see poshashi	

1748 莫 實 moshi	見 莧實（2829） see xianshi	
1749 墨石子 moshizi	見 無食子（2757） see wushizi	
1750 墨食子 moshizi	見 無食子（2757） see wushizi	
1751 麳 麥 moumai	見 大麥（0421） see damai	
1752 木筆花 mubihua	見 辛夷（2893） see xinyi	
1753 牡 丹 mudan *Paeonia Suffruti- cosa*, Andr. tree-peony ZY 2293；MP 537	兒長生 erchangsheng	880（zhong/10a）； 900（shang/5a）
	見 芍藥（2172） see shaoyao	
	鹿 韭 lujiu	768（14/51b）
	鼠 姑 shugu	768（14/51b）
	鼠 婦 shufu	768（14/51b）
	木芍藥 mushaoyao	768（14/52b）
	龍寶龍芽 longbaolongya	902（6b）
1754 木 丹 mudan	見 梔子（3309） see zhizi	
1755 母丁香 mudingxiang	見 丁香（0519） see dingxiang	
1756 木耳龍芽 muerlongya	見 佛耳草（0679） see foercao	
1757 鶩 肪	鴨 肪	768（30/7a）

mufang *Anas domestica*, L. duck's fat ZY 3775 ; AV 256	yafang 鴈 肪 yanfang 見 鴈肪（3005） see yanfang	768（30/7a）
1758 牡 蛤 muge	見 牡蠣（1773） see muli	
1759 木公脂 mugongzhi	見 松脂（2419） see songzhi	
1760 牡狗陰莖 mugouyinjing *Canis familiaris*, L. dog's penis ZY 2304 ; AN 323	狗 精 goujing	768（28/17a）
1761 木瓜實 muguashi *Chaenomeles lagen- aria* (Loisel.) Koidz. Chinese quince ZY 0700 ; MP 425	楙 mao	768（35/34a）
1762 木 桂 mugui	見 桂（0820） see gui	
1763 牡 桂 mugui	見 桂（0820） see gui	
1764 牡 蒿 muhao	見 馬先蒿（1695） see maxianhao	
1765 木 禾 muhe	見 飛廉（0640） see feilian	
1766 木 斛 muhu	見 石斛（2243） see shihu	
1767 木 精 mujing	見 桑寄生（2107） see sangjisheng	

1768	牡　荊 mujing	見　溲疏（2421） see soushu	
1769	牡荊實 mujingshi *Vitex negundo* L. var. *Cannabifolia* (Sieb. et Zucc.) Hand.-Mazz. ZY 2295；MP148	黃荊實 huangjingshi	768（21/7a）
1770	牡荊子 mujingzi *Vitex negundo* L. var. *cannabifolia* (Sieb, et Zucc.) Hand. -Mazz. ZY 2295；MP 148	夢　子 mengzi	900（shang/6a）
1771	木　藍 mulan	見　藍實（1411） see lanshi	
1772	木　蘭 mulan *Magnolia liliflora*, Desr. Laurel magnolia ZY 0719；MP 510	林　蘭 linlan 杜　蘭 dulan	768（21/17b） 768（21/17b）
1773	牡　蠣 muli *Ostrea rivularis*, Gould oysters ZY 2290；TS 216	四海分居 sihaifenju 石雲慈 shiyunzi 蠣　蛤 lige 牡　蛤 muge 蠔 hao	900（shang/3b）； 880（zhong/10a） 900（shang/3b） 768（31/8a） 768（31/8a） 768（31/8b）

1774	木梨蘆 mulilu *Leucothoe grayana*, Maxim. MP 198	鹿驪 luli	768（25/35a）
1775	木落子 muluozi	見　杏人（2886） see　xingren	
1776	牡麻 muma	見　麻蕡（1630） see　mafen	
1777	木麥 mumai	見　桑耳（2104） see　sanger	
1778	木�234 mumeng *Xylophagidae* (Ceptidae) snipe-fly IN 75	魂常 hunchang	768（32/35b）
1779	牡蒙 mumeng	見　紫參（3375） see　zishen 見　王孫（2650） see　wangsun	
1780	木蜜 mumi *Hovenia dulcis*, Thunb. ZY 3143；MP 289	枳柤 zhizha 見　枳椇（3292） see　zhiju	768（21/35a）
1781	木綿 mumian	見　杜仲（0590） see　duzhong	
1782	木檽 munou *Viscum coloratum* (Kom.) Nakai ZY 4046；MP 588	桑上寄生 sangshangjisheng	768（22/3a）

1783 木 奴 munu	見 柯樹皮（1350） see keshupi	
1784 牡 菣 muqin	見 馬先蒿（1695） see maxianhao	
1785 木渠芝 muquzhi	見 木芝（1797） see muzhi	
1786 木芍藥 mushaoyao	見 牡丹（1753） see mudan	
1787 牡 鼠 mushu ①*Rattus norvegicus* 　*caraco* (Pallas) ②*Rattus rattus* 　*rattus* (L.) ③*Rattus flavipectus* 　(Milne-Edwards) 　male rat 　ZY 5210；AN 388	父 鼠 fushu	768（33/4b）
1788 木蒴藋 mushuodi	見 接骨木（1179） see jiegumu	
1789 木天蓼 mutianliao	見 小天蓼（2849） see xiaotianliao	
1790 木 通 mutong	見 通草（2559） see tongcao	
1791 木威喜芝 muweixizhi	見 木芝（1797） see muzhi	
1792 木 錫 muxi	見 鉛精（1938） see qianjing 見 眞鉛（3284） see zhenqian	
1793 木 香 muxiang ①*Saussurea lappa*, 　Clarke	蜜 香 mixiang 上青木	768（8/15b） 768（8/15b）

② *Vladimiria denti-culata*, Ling ③ *Vladimiria souliei* (Franch.) Ling ZY 0703 ; MP 453	shangqingmu 青木香 qingmuxiang	
1794 木 鹽 muyan	見 食鹽（2293） see shiyan	
1795 木羊乳 muyangru	見 丹參（0440） see danshen	
1796 木 瑿 muyi	見 瑿（3080） see yi	
1797 木 芝 muzhi	見 五芝（2791） see wuzhi	
	松栢芝 songbozhi	1177（11/5b）
	木威喜芝 muweixizhi	1177（11/5b）
	飛節芝 feijiezhi	1177（11/6b）
	樊桃芝 fantaozhi	1177（11/6b）
	參成芝 canchengzhi	1177（11/6b）
	建木芝 jianmuzhi	1177（11/6b）
	木渠芝 muquzhi	1177（11/6b）
	黃糵檀桓芝 huangnietan- hengzhi	1177（11/7a）
	見 紫芝（3385）	

		see zizhi	
1798	母豬足猴猻頭 muzhuzuhousuntou *Sus scrofa domest ica*, Brisson; *Macacus Tcheliensis*, Edw. female pig's hoof & monkey's head ZY 4556 ; AN 322,400	封 君 fengjun 二千石腦 erqianshinao	900（shang/4b） 900（shang/4b）
1799	木 子 muzi	見 獼猴桃（1727） see mihoutao	
	N		
1800	乃 東 naidong	見 夏枯草（2796） see xiakucao	
1801	奈 凍 naidong *Prunus mume* (Sieb.) Sieb. et Zucc. dark plum ZY 0935 ; MP 447	長生龍芽 zhangshenglong- ya	902（8b）
1802	耐凍龍芽 naidonglongya	見 夏枯草（2796） see xiakucao	
1803	南薄荷 nanbohe	見 薄荷（0206） see bohe	
1804	南 草 nancao	見 續斷（2977） see xuduan	
1805	南方朱砂 nanfangzhusha	見 張翼（3268） see zhangyi	
1806	南海鹽 nanhaiyan	見 食鹽（2293） see shiyan	
1807	南 椒 nanjiao	見 蜀椒（2375） see shujiao	

1808	男　精 nanjing	見　雄黃（2896） see xionghuang	
1809	男石上火 nanshishanghuo	見　金（1212） see jin	
1810	南　藤 nanteng ①*Piper wallichii* (Miq.) Hand- Mazz. var. *hupehense* (C.DC.) Hand.-Mazz. ②*Piper puberulum* (Benth.) Maxim. ZY 3249 ; MP 627	丁公藤 dinggongteng	768（25/7b）
1811	南天燭 nantianzhu	見　南燭枝葉（1814） see nanzhuzhiye	
1812	南　棗 nanzao	見　大棗（0464） see dazao	
1813	南　燭 nanzhu	見　南燭枝葉（1814） see nanzhuzhiye	
1814	南燭枝葉 nanzhuzhiye *Vaccinium bracteat- um*, Thunb. ZY 3261-3263 ; MP 200 a	烏　飯 wufan	768（24/39b）
		烏　草 wucao	768（24/39b）
		牛　筋 niujin	768（24/39b）
		文　燭 wenzhu	768（24/39b）
		南天燭 nantianzhu	768（24/39b）
		黑飯草 heifancao	768（24/40a）
		南　燭	768（24/40a）

	nanzhu	
1815 蒳 子 nazi	見 檳榔（0191） see binglang	
1816 挐 子 nazi	見 通草（2559） see tongcao	
1817 訥 會 nehui	見 蘆會（1579） see luhui	
1818 內 虛 neixu	見 黃芩（1018） see huangqin	
1819 能消大 nengxiaoda	見 威靈仙（2670） see weilingxian	
1820 苨 ni	見 薺苨（1244） see jini	
1821 鮎 魚 nianyu	見 鯣魚（3141） see yiyu	
1822 尿 niao	見 人溺（2067） see renniao	
1823 蔦 niao	見 桑上寄生（2112） see sangshangjisheng	
1824 鳥 樟 niaozhang	見 釣樟根皮（0476） see diaozhanggenpi	
1825 糵 米 niemi *Setaria italica* (L.) Beauv. rice malt ZY 4842 ; MP 771	黃 子 huangzi 粟 糵 sunie	768（38/24a） 768（38/24a）
1826 糵 木 niemu ①*Phellodendron* 　*amurense*, Rupr ②*Phellodendron*	黃 糵 huangnie 檀 桓 tanhuan	768（20/38a） 768（20/38b）

Chinense, Schneid. yellow bark ZY 4151 ; MP 354	刺蘗 cinie	768（20/38b）
	子蘗 zinie	768（20/39a）
1827 躡雲丹 nieyundan	見 太一金液華丹 （2460） see taiyijinyehuadan	
1828 泥 精 nijing	見 太陰玄精（2464） see taiyinxuanjing	
1829 凝華丹 ninghuadan	見 太一一味硇砂丹 see taiyiyiweigang- shadan	
1830 凝神丹 ningshendan	見 無忌丹（2725） see wujidan	
1831 凝水石 ningshuishi Mirabilite calcareous spar ZY 5046 ; MS 119	水 石 shuishi	900（shang/3a）
	寒水石 hanshuishi	768（4/6a）； 900（shang/3a）
	淩水石 lingshuishi	768（4/6a）； 900（shang/3a）
	冰 石 bingshi	900（shang/3a）
	白水石 baishuishi	768（4/6a）
1832 凝霞丹 ningxiadan	見 太一小還丹(2471) see taiyixiaohuan- dan	
1833 逆 石 nishi	見 石鍾乳（2307） see shizhongru	
	見 石牀（2235） see shichuang	
1834 牛 蒡	見 牛蒡子（1836）	

niubang	see niubangzi	
1835 牛蒡根 niubanggen	見 牛蒡子（1836） see niubangzi	
1836 牛蒡子 niubangzi *Arctium Lappa*, L. great burdock ZY 0861 ; MP 2	鼠黏草 shuniancao	768（14/1b）
	鼠 黏 shunian	768（14/2a）
	惡 實 eshi	768（14/2b）
	牛蒡根 niubanggen	768（14/5a）
	蝙 蝠 bianfu	768（14/5a）
	牛 蒡 niubang	768（14/5a）
	鼠黏子 shunianzi	768（14/5b）
1837 牛 扁 niubian	見 牛扁草（1838） see niubiancao	
1838 牛扁草 niubiancao *Aconitum ochranth- um*, Mey。 ZY 0825 ; MP 525	牛 扁 niubian	768（19/6a）
	扁 特 biante	768（19/6a）
	扁 毒 biandu	768（19/6a）
1839 牛 膽 niudan	見 陰獸當門（3116） see yinshoudangmen	
1840 牛 黃 niuhuang *Bos taurus domest- icus*, Gmelin; *Bubalus bubalis*, L.	生 黃 shenghuang	768（27/10b）
	角中黃 juezhonghuang	768（27/10b）

cow bezoar ZY 0828；AN 337	心　黃 xinhuang	768（27/10b）	
	肝　黃 ganhuang	768（27/10b）	
1841　牛　棘 niuji	見　蕪實（2754） see wushi		
1842　牛角芝 niujiaozhi	見　草芝（0249） see caozhi		
1843　牛　筋 niujin	見　南燭枝葉（1814） see nanzhuzhiye		
1844　牛　勒 niule	見　蕪實（2754） see wushi		
1845　牛　李 niuli	見　鼠李（2378） see shuli		
1846　牛　蔓 niuman	見　茜根（2868） see xigen		
1847　牛　蘄 niuqi	見　馬芹子（1679） see maqinzi		
1848　牛乳汁 niuruzhi *Bos taurus domest-icus*, Gmelin； *Bubalus bubalis*, L. cow's milk ZY 0821；AN 326	蠢嬬漿 chunrujiang	900（shang/4b）	
	首男乳 shounanru	900（shang/4b）	
1849　狃　砂 niusha	見　硇砂（0734） see gangsha		
1850　狃砂黃 niushahuang	見　硇砂（0734） see gangsha		
1851　牛舌大黃 niushedahuang	見　大黃（0402） see dahuang		
1852　牛　膝	百　倍	768（8/1b）	

niuxi *Achryanthes bident-* *ata*,Bl. ZY 0833 ; MP 556	baibei	
1853 牛 遺 niuyi	見　車前子（0287） see cheqianzi	
1854 紐子根 niuzigen	見　羊桃（3030） see yangtao	
1855 農 果 nongguo	見　防葵（0617） see fangkui	
1856 濃 砂 nongsha	見　硇砂（0734） see gangsha	
1857 糯 nou	見　毒菌地漿（0575） see dujundijiang	
1858 女 花 nühua	見　菊花（1331） see juhua	
1859 奴 會 nuhui	見　盧會（1579） see luhui	
1860 女 節 nüjie	見　菊花（1331） see juhua	
1861 女 莖 nüjing	見　菊花（1331） see juhua	
1862 奴 角 nüjue	見　犀角（2876） see xijue	
1863 女 雷 nülei	見　知母（3298） see zhimu	
1864 女 理 nüli	見　知母（3298） see zhimu	
1865 女 蘿 nüluo	見　菟絲子（2627） see tusizi	
	見　茯苓（0697） see fuling	

	見　松蘿（ 2417 ） see songluo	
1866　糯 nuo *Oryza Sativa*, L。 ZY 5732 ; MP 746	稻　米 daomi 見　秫米（ 2380 ） see shumi	7 6 8（ 39 / 3b ）
1867　女　靑 nüqing *Paederia tomentosa*, Bl. MP 87 *C. Sibiricum*, R. Br. MP 164	見　蘿摩子（ 1595 ） see luomozi 雀瓢蛇衘根 quepiaoshexian- gen	 7 6 8（ 18 / 71a ）
1868　女　麴 nüqu Virgin yeast MP 854	酼　子 wanzi	7 6 8（ 38 / 25a ）
1869　女石下水 nüshixiashui	見　銀（ 3086 ） see yin	
1870　女　萎 nüwei *Clematis apiifolia*, DC. Solomon's seal ZY 0464 ; MP 688	萎　蕤 weirui 熒 ying 地　節 dijie 玉　竹 yuzhu 馬　薰 maxun	7 6 8（ 8 / 26a ） 7 6 8（ 8 / 27a ） 7 6 8（ 8 / 27a ） 7 6 8（ 8 / 27a ） 7 6 8（ 8 / 27a ）
1871　女　葳 nüwei	見　紫葳（ 3381 ） see ziwei	
1872　女　苑 nüyuan	白　苑 baiyuan	7 6 8（ 15 / 46b ）

Aster fastigiatus, Fisch. ZY 0465 ; MP 10	織女苑 zhinüyuan	768（15／46b）
	茆 mao	768（15／46b）
1873 女 貞 nüzhen *Ligustrum lucidum,* Ait. white wax tree ZY 0467-0470 ; MP 182	冬青木 dongqingmu	768（21／17a）
O 1874 藕 ou	見 荷根（0897） see hegen	
1875 藕 實 oushi *Nelumbo nucifera,* Gaertn. Indian lotus ZY 5647 ; MP 542	水芝丹 shuizhidan	768（35／3b）
	蓮 lian	768（35／3b）
P 1876 旁 勃 pangbo	見 白蒿（0045） see baihao	
1877 旁 道 pangdao	見 蒺藜子（1206） see jilizi	
1878 旁 其 pangqi	見 烏藥（2778） see wuyao	
1879 叛奴鹽 pannuyan	見 鹽麩子（3008） see yanfuzi	
1880 盤 蛩 panqiong	見 班猫（0146） see banmao	
1881 盆 消 panxiao	見 芒消（1654） see mangxiao	

1882 蓬莪 penge	見　蓬莪茂（1884） see pengeshu	
1883 蓬莪蒁 pengeshu	見　薑黃（1138） see jianghuang	
1884 蓬莪茂 pengeshu *Curcuma zedoaria* (Berg.) Rosc. zedoary root ZY 5115; MP 648	蓬　莪 penge 蒁 shu 波　殺 posha	768（15/22a） 768（15/22a） 768（15/22a）
1885 彭　根 penggen	見　石龍芮（2260） see shilongrui	
1886 蓬　蒿 penghao	見　白蒿（0045） see baihao	
1887 蓬蘽 penglei *Rubus tephrodes*, Hance. bramble ZY 5112; MP 459	覆　盆 fupen 陵　蘽 linglei 陰　蘽 yinlei 莓　然 meiran	768（35/23b） 768（35/23b） 768（35/23b） 768（35/23b）
1888 蓬　砂 pengsha Borax borax ZY 5144; MS 127	鵬　砂 pengsha	768（6/14a）
1889 鵬　砂 pengsha	見　蓬砂（1888） see pengsha	
1890 捧香丹 pengxiangdan	見　太一三使丹(2468) see taiyisanshidan 見　太和龍胎丹(2449)	

		see taihelongtaidan	
1891	盆甑草 pengzengcao	見 牽牛子（1940） see qianniuzi	
1892	藻 piao	見 水萍（2346） see shuiping	
1893	皮弁草 pibiancao	見 苦耽（1367） see kudan	

1894	砒 黃
	pihuang
	①Arsenolite
	②Arsenopyrite
	③Realgar
	  arsenic, arsenious
	  acid, arsenous
	  oxide, arsenous
	  trioxide
	  ZY 3359 ; MS 91
		霜
		shuang
			886（5b）

1895	毗陵茄子 pilingqiezi	見 蓽澄茄（0185） see bichengqie	
1896	蘋 pin	見 水萍（2346） see shuiping	
1897	萍 ping	見 水萍（2346） see shuiping	
1898	屏 風 pingfeng	見 防風（0611） see fangfeng	
1899	平澤中一 pingzezhongyi	見 草禹餘粮（0248） see caoyuyuliang	
1900	辟邪樹 pixieshu	見 安息香（0004） see anxixiang	
1901	婆婦草 pofucao	見 百部根（0015） see baibugen	
1902	破故紙 poguzhi	見 補骨脂（0215） see buguzhi	

1903　婆羅門參 poluomenshen	見　仙茅（2824） see xianmao	
1904　波殺 posha	見　蓬莪茂（1884） see pengeshu	
1905　婆娑石 poshashi green pebbles of foreign origin MS 94	豆斑石 doubanshi	768（2/28b）
	摩娑石 moshashi	768（2/28b）
1906　朴消 poxiao Mirabilite crude glauber's salt ZY 1667；MS 123	東野 dongye	900（shang/2b）； 880（zhong/9a）
	單丹 dandan	900（shang/2b）
	海末 haimo	900（shang/2b）
	消石朴 xiaoshipo	768（1/28a）
	玄明粉 xuanmingfen	768（1/38a）
	馬牙消 mayaxiao	768（1/39a）
	生消 shengxiao	768（1/40a）
1907　蒲公草 pugongcao *Taraxacum mongol- icum*, Hand.-Mazz. dandelion ZY 5130；MP 48	搆耨草 gounoucao	768（19/3a）
	蒲公英 pugongying	768（19/3b）
	僕公罌 pugongying	768（19/3b）
1908　蒲公英 pugongying	見　蒲公草（1907） see pugongcao	

1909 僕公罌 pugongying	見 蒲公草（1907） see pugongcao	
1910 樸 靑 puqing	見 曾靑（3250） see zengqing	
Q		
1911 芑 qi	見 生地黃（2193） see shengdihuang	
1912 蚑 qi	見 水蛭（2372） see shuizhi	
1913 蜞 qi	見 水蛭（2372） see shuizhi	
1914 芡 qian	見 雞頭實（1293） see jitoushi	
1915 鉛 qian lead ZY 3844；MS 10	見 鉛精（1938） see qianjing	
	黑 金 heijin	886（2 b）
	黃龍汁 huanglongzhi	905（10 a）
	太 陰 taiyin	884（1 / 6b）； 884（12 / 1b）
	黃 芽 huangya	912（20a）；925 （11a）；926（7a）
	河 車 heche	951（shang / 1b）； 996（shang / 29a）
	白 鑞 baila	768（5 / 19b）
	鉛 丹 qiandan	768（5 / 19b）
	黃 丹 huangdan	768（5 / 19b）

		粉 錫 fenxi	768（5/19b）
		胡 粉 hufen	768（5/19b）
1916	蒨 qian	見 茜根（2868） see xigen	
1917	藩 qian	見 知母（3298） see zhimu	
1918	鉛 白 qianbai white lead, carbonate of lead ZY 3847；MS 12	丹地黃 dandihuang 金 公 jingong 青 金 qingjin 見 太素金（2452） see taisujin	900（shang/3b） 900（shang/3b） 900（shang/3b）
1919	褰鼻蛇 qianbishe	見 白花蛇（0050） see baihuashe	
1920	蒨 草 qiancao	見 西根（2868） see xigen	
1921	鉛 丹 qiandan minium, red oxide of lead ZY 3845；MS 13	見 黃龍肝（1003） see huanglonggan 鉛 華 qianhua 黃 丹 huangdan 見 鉛（1915） see qian	 '768（5/17a） 768（5/17a）
1922	鉛 飛 qianfei	見 玄黃花（2935） see xuanhuanghua	
1923	鉛 粉	見 胡粉（1055）	

qianfen	see hufen 見　粉錫（0678） see fenxi	
1924 羌　活 qianghuo	見　獨活（0572） see duhuo	
1925 牆　蘼 qiangmi	見　蛇床子（2179） see shechuangzi	
1926 羌　青 qiangqing	見　獨活（0572） see duhuo	
1927 鉛　華 qianhua	見　鉛黃華（1929） see qianhuanghua 見　鉛丹（1921） see qiandan	
1928 鉛　花 qianhua	見　鉛精（1938） see qianjing	
1929 鉛黃華 qianhuanghua white lead, carbonate of lead ZY 3847；MS 12 minium, red oxide of lead ZY 3845；MS 13	黃　丹 huangdan	900（shang／1a）
	軍　門 junmen	900（shang／1a）
	金　柳 jinliu	900（shang／1a）
	鉛　華 qianhua	900（shang／1a）
	華　盞 huazhan	900（shang／1a）
	龍　汁 longzhi	900（shang／1a）
	九光丹 jiuguangdan	900（shang／1a）
	河上姹女 heshangchanü	951（shang／8a）

1930	鉛黃華白丹芽 qianhuanghuabai- danya	見　黃芽眞性（1031） see huangyazhenxing	
1931	蜣蜋 qianglang *Catharsius molossus*, L. scarab beetle ZY 5174；IN 64	蛣蜣 jieqiang 胡蜣蜋 huqianglang	768（34/11a） 768（34/11b）
1932	牆蔴 qiangma	見　蕪實（2754） see wushi	
1933	薔虆 qiangmi	見　蕪實（2754） see wushi	
1934	墙上草 qiangshangcao *Polytrichum* *commune*, L. polytrichum MP 816	土馬驄 tumazong	900（shang/5a）
1935	牆薇 qiangwei	見　蕪實（2754） see wushi	
1936	薔薇 qiangwei	見　蕪實（2754） see wushi	
1937	薔薇子 qiangweizi	見　蕪實（2754） see wushi	
1938	鉛精 qianjing Galenite lead ZY3844；MS 10	金公 jingong 河車 heche	900（shang/1a）； 884（1/6a）； 884（12/1b）； 905（15a）； 951（shang/8b） 900（shang/1a）； 884（1/6a）； 884（12/1b）； 905（14b）； 951（shang/8b）

水 錫 shuixi	900（shang／1a）
太 陰 taiyin	900（shang／1a）； 884（1／6a）； 884（12／1b）
素 金 sujin	900（shang／1a）
天玄飛雄 tianxuanfeixiong	900（shang／1a）
幾公黃 jigonghuang	900（shang／1a）
立制太陰 lizhitaiyin	900（shang／1a）
虎 男 hunan	900（shang／1a）
黑 虎 heihu	900（shang／1a）
玄 武 xuanwu	900（shang／1a）
黃 男 huangnan	900（shang／1b）
白 虎 baihu	900（shang／1b）
黑 金 heijin	900（shang／1b）
青 金 qingjin	900（shang／1b）
見　水銀（2362） see shuiyin	
姹 女 chanü	884（1／6a）

立制石 lizhishi	884（1／6b）； 884（12／1b）； 905（14b） 951（shang／8b）	
鉛 qian	884（12／1b）	
河上姹女 heshangchanü	884（12／1b）； 951（shang／8b）	
黃華 huanghua	905（14b）	
黃輕 huangqing	905（14b）	
黃龍 huanglong	905（14b）	
鉛花 qianhua	905（14a）	
玄黃 xuanhuang	905（14a）	
黃芽 huangya	905（14a）	
飛輕 feiqing	905（14a）	
黃礜 huangyu	905（14b）	
紫根 zigen	905（14b）	
伏丹 fudan	905（14b）	
黃池 huangchi	905（15a）	
假公黃 jiagonghuang	905（15a）	

		木　錫 muxi	905（15 a）
		飛　雄 feixiong	905（15 a）
		太素金 taisujin	905（15 a）
		天　玄 tianxuan	905（15 a）
		太陰石 taiyinshi	951（shang／8 b）
1939	千里馬麻鞋 qianlimamaxie	見　麻鞋底（1696） see　maxiedi	
1940	牽牛子 qianniuzi ①*Pharbitis nil* (L.) 　*Choisy* ②*Pharbitis purpurea* 　(L.) Voigt 　Indian Jalap; 　morning glory 　ZY 3365; MP 159	金　鈴 jinling	768（18／18a）
		盆甑草 penzengcao	768（18／18a）
		草金鈴 caojinling	768（18／18a）
1941	千　秋 qianqiu	見　烏頭（2761） see　wutou	
1942	千人踏 qianrenta	見　白頸蚯蚓（0068） see　baijingqiuyin	
1943	千歲蝙蝠 qiansuibianfu	見　肉芝（2083） see　rouzhi	
1944	千歲老翁腦 qiansuilaowengnao	見　松根（2416） see　songgen	
1945	千歲虆 qiansuilei *Vitis flexuosa,* Thunb.	虆　蕪 leiwu	768（11／19b）
		葛　虆 gelei	768（11／19b）

ZY 4803 ; MP 284	苴 斌 qugu	768（11/20a）
1946 千歲靈龜 qiansuilinggui	見 肉芝（2083） see rouzhi	
1947 千歲燕 qiansuiyan	見 肉芝（2083） see rouzhi	
1948 千尋子 qianxunzi	大調汁 datiaozhi	900（shang/6a）
	見 大洞滑汁（0460） see datonghuazhi	
1949 鉛 銀 qianyin	熟 鉛 shuqian	924（shang/2a）
1950 千針草 qianzhencao	見 大小薊根（0462） see daxiaojigen	
1951 峭 粉 qiaofen	見 水銀粉（2363） see shuiyinfen	
1952 蠐 螬 qicao *Holotrichia* *diomphalia*, Bates scarab larva ZY 4934 ; IN 46	蟦 蠐 fenqi	768（32/16a）
	肥 齊 feiqi	768（32/16a）
	敦 齊 beiqi	768（32/16a）
	蟦蠐螬 fenqicao	768（32/16b）
	蝤蠐蝎 qiuqixie	768（32/16b）
	蝎蛣蜫 xiejiequ	768（32/16b）
	蝎桑蟲 xiesangchong	768（32/16b）
	蝎 xie	768（32/17a）

		蛣蚍 jiequ	768（32/17b）
		蝤蠐 qiuqi	768（32/17b）
1953	蒒蟬草 qiechancao	見 丹參（0440） see danshen	
1954	茄 子 qiezi *Solanum melongena*, L. egg-plant or brinjal ZY 2689; MP 119	落 蘇 luosu	768 （42/11b）
		玄毵龍芽 xuanqiulongya	902（9b）
1955	茄子茸 qiezirong	見 鹿茸（1605） see lurong	
1956	杞 根 qigen	見 枸杞（0787） see gouqi	
1957	漆 姑 qigu	見 蜀羊泉（2397） see shuyangquan	
1958	萋 蒿 qihao	見 青箱子（2011） see qingxiangzi	
1959	砌 黃 qihuang	黃龍華 huanglonghua	900（shang/5b）
		赤帝華精 chidihuajing	900（shang/5b）
1960	漆 莖 qijing	見 澤漆（3251） see zeqi	
1961	迄利迦 qilijia	見 雄黃（2896） see xionghuang	
1962	騏驎竭 qilinjie	見 鰾膠（0183） see biaojiao	
		見 紫鉚騏驎竭（3364）	

	see zikuangqilinjie	
1963 棲龍膏 qilonggao	桑上露 sangshanglu	880 （zhong/9b）
1964 七明九光芝 qimingjiuguangzhi	見 石芝（2304） see shizhi	
1965 蚔 母 qimu	見 知母（3298） see zhimu	
1966 菣 qin	見 草蒿（0238） see caohao	
1967 蘄 qin *Apium graveolens*, L. celery MP 213	蘄 菜 qincai	768 （42/17b）
1968 蘄 菜 qincai	見 蘄（1967） see qin	
1969 芹 菜 qincai	見 水蘄（2347） see shuiqin	
1970 青 丹 qingdan	見 雄雀屎（2899） see xiongqueshi	
1971 青丹天玄 qingdantianxuan	見 太素金（2452） see taisujin	
1972 青帝流池 qingdiliuchi	見 石黛（2237） see shidai	
1973 青帝流石 qingdiliushi	見 石黛（2237） see shidai	
1974 青帝味 qingdiwei Halite crystal salt, native salt ZY 1606；MS 116	青 鹽 qingyan 烏 牛 wuniu	880 （zhong/9b）； 900 （shang/3b） 880 （zhong/9b）

1975 輕　飛 qingfei	見　玄黃花（2935） see　xuanhuanghua	
1976 輕　粉 qingfen	見　水銀粉（2363） see　shuiyinfen	
1977 青分石 qingfenshi	見　礜石（3220） see　yushi	
1978 青　蚨 qingfu *Dytiscus* water-beetle IN 24	生崔南形女蜱 shengcuinanxing- nüpi	900（shang/6a）
1979 青麩金 qingfujin	見　金（1212） see　jin	
1980 青　蒿 qinghao	見　茵陳蒿（3090） see　yinchenhao 見　草蒿（0238） see　caohao	
1981 青　芥 qingjie	見　芥（1172） see　jie	
1982 青　金 qingjin	見　鉛白（1918） see　qianbai 見　太素金（2452） see　taisujin 見　鉛精（1938） see　qianjing	
1983 青稞麥 qingkemai	見　大麥（0421） see　damai	
1984 青刺薊 qinglaji	見　大小薊根（0462） see　daxiaojigen	
1985 青琅玕 qinglanggan malachite MS 32	石　味 shiwei 青　珠	900（shang/3a） 900（shang/3a）;

	qingzhu	768（6／2b）
	白碧珠 baibizhu	900（shang／3a）
	石　珠 shizhu	768（6／2b）
	大　丹 dadan	768（6／4a）
1986　蜻　蛉 qingling *Aeschna melanictera,* ,Selys. dragon-fly ZY 5326 ; IN 26	蜻　蜓 qingting	768（34／26a）
	諸　乘 zhusheng	768（34／26a）
	胡　蜊 huli	768（34／26a）
	馬大頭 madatou	768（34／26b）
1987　靑　龍 qinglong	見　水銀（2362） see shuiyin	
	見　水（2329） see shui	
1988　靑龍膏 qinglonggao	見　曾靑（3250） see zengqing	
1989　靑龍龍芽 qinglonglongya	見　葛根蔓（0751） see gegenman	
1990　靑龍翹 qinglongqiao	見　曾靑（3250） see zengqing	
1991　靑龍味 qinglongwei	見　酢（3388） see zuo	
1992　靑龍血 qinglongxue	見　曾靑（3250） see zengqing	
1993　靑礞石 qingmengshi	見　礞石（1717） see mengshi	

1994 青木香 qingmuxiang *Aristolochia debilis,* Sieb. et Zucc.; *Aristolochia contor-* *ta,* Bge. ZY2496 ; MP 453	見　木香（1793） see　muxiang 東桑童子 dongsangtongzi	 1026（68/2a）
1995 青　鳥 qingniao	見　雞矢礬石（1290） see　jishiyushi	
1996 青牛落 qingniuluo native lake-salt ZY2275 ; MS 118	見　鹵鹹（1614） see　luxian 鹹　土 xiantu	 880（zhong/9b）
1997 青牛苔者 qingniutaizhe salt, sodium chloride ZY 2275 ; MS 115	鹹 xian	900（shang/5a）
1998 青　蘘 qingrang *Sesamum indicum,* DC. leaves of seame or teel ZY 3234 ; MP 97	胡麻葉 humaye 油麻葉 youmaye	768（37/5b） 768（37/6a）
1999 青神羽 qingshenyu	見　空青（1358） see　kongqing	
2000 青神羽理 qingshenyuli	見　空青（1358） see　kongqing	
2001 青石英 qingshiying	見　白石英（0095） see　baishiying	
2002 青石脂 qingshizhi blue variety of siliceous clay	五色赤石味 wusechishiwei 黑石脂 heishizhi	900（shang/3a） 900（shang/3a）

MS 57 a	黑　石 heishi	900（shang／3a）
2003　青苔衣 qingtaiyi	見　垣衣（3171） see yuanyi	
2004　蜻　蜓 qingting	見　蜻蛉（1986） see qingling	
2005　秦　瓜 qingua	見　秦艽（2023） see qinjiao	
2006　秦　龜 qingui The Shensi tortoise TS 200	山　龜 shangui	768（31／13b）
2007　青　黽 qingwa	見　黽（2637） see wa	
2008　青　蛙 qingwa	見　黽（2637） see wa	
2009　青　苑 qingwan	見　紫菀（3379） see ziwan	
2010　傾相珠丹 qingxiangzhudan	見　艮雪丹（0763） see genxuedan	
2011　青箱子 qingxiangzi *Celosia argentea*, L. Prince's feather ZY 2514；MP 558	草　蒿 caohao	768（17／24a）
	萋　蒿 qihao	768（17／24a）
	草　藁 caogao	768（17／24a）
2012　青　硝 qingxiao	見　單青（0434） see danqing	
2013　青　鹽 qingyan	見　青帝味（1974） see qingdiwei	
2014　青腰使者 qingyaoshizhe	見　曾青（3250） see zengqing	

2015 青要玉女 qingyaoyunü	見 空青（1358） see kongqing	
2016 青要中女 qingyaozhongnü	見 空青（1358） see kongqing	
2017 青油羽 qingyouyu	見 空青（1358） see kongqing	
2018 青 魚 qingyu *Mylopharyngodon* *piceus* (Richardson) black carp ZY 2486；FI 133	鯖 魚 qingyu	768（32/40b）
2019 鯖 魚 qingyu	見 青魚（2018） see qingyu	
2020 青 芝 qingzhu	龍 芝 longzhi	768（9/23b）
2021 青 珠 qingzhu	見 青琅玕（1985） see qinglanggan	
2022 秦 椒 qinjiao *Zanthoxylum planis-* *pinum*, Sieb. et Zucc. Chinese pepper or fagara ZY 1814；MP 358	大・椒 dajiao 竹葉椒 zhuyejiao	768（23/2a） 768（23/2a）

2023 秦 艽
qinjiao
①*Gentiana macrop-*
  hylla, Pall.
②*Gentiana crassi-*
  caulis, Duthie ex
  Burkill
③*Gentiana tibetica*,
  King
	秦 膠
	qinjiao
	
	秦 札
	qinzha
	
	秦 糾
	qinjiu
	
	秦 瓜
		768（12/43a）
		
		768（12/43a）
		
		768（12/43a）
		
		768（12/43b）

ZY 3627 ; MP 91	qingua	
2024 秦膠 qinjiao	見 秦艽（2023） see qinjiao	
2025 秦糾 qinjiu	見 秦艽（2023） see qinjiao	
2026 秦皮 qinpi ①*Fraxinus rhynch-* 　*ophylla*, Hance ②*Fraxinus bunge-* 　*ana*, DC. ③*Fraxinus paxiana*, 　Lingelsh. 　Peking ash 　ZY 3628 ; MP 177	岑 皮 cenpi 石 檀 shitan 樺 木 xunmu	768（22 / 42b） 768（22 / 42b） 768（22 / 42b）
2027 秦札 qinzha	見 秦艽（2023） see qinjiao	
2028 瓊漿 qiongjiang	見 玉泉（3218） see yuquan	
2029 邛鉅 qiongju	見 大戟（0409） see daji	
2030 器 石 qishi	見 滑石（1048） see huashi	
2031 起 實 qishi	見 薏苡人（3138） see yiyiren	
2032 䖝 qiu	見 蝦蟇（0876） see hama	
2033 求 股 qiugu	見 卷栢（1318） see juanbai	
2034 秋 膠 qiujiao	見 覆盆子（0701） see fupenzi	
2035 楸木耳	金酒芝	900（shang / 5a）

	qiumuer *Catalpa bungei,* C. A. Mey ZY 5075 ; MP 99	jinjiuzhi 金蕎芝 jinshangzhi	900（shang／5a）
2036	蝤蠐 qiuqi	見 蠐螬（1952） see qicao	
2037	蝤蠐蝎 qiuqixie	見 蠐螬（1952） see qicao	
2038	秋 石 qiushi	見 礜石（3220） see yushi	
2039	蚯蚓屎 qiuyinshi ①*Pheretima asperg- illum* (E. Perrier) ②*Allolobophora caliginosa trapez- oides* (Ant. Duges) excrement of earthworm ZY 4334 ; IN 88	龍通粉 longtongfen 蚓塲土 yinchangtu 地龍粉 dilongfen 寒獻玉 hanxianyu 土龍屎 tulongshi	900（shang／4a） 900（shang／4a） 900（shang／4a） 900（shang／4a） 900（shang／4a）
2040	雀髀斛 quebihu	見 石斛（2243） see shihu	
2041	雀兒飯甕 queerfanweng	見 雀甕（2051） see queweng	
2042	却 老 quelao	見 象柴（2801） see xiangchai 見 枸杞（0787） see gouqi	
2043	雀 梅 quemei	見 郁李人（3190） see yuliren	
2044	鵲 腦 quenao	飛駮烏 feibowu	768（30／19a）

	Pica pica sericea, Gould brain of the magpie ZY 5098 ; AV 303		
2045	雀腦芎 quenaoxiong	見　芎藭（2898） see xiongqiong	
2046	缺盆 quepen	見　覆盆子（0701） see fupenzi	
2047	雀瓢 quepiao	見　蘿摩子（1595） see luomozi 見　蛇合（2185） see shehe	
2048	雀瓢蛇銜根 quepiaoshexiangen	見　女青（1867） see nüqing	
2049	却暑 queshu	見　枸杞（0787） see gouqi	
2050	雀頭香 quetouxiang	見　莎草根（2128） see shacaogen	
2051	雀甕 queweng *Monema flavescens*, Walker slug-caterpillar's cocoon ZY 4311 ; IN 15	躁舍 zaoshe 蛅蟖房 zhansifang 雀癰 queyong 雀兒飯甕 queerfanweng 棘剛子 jigangzi	768（34/6b） 768（34/6b） 768（34/6b） 768（34/7a） 768（34/7b）
2052	雀癰 queyong	見　雀甕（2051） see queweng	
2053	去甫 qufu	見　蝦蟇（0876） see hama	

2054	苣苽 qugu	見 千歲藟（1945） see qiansuilei	
2055	麕 骨 qungu	見 麞骨（3258） see zhanggu	
2056	屈 人 quren	見 蒺藜子（1206） see jilizi	
2057	蘧 蔬 qushu	見 菰根（0818） see gugen	
2058	去 水 qushui	見 芫花（3164） see yuanhua	
2059	鸜 鸚 qusou	見 鶻嘲（0815） see guchao	
2060	蚰蜒蜂 quwufeng	見 蜘蛛（3307） see zhizhu	
2061	屈原蘇 quyuansu	見 胡桐律（1103） see hutonglü	
	R		
2062	然 穀 rangu	見 師草實（2234） see shicaoshi	
2063	染 灰 ranhui	見 石灰（2246） see shihui	
2064	人糞汁 renfenzhi human feces ZY 0057；AN 415	玄 精 xuanjing	900（shang/6a）
2065	人肝藤 rengenteng MP 879	承露仙 chengluxian	768（11/39b）
2066	人 黃 renhuang	見 生地黃（2193） see shengdihuang	
2067	人 溺 renniao	尿 niao	768（26/8b）

urine, from an unmarried boy ZY 0054 ; AN 417		
2068 人 參 renshen *Panax ginseng,* C. A. Mey. ginseng ZY 0059-0063 ; MP 237	人 銜 renxian	768 (7 / 13a)
	鬼 蓋 guigai	768 (7 / 13a)
	神 草 shencao	768 (7 / 13a)
	人 微 renwei	768 (7 / 13a)
	土 精 tujing	768 (7 / 13a)
	血 參 xueshen	768 (7 / 13a)
2069 人 屎 renshi human feces ZY 0057 ; AN 415	糞 fen	768 (26 / 7a)
2070 人 微 renwei	見 人參（2068） see renshen	
2071 人 銜 renxian	見 人參（2068） see renshen	
2072 人 莧 renxian	見 莧實苗（2830） see xianshimiao	
2073 荏 子 renzi	蒽 yu	768 (40 / 25b)
2074 日 精 rijing	見 丹砂（0437） see dansha	
	見 菊花（1331） see juhua	
2075 日精丹	見 太一小金英丹	

rijingdan	（2472） see taiyixiaojinying- dan	
2076 日 礜 riyu	見 礜石（3220） see yushi	
2077 莪 葵 rongkui	見 蜀葵（2377） see shukui	
2078 戎 鹽 rongyan Halite crystal salt, native salt ZY 1606；MS 116	見 西戎淳味（2901） see xirongchunwei 胡 鹽 huyan 倒行神骨 daoxingshengu	 768（5/29b） 1026（68/2b）
2079 肉蓯蓉 roucongrong ①Cistanche salsa (C. A. Mey.) G.Beck ②Cistanche deserti- cola, Y. C. Ma ③Cistanche ambigua (Bge.) G. Beck broomrape ZY 1792；MP 95	地 精 dijing 草蓯蓉 caocongrong 花蓯蓉 huacongrong	900（shang/6a） 768（10/15b） 768（10/17a）
2080 肉豆蔻 roudoukou Myristica fragrans, Houtt. nutmeg ZY 1791；MP 503	迦拘勒 jiajule	768（15/13b）
2081 肉 桂 rougui	見 桂（0820） see gui	
2082 柔 鐵 routie	跳令鐵 tiaolingtie	768（4/16b）

black oxide of iron ZY 3814 ; MS 23	鐵　花 tiehua	768（4/17a）
2083　肉　芝 rouzhi （包括：蟾蜍、蝙蝠、 　　　靈龜、風生獸 　　　、燕） （蟾蜍： chanchu 　*Bufo bufo gar-* 　*garizans*, 　Cantor 　toads 　ZY 5693 ; IN 78 蝙蝠： bianfu 　*Vespertilio su-* 　*perans*, Thomas 　bats 　ZY 5479 ; AV 288 靈龜： linggui 　*Chinemys reev-* 　*esii*（Gray） 　(Gray) 　Reeves' terrapin 　ZY 2346 ; TS 199 風生獸： fengshengshou 　*Macaca mulatta*, 　Zimmer-mann 　The Sloth-mon- 　key 　ZY 4588 ; AN 373 燕： yan 　*collocalia escul-* 　*enta*, L.	見　五芝（2791） see wuzhi 萬歲蟾蜍 wansuichanchu 千歲蝙蝠 qiansuibianfu 千歲靈龜 qiansuilinggui 風生獸 fengshengshou 千歲燕 qiansuiyan	 1177（11/8a） 1177（11/8a） 1177（11/8b） 1177（11/8b） 1177（11/9a）

eastern house swallow ZY 5560 ; AV 286)		
2084 阮 青 ruanqing	見 地膽（0480） see didan	
2085 茹草葉 rucaoye	見 柴胡（0257） see chaihu	
2086 乳牀 ruchuang	見 石鍾乳（2307） see shizhongru 見 石牀（2235） see shichuang	
2087 乳 柑 rugan	見 乳樹子（2097） see rushuzi	
2088 乳柑子 ruganzi	見 乳樹子（2097） see rushuzi	
2089 茹 根 rugen	見 茅根（1666） see maogen	
2090 乳 花 ruhua	見 石鍾乳（2307） see shizhongru 見 石花（2244） see shihua	
2091 茹 蘆 rulü	見 茜根（2868） see xigen	
2092 若 榴 ruoliu	見 安石榴（0003） see anshiliu	
2093 若 杞 ruoqi	見 枸杞（0787） see gouqi	
2094 弱 水 ruoshui	見 酢（3388） see zuo	
2095 蒻 頭 ruotou	蒟 蒻 juruo	768（19/9a）

Amorphophallus rivieri, Durieu elephant foot ZY 5121 ; MP 706	班杖苗 banzhangmiao	768 (19 / 9a)
2096 若 芝 ruozhi	見 杜若 (0582) see duruo	
2097 乳樹子 rushuzi *Citrus suavissima*, Tanaka sweet peel tangerine (many varieties, usually yellow) ZY 3118 ; MP 348	乳 柑 rugan 乳柑子 ruganzi	768 (35 / 45a) 768 (35 / 45b)
2098 乳 糖 rutang	見 石蜜 (2267) see shimi	
2099 乳 香 ruxiang	見 松木脂 (2418) see songmuzhi	
2100 乳 汁 ruzhi	見 蠢蠕漿 (0364) see chunrujiang	
S 2101 三變得蘇骨 sanbiandesugu	見 澤瀉 (3254) see zexie	
2102 三變柔 sanbianrou	見 蘇膏 (2433) see sugao	
2103 三變澤生 sanbianzesheng	見 蘇膏 (2433) see sugao	
2104 桑 耳 sanger *Auricularia auri-cula* (L. ex Hook.) underw. epiphyte on mul-	桑 菌 sangjun 木 麥 mumai 桑 黃 sanghuang	768 (22 / 1b) 768 (22 / 1b) 768 (22 / 2a)

berry ZY 4031 ; MP 845	桑 巨 sangju	768（22/3b）
2105 桑 黃 sanghuang	見 桑耳（2104） see sanger	
2106 桑黃雄 sanghuangxiong	見 雄黃（2896） see xionghuang	
2107 桑寄生 sangjisheng ①*Viscum coloratum* (kom.) Nakai ②*Loranthus parasit- icus* (L.) Merr. ③*Loranthus yador iki*, Sieb mulberry epiphyte ZY 4046 ; MP 588	木 精 mujing	900（shang/5b）
2108 桑 巨 sangju	見 桑耳（2104） see sanger	
2109 桑 菌 sangjun	見 桑耳（2104） see sanger	
2110 桑 木 sangmu *Morus alba*, L. mulberry ZY 4030 ; MP 605	蠶命食 canmingshi	'900（shang/4a）
2111 桑螵蛸 sangpiaoxiao ①*Paratenodera Sin- ensis*, Saussure ②*Statilia maculata*, Thunb. larval case of praying mantis ZY 4048 ; IN 14	蝕 肬 shiyou 螳蜋子 tanglangzi 砺蜋子 shilangzi	768（31/18b） 768（31/18b） 768（31/19b）

2112 桑上寄生 sangshangjisheng ①*Viscum coloratum* (Kom.) Nakai ②*Loranthus parasit-* *icus* (L.) Merr. ③*Loranthus yador-* *iki*, Sieb. mulberry epiphyte ZY 4046 ; MP 588	寄 屑 jixie 寓 木 yumu 宛 童 wantong 蔦 niao 見 續斷（2977） see xuduan 見 木檽（1782） see munou	768 （21/11b） 768 （21/11b） 768 （21/11b） 768 （21/11b）
2113 桑上露 sangshanglu	見 棲龍膏（1963） see qilonggao	
2114 桑樹上露 sangshushanglu	上 清 shangqing	900 （shang/4a）
2115 桑笋龍芽 sangsunlongya	見 桑葉幷條（2117） see sangyebingtiao	
2116 桑 葉 sangye *Morus alba*, L. mulberry leaves ZY 4030 ; MP 605	寶砂龍芽 baoshalongya	902 （1a）
2117 桑葉幷條 sangyebingtiao *Morus alba*, L. mulberry leaves ZY 4030 ; MP 605	桑笋龍芽 sangsunlongya	902 （9b）
2118 桑 汁 sangzhi *Morus alba*, L. mulberry ZY 4041 ; MP 605	帝女液 dinüye 鵠頭血 gutouxue	900 （shang/4a） 900 （shang/4a）

2119	散華丹 sanhuadan	見 太一八景四蘂紫遊 　 玉珠生神丹（2458） see taiyibajingsiruiz- 　 iyouyuzhusheng- 　 shendan	
2120	三黃龍芽 sanhuanglongya	見 地黃（0490） see dihuang	
2121	散　灰 sanhui	見 石灰（2246） see shihui	
2122	三　堅 sanjian	見 蠡實（1506） see lishi	
2123	三稜草 sanlingcao	見 莎草根（2128） see shacaogen	
2124	三蔓草 sanmancao	見 巴戟天（0135） see bajitian	
2125	三枝九葉草 sanzhijiuyecao	見 淫羊藿（3123） see yinyanghuo	
2126	砂 sha	見 黃芽（1029） see huangya	
2127	莎　草 shacao *Cyperus rotundus,* L. nutgrass ZY 3715；MP 724	香附龍芽 xiangfulongya	902（6a）
2128	莎草根 shacaogen *Cyperus rotundus,* L. nutgrass ZY 3715；MP 724	蒿 hao	768（15/34b）
		侯　莎 housha	768（15/34b）
		香附子 xiangfuzi	768（15/34b）
		雀頭香 quetouxiang	768（15/34b）

		水香稜 shuixiangling	768（15/35a）
		草附子 caofuzi	768（15/35a）
		水 莎 shuisha	768（15/35b）
		地賴根 dilaigen	768（15/35b）
		續根草 xugencao	768（15/35b）
		水巴戟 shuibaji	768（15/35b）
		三稜草 sanlingcao	768（15/35b）
2129	沙 汞 shagong	見 水銀（2362） see shuiyin	
2130	山檳榔 shanbinglang	見 檳榔（0191） see binglang	
2131	山不住 shanbuzhu	見 石硫黄（2257） see shiliuhuang	
2132	山 茱 shancai	見 柴胡（0257） see chaihu	
2133	山 椿 shanchun	見 樗木（0359） see chumu	
2134	山慈菰 shancigu	見 山慈菰根（2135） see shancigugen	
2135	山慈菰根 shancigugen ①*Cremastra variab-* *ilis* (Bl.) Nakai ②*Pleione bulbocod-* *ioides*, (Franch.)	金燈花 jindenghua	768 （19/11b）
		山慈菰 shancigu	768 （19/11b）
		鹿蹄草	768 （19/11b）

Rolfe edible tulip ZY 0402 ; MP 691	luticao	
2136 山 葱 shancong *Allium victorialis*, L. wild onion ZY 3326 ; MP 673 *Veratrum nigrum*, L. black veratum ZY 5652 ; MP 693	茗 葱 mingcong 見 藜蘆（1458） see lilu	768（41/3b）
2137 山封子 shanfengzi	見 獨麥草（0579） see dumaicao	
2138 蕩 shang	見 商陸（2142） see shanglu	
2139 上白丹戎鹽 shangbaidanrongyan	見 紫石英（3376） see zishiying	
2140 薦 草 shangcao	見 貝母（0166） see beimu	
2141 尙丹田 shangdantian	紫 朴 zipu	880（zhong/10a）
2142 商 陸 shanglu *Phytolacca acinosa*, Roxb. poke root ZY 4664 ; MP 555	葛 根 tanggen 夜 呼 yehu 白 昌 baichang 當 陸 danglu 逐 蕩 suishang	768（18/7b） 768（18/8a） 768（18/8a） 768（18/8a） 768（18/8b）

	馬　尾 mawei	768（18/8b）	
	蕩 shang	768（18/8b）	
	章柳根 zhangliugen	768（18/9a）	
	莧　陸 xianlu	768（18/9b）	
	商陸根 shanglugen	768（18/10a）	
	章陸根 zhanglugen	768（18/10a）	
2143　商陸根 shanglugen	見　商陸（2142） see shanglu		
2144　上　清 shangqing	見　桑樹上露（2114） see sangshushanglu		
2145　上青木 shangqingmu	見　木香（1793） see muxiang		
2146　尙田丹 shangtiandan	見　紫鉚（3363） see zikuang		
2147　山　龜 shangui	見　秦龜（2006） see qingui		
2148　上　味 shangwei	見　紫石英（3376） see zishiying		
2149　山荷葉 shanheye *Dysosma versipellis* (Hance) M. Cheng umbrella leaf ZY 3485 ; MP 520	二氣龍芽 erqilongya	902（1b）	
2150　山　棘 shanji	見　蕪實（2754） see wushi		

2151 山 薑 shanjiang	見 术（2317） see shu	
2152 山 姜 shanjiang	見 旋花（2932） see xuanhua	
2153 山 薊 shanji	見 术（2317） see shu	
2154 山 精 shanjing	見 术（2317） see shu	
2155 山君目 shanjunmu	見 大蟲睛（0396） see dachongjing	
2156 山 連 shanlian	見 术（2317） see shu	
2157 山龍子 shanlongzi	見 石龍子（2261） see shilongzi	
2158 單 姥 shanmu	見 馬刀（1626） see madao	
2159 山 凝 shanning	見 銀（3086） see yin	
2160 山 參 shanshen	見 丹參（0440） see danshen	
2161 山石榴 shanshiliu	見 小蘗（2844） see xiaonie	
2162 山 芎 shanxiong	見 芎藭（2898） see xiongqiong	
2163 山 鹽 shanyan	見 食鹽（2293） see shiyan	
2164 擅搖持 shanyaochi	見 石膽（2238） see shidan	
2165 山茵蔯 shanyinchen	見 茵蔯蒿（3090） see yinchenhao	
2166 山 芋	見 署蕷（2399）	

shanyu	see shuyu	
2167 山棗樹子 shanzaoshuzi	見 酸棗（2430） see suanzao	
2168 山中盈脂 shanzhongyinzhi	見 太一禹餘粮(2479) see taiyiyuyuliang	
2169 山芋 shanzhu	見 芋根（3328） see zhugen	
2170 山茱萸 shanzhuyu *Cornus officinalis*, Sieb. et Zucc. dogwood ZY 0370；MP 206	蜀 棗 shuzao	768（23／4a）
	雞 足 jizu	768（23／4a）
	䑕實 jishi	768（23／4a）
	鼠 矢 shushi	768（23／4b）
2171 芍 shao	見 烏芋（2784） see wuyu	
2172 芍 藥 shaoyao *Paeonia lactiflora*, Pall. Chinese peony ZY 1412；MP 536	白 朮 baishu	768（12／32b）
	餘 容 yurong	768（12／32b）
	犁 食 lishi	768（12／32b）
	解 倉 jiecang	768（12／32a）
	鋌 ting	768（12／33a）
	雷 丸 leiwan	768（12／33a）
	惡 石 eshi	768（12／33a）

	斛 芒 humang	768（12/33a）
	消 畏 xiaowei	768（12/33a）
	消 石 xiaoshi	768（12/33a）
	鼈 甲 biejia	768（12/33a）
	小 薊 xiaoji	768（12/33a）
	反藜蘆 fanlilu	768（12/33a）
	牡 丹 mudan	768（12/33a）
	異華龍芽 yihualongya	902（6b）
2173 沙 參 shashen *Anemarrhena* *asphodeloides*, Bge. blue bell ZY 2828；MP 51	知 母 zhimu	768（11/27b）
	苦 心 kuxin	768（11/27b）
	志 取 zhiqu	768（11/27b）
	虎 鬚 huxu	768（11/27b）
	白 參 baishen	768（11/27b）
	識 美 shimi	768（11/28a）
	文 希 wenxi	768（11/28a）
2174 沙 蝨	見 石蠶（2233）	

shashi	see shican	
2175 砂 湏 shaxiang	見 水銀（2362） see shuiyin	
2176 沙魚皮 shayupi	見 鮫魚皮（1162） see jiaoyupi	
2177 砂 子 shazi	見 汞（0766） see gong	
2178 沙子金 shazijin	見 金（1212） see jin	
2179 蛇床子 shechuangzi *Cnidium monnieri* (L.) Cusson ZY 4345；MP 230	蛇 粟 shesu	768（11/15a）
	蛇 米 shemi	768（11/15a）
	虺 牀 huichuang	768（11/15a）
	思 益 siyi	768（11/15a）
	繩 毒 shengdu	768（11/15a）
	棗 棘 zaoji	768 （11/15a）
	牆 蘼 qiangmi	768（11/15a）
	盱 xu	768（11/15b）
	鬼 考 guikao	768（11/16a）
2180 蛇 符 shefu	見 蛇蛻（2224） see shetui	
2181 蛇符弓皮 shefugongpi	見 蛇脫皮（2225） see shetuopi	

2182 射 干 shegan *Belamcanda Chinen-* *sis* (L.) DC. blackberry lily ZY 3875 ; MP 653	烏 扇 wushan	768（17/9a）
	烏 蒲 wupu	768（17/9a）
	烏 翣 wusha	768　（17/9a）
	烏 吹 wuchui	768（17/9a）
	草 薑 caojiang	768（17/9a）
	鳳 翼 fengyi	768（17/9b）
2183 蛇 含 shehan	見 蛇合（2185） see shehe	
2184 蛇含草 shehancao	見 蛇合（2185） see shehe	
2185 蛇 合 shehe *Potentilla Kleiniana,* Wight et Arn. ZY 4336 ; MP 442	蛇 含 shehan	768（17/12b）
	蛇 銜 shexian	768（17/12b）
	威 蛇 weishe	768（17/13b）
	蛇銜根 shexiangen	768（17/13b）
	雀 瓢 quepiao	768（17/14a）
	蘿 摩 luomo	768（17/14a）
	蛇含草 shehancao	768（17/14a）
	蛇銜草	768（17/14b）

		shexiancao	
2186 蛇 米 shemi	見 蛇床子（2179） see shechuangzi		
2187 蜄 shen	見 車螯（0279） see cheao		
2188 神變丹 shenbiandan	見 四神丹（2406） see sishendan		
2189 神 草 shencao	見 人參（2068） see renshen		
2190 沈 燔 shenfan	見 知母（3298） see zhimu		
2191 神 釜 shenfu	見 土釜（2587） see tufu		
2192 生崔南形女蜱 shengcuinanxing- nüpi	見 青蚨（1978） see qingfu		
2193 生地黃 shengdihuang *Rehamannia glutino- sa* (Gaertn.) ZY 1650, 1652, 1654; MP107		地 髓 disui	768（7/24a）
		苄 hu	768（7/24a）
		芑 qi	768（7/24a）
		天 黃 tianhuang	768（7/25b）
		人 黃 renhuang	768（7/25b）
		地 黃 dihuang	768（7/25b）
2194 繩 毒 shengdu	見 蛇床子（2179） see shechuangzi		
2195 生 黃	見 牛黃（1840）		

	shenghuang	see niuhuang	
2196	生　金 shengjin	見　金屑（1271） see jinxie	
2197	生　進 shengjin	見　鹹進（2820） see xianjin	
2198	升　麻 shengma ①*Cimicifuga foetida,* 　L. ②*Cimicifuga dahuri-* 　*ca* (Turcz.) Maxim. ③*Cimicifuga herac-* 　*leifolia,* Kom. 　ZY 0912 ; MP 529	周麻生 zhoumasheng 落新婦 luoxinfu	768（8／10b） 768（8／11b）
2199	生　鉛 shengqian	見　生銀（2210） see shengyin	
2200	盛　椹 shengshen	見　旋覆花（2928） see xuanfuhua	
2201	聖　石 shengshi	見　光明鹽（0800） see guangmingyan	
2202	生鐵金 shengtiejin	見　金（1212） see jin	
2203	生銅金 shengtongjin	見　金（1212） see jin	
2204	升　推 shengtui	見　蒺藜子（1206） see jilizi	
2205	神光丹 shenguangdan	見　八神丹（0156） see bashendan	
2206	聖無知 shengwuyhi	見　赤鹽（0337） see chiyan	
2207	勝　舄 shengxi	見　車前子（0287） see cheqianzi	

2208 昇霞丹 shengxiadan	見 五靈丹（2734） see wulingdan	
2209 生 消 shengxiao	見 朴消（1906） see poxiao	
2210 生 銀 shengyin native silver MS 2 b	自然牙 ziranya	924（shang/1a）
	生 鉛 shengqian	924（shang/1a）
	自然鉛 ziranqian	924（shang/1a）
	老翁鬚 laowengxu	768（3/36a）
2211 生朱砂 shengzhusha	見 帝女髓（0523） see dinǚsui	
2212 深黃期 shenhuangji	見 雄黃（2896） see xionghuang	
2213 愼 火 shenhuo	見 景天（1237） see jingtian	
2214 愼火草 shenhuocao	見 景天（1237） see jingtian	
2215 神 膠 shenjiao	見 水銀（2362） see shuiyin	
2216 神驚石 shenjingshi	見 石硫黃（2257） see shiliuhuang	
2217 沈明合景 shenminghejing	見 蚌中珠子（0140） see bangzhongzhuzi	
2218 神 室 shenshi	見 土釜（2587） see tufu	
2219 神 水 shenshui	見 水銀（2362） see shuiyin	

	見　酢（3388） see　zuo	
2220　神　屋 shenwu	見　龜甲（0825） see　guijia	
2221　神液丹 shenyedan	見　四神丹（2406） see　sishendan	
2222　舍生龍芽 sheshenglongya	見　瓦松（2660） see　wasong	
2223　蛇　粟 shesu	見　蛇床子（2179） see　shechuangzi	
2224　蛇　蛻 shetui ①*Elaphe taeniurus,* 　cope ②*Elaphe carinata* 　(Günther) ③*Zaocys dhumna-* 　*des* (Cantor) the slough of a snake ZY 4340 ; DS 111	龍子衣 longziyi	768（33/9a）
	蛇　符 shefu	768　（33/9a）
	龍子皮 longzipi	768（33/9a）
	龍子單衣 longzidanyi	768（33/9a）
	弓　皮 gongpi	768（33/9a）
2225　蛇脫皮 shetuopi ①*Elaphe taeniurus,* 　Cope ②*Elaphe carinata* 　(Günther) ③*Zaocys dhumna-* 　*des* (Cantor) the slough of a snake ZY 4340 ; DS 111	龍子衣 longziyi	900（shang/5a）
	脫　皮 tuopi	900（shang/5a）
	蛇符弓皮 shefugongpi	900（shang/5a）
2226　蛇　問 shewen	見　五毒草（2706） see　wuducao	

2227	蛇銜 shexian	見　蛇合（2185） see　shehe	
2228	蛇銜草 shexiancao	見　蛇合（2185） see　shehe	
2229	麝香 shexiang *Moschus moschifer-* *us*, L. musk ZY 5754；AN 369	遺香 yixiang 膝香 xixiang 心結香 xinjiexiang	768（27/8a） 768（27/8a） 768（27/8a）
2230	蛇銜根 shexiangen	見　蛇合（2185） see　shehe	
2231	葹 shi	見　葈耳（2862） see　xier	
2232	石䓵藘 shianlü	見　骨碎補（0856） see　gusuibu	
2233	石蠶 shican *Phryganea japonica*, Ml. caddis-fly ZY 1208；IN 18	沙蝨 shashi	768（34/5a）
2234	師草實 shicaoshi *Carex kobomugi*, Ohwi sedge ZY 3283；MP 722	禹餘粮 yuyuliang 然穀 rangu	768（39/11a） 768（39/11a）
2235	石牀 shichuang stalagmites MS 65 a	見　石鍾乳（2307） see　shizhongru 乳牀 ruchuang 逆石	 768（4/29a） 768（4/29a）

	nishi	
2236 石 磋 shicuo	見 絡石（1597） see luoshi	
2237 石 黛 shidai	碧城飛華 bichengfeihua	900（shang / 3a）
	青帝流石 qingdiliushi	900（shang / 3a）
	碧陵文侯 bilingwenhou	900（shang / 3a）； 1026（68 / 2b）
	青帝流池 qingdiliuchi	900（shang / 3a）
	帝流青 diliuqing	900（shang / 3a）
2238 石 膽 shidan Chalcanthite copper sulphate, bluestone, blue vitriol ZY 3524 ; MS 87	見 理石（1508） see lishi	
	黑 石 heishi	900（shang / 2b）； 768（2 / 5b）
	碁 石 jishi	900（shang / 2b）； 768（2 / 5b）
	銅 勒 tongle	900（shang / 2b）； 768（2 / 5b）
	石 液 shiye	900（shang / 2b）
	立制石 lizhishi	900（shang / 2b）； 768（2 / 6a）
	擅搖持 shanyaochi	900（shang / 2b）
	制石液 zhishiye	900（shang / 2b）
	見 絳礬（1136） see jiangfan	

		畢　石 bishi	768（2／5b）
2239	石　髮 shifa	見　海藻（0874） see haizao	
		見　陟釐（3293） see zhili	
2240	石　肝 shigan	見　天鼠屎（2531） see tianshushi	
2241	示　姑 shigu	見　半夏（0148） see banxia	
2242	石桂芝 shiguizhi	見　石芝（2304） see shizhi	
2243	石　斛 shihu ①Dendrobium no- 　bile, Lindl. ②Dendrobium lina- 　wianum, Reichb. 　f. ③Dendrobium off- 　icinale. K. Kim- 　ura et Migo 　ZY 1210；MP 635	林　蘭 linlan	768（9／6a）
		禁　生 jinsheng	768（9／6a）
		杜　蘭 dulan	768（9／6a）
		石　邃 shisui	768（9／6a）
		麥　斛 maihu	768（9／6b）
		雀髀斛 quebihu	768（9／6b）
		木　斛 muhu	768（9／6b）
		金釵石斛 jinchaishihu	768（9／7b）
2244	石　花 shihua Parmelia saxatilis, Ach.	見　石鍾乳（2307） see shizhongru	
		乳　花	768　（4／28a）

rock fern ZY 1206 ; MP 803	ruhua	
2245 石 黃 shihuang	見 雄黃（2896） see xionghuang	
2246 石 灰 shihui Limestone lime, limestone ZY 1204 ; MS 71	五 味 wuwei	900（shang／5a）
	白 灰 baihui	900（shang／5a）
	味 灰 weihui	900（shang／5a）
	惡 灰 ehui	900（shang／5a）； 768（5／4a）
	希 灰 xihui	900（shang／5a）； 768（5／4a）
	染 灰 ranhui	900（shang／5a）
	散 灰 sanhui	900（shang／5a）
	石味灰 shiweihui	880（zhong／9b）
	鍛 石 duanshi	768（5／5a）
2247 石胡荽 shihusui Centipeda minima (L.) A. Br. et Aschers sneeze weed ZY 4994 ; MP 22 Hydrocotyle rotundifolia, Roxb. pennywort MP 223	鵝不食草 ebushicao	768（40／23a）

2248	石 薑 shijiang	見 蜚蠊（0641） see feilian	
2249	豕 椒 shijiao	見 蔓椒（1656） see manjiao	
2250	石 荊 shijing MP 888	水 荊 shuijing	768（25/35a）
2251	食 角 shijue	見 犀角（2876） see xijue	
2252	石決明 shijueming ①*Haliotis diversico- lor*, Reeve ②*Haliotis gigantea discus* Reeve abalone, or sea ear ZY 1232 ; TS 222	紫 貝 zibei 鰒魚甲 fuyujia 砑 螺 yaluo 九孔螺 jiukongluo	768（31/21b） 768（31/21b） 768（31/21b） 768（31/22a）
2253	時空亭 shikongting *Allium fistulosum*, L. Chinese small onion or ciboule ZY 4812- 4817 ; MP 666	葱 cong	880（zhong/10a）
2254	石 藍 shilan	見 白前（0086） see baiqian	
2255	蛄蜋子 shilangzi	見 桑螵蛸（2111） see sangpiaoxiao	
2256	石 鯪 shiling	見 絡石（1597） see luoshi	
2257	石硫黄 shiliuhuang	黄 英 huangying	900（shang/2a）

Sulphur sulphur, sulfur ZY 1260 ; MS 128	煩硫 fanliu	900（shang / 2a）
	硫黃 liuhuang	900（shang / 2a）； 768（3 / 17a）
	石亭脂 shitingzhi	880（zhong / 9b）； 900（shang / 2a）
	九靈黃童 jiulinghuangtong	900（shang / 2a）； 1026（68 / 2b）
	黃砜砂 huanggangsha	900（shang / 2a）； 768（3 / 17a）
	山不住 shanbuzhu	900（shang / 2a）
	崑崙黃 kunlunhuang	768（3 / 15a）
	冬結石 dongjieshi	768（3 / 15a）
	神驚石 shenjingshi	768（3 / 15a）
	黃牙 huangya	768（3 / 17b）
2258 石硫黃芝 shiliuhuangzhi	見 石芝（2304） see shizhi	
2259 石龍蒭 shilongchu *Juncus effusus*, L. var. decipiens Bu- chen. f. *utilis* Mak baltic rush, dragon's beard ZY 1227 ; MP 695	龍鬚 longxu	768（11 / 30b）
	草續斷 caoxuduan	768（11 / 30b）
	龍珠 longzhu	768（11 / 30b）
	龍華 longhua	768（11 / 30b）
	懸莞	768（11 / 30b）

	xuanguan	
	草　毒 caodu	768（11/30b）
	龍鬚草 longxucao	768（11/31a）
2260　石龍芮 shilongrui *Ranunculus sceler-* *atus*,L. cursed crow-foot ZY 1228 ; MP 539	魯果能 luguoneng	768（13/15b）
	地　椹 dishen	768（13/15b）
	石　能 shineng	768（13/15b）
	彭　根 penggen	768（13/15b）
	天　豆 tiandou	768（13/16a）
	水　菫 shuijin	768（13/16b）
	芨　菫 jijin	768（13/17a）
	烏頭苗 wutoumiao	768　（13/17a）
	見　毛茛鉤吻（1672） see　maolanggouwen	
2261　石龍子 shilongzi *Eumeces chinensis* (Gray) lizards，the sauria ZY 1226 ; DS 107	蜥　蜴 xiyi	768（32/32b）
	山龍子 shanlongzi	768（32/33a）
	守　宮 shougong	768　（32/33a）
	石　蜴 shiyi	768　（32/33a）

		蝘蜓 yanting	768 (32/33a)
2262	石綠 shilu Malachite malachite ZY 4714 ; MS 84	銅勒 tongle 見 綠青 (1603) see luqing	900 (shang/2b)
2263	時蘿 shiluo *Anethum graveolens*, L. dill ZY 3701-3702 ; MP 227	慈謀勒 cimoule	768 (15/41a)
2264	石芒 shimang	折草 zhecao	768 (15/60b)
2265	石毛薑 shimaojiang	見 骨碎補 (0856) see gusuibu	
2266	識美 shimi	見 沙參 (2173) see shashen	
2267	石蜜 shimi *Apis cerana*, Fabricius honey ZY 5171 ; IN 1	石胎 shitai 崖蜜 yami 乳糖 rutang	768 (31/1b) 768 (31/2a) 768 (35/46a)
2268	石蜜芝 shimizhi	見 石芝 (2304) see shizhi	
2269	石墨 shimo	見 黑石脂 (0921) see heishizhi	
2270	石南 shinan *Solanum lyratum*,	鬼目 guimu	768 (25/21b)

Thunb. ZY 3484; MP 202		
2271 石 腦 shinao paraffin MS 67	見 太一禹餘粮(2479) see taiyiyuyuliang 見 石鍾乳（2307） see shizhongru 石飴餅 shiyibing 見 握雪礬石（2692） see woxueyushi	768（4/26b）
2272 石腦生 shinaosheng	見 太一禹餘粮(2479) see taiyiyuyuliang	
2273 石腦芝 shinaozhi	見 石芝（2304） see shizhi	
2274 石 能 shineng	見 石龍芮（2260） see shilongrui	
2275 石 涅 shinie	見 黑石脂（0921） see heishizhi	
2276 石 脾 shipi	見 鹵鹹（1614） see luxian 見 白丹砂（0023） see baidansha	
2277 石 皮 shipi	見 石韋（2290） see shiwei	
2278 石三稜 shisanling	見 京三稜（1235） see jingsanling	
2279 石 生 shisheng	見 陽起石（3024） see yangqishi	
2280 濕生蟲 shishengchong	見 鼠婦（2325） see shufu	
2281 豕 首	見 天名精（2519）	

	shishou	see tianmingjing 見 蠡實（1506） see lishi	
2282	碩 鼠 shishu	見 螻蛄（1560） see lougu	
2283	石 遂 shisui	見 石斛（2243） see shihu	
2284	石 胎 shitai	見 石蜜（2267） see shimi	
2285	石苔衣 shitaiyi *Davallia tenuifolia*, Sw. rock fern MP 803	長生石 changshengshi	900 （ shang / 5a ）
2286	石 檀 shitan	見 秦皮（2026） see qinqi	
2287	石亭脂 shitingzhi	見 石硫黄（2257） see shiliuhuang 見 硫黄（1514） see liuhuang	
2288	豕 槖 shituo	見 豬苓（3332） see zhuling	
2289	石 味 shiwei	見 青琅玕（1985） see qinglanggan 見 紫石英（3376） see zishiying 見 石鹽（2294） see shiyan	
2290	石 韋 shiwei ①*Pyrrosia lingua* （Thunb.) Farw. ②*Pyrrosia sheareri* （Bak.) Ching ③*Pyrrosia drake- ana* (Franch.)	石 鱓 shizhe 石 皮 shipi 瓦韋治淋 waweizhilin	768 （ 13 / 33b ） 768 （ 13 / 33b ） 768 （ 13 / 34a ）

	Ching ZY 1202 ; MP 810	
2291	石味灰 shiweihui	見　石灰（2246） see　shihui	
2292	石象芝 shixiangzhi	見　石芝（2304） see　shizhi	
2293	食　鹽 shiyan salt, sodium chlor- ide ZY 3503 ; MS 115	見　大鹽（0463） see　dayan	
		東海鹽 donghaiyan	768（3/9b）
		北海鹽 beihaiyan	768（3/9b）
		河東鹽 hedongyan	768（3/9b）
		南海鹽 nanhaiyan	7 68（3/9b）
		山　鹽 shanyan	768（3/9b）
		木　鹽 muyan	768（3/10a）
		兩監末鹽 liangjianmoyan	768（3/10a）
		澤　鹽 zeyan	768（3/10b）
		見　礜石（3220） see　yushi	
2294	石　鹽 shiyan salt, sodium chor- ide ZY 3503 ; MS 115	見　紫石英（3376） see　zishiying	
		見　大鹽（0463） see　dayan	
		石　味	880（zhong/9b）；

	shiwei 見 光明鹽（0800） see guangmingyan	900 （shang／3b）
2295 石 液 shiye	見 石膽（2238） see shidan 見 滑石（1048） see huashi	
2296 石 衣 shiyi	見 海藻（0874） see haizao	
2297 石 蜴 shiyi	見 石龍子（2261） see shilongzi	
2298 石飴餅 shiyibing	見 太一禹餘粮（2479） see taiyiyuyuliang 見 石腦（2271） see shinao	
2299 石 銀 shiyin	見 雲母（3201） see yunmu	
2300 石茵蔯 shiyinchen	見 茵蔯蒿（3090） see yinchenhao	
2301 蝕 胱 shiyou	見 桑螵蛸（2111） see sangpiaoxiao	
2302 石雲慈 shiyunzi	見 牡蠣（1773） see muli	
2303 石 轍 shizhe	見 石韋（2290） see shiwei	
2304 石 芝 shizhi unidentified "stone fungi" accredited with supernatural powers MS 74	見 五芝（2791） see wuzhi 石象芝 shixiangzhi 玉脂芝 yuzhizhi	1177（11／3a） 1177（11／3a）

		七明九光芝 qimingjiuguang- zhi	1177（11/3b）
		石蜜芝 shimizhi	1177（11/4a）
		石桂芝 shiguizhi	1177（11/4b）
		石腦芝 shinaozhi	1177（11/5a）
		石硫黃芝 shiliuhuangzhi	1177（11/5a）
2305	石中黃水 shizhonghuangshui	見 see	石中黃子（2306） shizhonghuangzi
2306	石中黃子 shizhonghuangzi brown hematite MS 81	石中黃水 shizhonghuang- shui	768（2/25a）
2307	石鍾乳 shizhongru *Balanophyllia* sp. stalactites ZY 4993 ; MS 63	公　乳 gongru	900（shang/2a）； 768（1/17b）
		盧　布 lubu	900（shang/2a）
		殷　孽 yinnie	900（shang/2a）； 768（1/18b）
		薑　石 jiangshi	900（shang/2a）
		乳　華 ruhua	900（shang/2a）
		通　石 tongshi	900（shang/2a）
		乳　牀 ruchuang	900（shang/2a）
		夏乳根	900（shang/2a）

	xiarugen	
	殷蘖根 yinniegen	900（shang/2a）
	孔公蘖 konggongnie	900（shang/2a）； 768（1/18b）
	逆 石 nishi	900（shang/2a）
	石 華 shihua	900（shang/2a）； 768（1/18b）
	蘆 石 lushi	768（1/17b）
	夏 石 xiashi	768（1/17b）
	石 牀 shichuang	768（1/18b）
	石 腦 shinao	768（1/19a）
	黃石砂 huangshisha	768（1/19a）
	孔公石 konggongshi	768（1/20a）
	虛 中 xuzhong	768（1/20b）
2308 石 珠 shizhu	見 青琅玕（1985） see qinglanggan	
2309 石 竹 shizhu	見 宗心草（3386） see zongxincao	
2310 獅子屎 shizishi	見 蘇合香（2435） see suhexiang	
2311 守 宮 shougong	見 石龍子（2261） see shilongzi	

	見 蛤蚧（0754） see gejie		
2312 首男乳 shounanru	見 牛乳汁（1848） see niuruzhi		
2313 守 田 shoutian	見 半夏（0148） see banxia		
2314 熟 銅 shoutong copper ZY 2231；MS 6	丹 陽 danyang	900（shang／3b）	
	赤 銅 chitong	900（shang／3b）	
2315 首 烏 shouwu	見 何首烏（0932） see heshouwu		
2316 蒁 shu	見 薑黃（1138） see jianghuang		
	見 蓬莪茂（1884） see pengeshu		
2317 朮 shu *Atractylodes macro- cephala*, Koidz. ZY 1376；MP 14	山 薊 shanji	1177（11／17a）； 768（7／28a）	
	山 精 shanjing	1177（11／17a）； 768（7／29b）	
	山 薑 shanjiang	768（7／28a）	
	山 連 shanlian	768（7／28a）	
	白 朮 baishu	768 （7／28b）	
2318 殊 shu	見 殊鹵（2379） see shulu		
2319 霜 shuang	見 砒黃（1894） see pihuang		
2320 鼠 查	見 赤爪木（0342）		

	shucha	see chizhaomu	
2321	蜀大黃 shudahuang	見　大黃（0402） see dahuang	
2322	鼠毒 shudu	見　持生礜石（0327） see chishengyushi	
2323	鼠耳草 shuercao	見　鼠麴草（2389） see shuqucao	
2324	鼠法 shufa	見　天鼠屎（2531） see tianshushi	
2325	鼠婦 shufu *Armadillidium Vul- gare* (Latreille) pill-millepede (wood-louse) ZY 5212 ; IN 69	燔 fan	768（34/27a）
		伊蝛 yiwei	768（34/27a）
		蜲蟅 weishu	768（34/27a）
		鼠負 shufu	768（34/27b）
		濕生蟲 shishengchong	768（34/27b）
		鼠姑 shugu	768（34/27b）
		見　牡丹（1753） see mudan	
2326	鼠負 shufu	見　鼠婦（2325） see shufu	
2327	鼠姑 shugu	見　鼠婦（2325） see shufu	
		見　牡丹（1753） see mudan	
2328	堅骨丹 shugudan	見　無忌丹（2725） see wujidan	

2329 水 shui	河上姹女 heshangchanü	996（zhong/28b）
	青　龍 qinglong	996（shang/33b）
2330 水　白 shuibai	見　水萍（2346） see shuiping	
2331 水巴戟 shuibaji	見　莎草根（2128） see shacaogen	
2332 水　肥 shuifei	見　水萍（2346） see shuiping	
2333 水浮龍芽 shuifulongya	見　浮萍（0702） see fuping	
2334 水狗肝 shuigougan	見　獺肝（2446） see tagan	
2335 水　紅 shuihong	見　葒草（0936） see hongcao	
2336 水　槐 shuihuai	見　苦參（1387） see kushen	
2337 水　雞 shuiji	見　蛙（2637） see wa	
2338 水　菫 shuijin	見　石龍芮（2260） see shilongrui	
2339 水　荆 shuijing	見　石荆（2250） see shijing	
2340. 水　精 shuijing	見　白石英（0095） see baishiying	
	見　陰運（3126） see yinyun	
2341 水精精 shuijingjing ①Pteria margariti- fera (L.)	陰　運 yinyun	900（shang/3b）
	眞　珠	900（shang/3b）

	②*Pteria martensii* (Dunker) ③*Hyriopsis cumingii* (Lea) pearls ZY 3100 ; TS 221		zhenzhu	
			夜光明 yeguangming	900（shang／3b）
			蚌精 bangjing	900（shang／3b）
			明合景 minghejing	900（shang／3b）
2342	水精仙人水 shuijingxianrenshui	見 see	小兒尿（2839） xiaoerniao	
2343	水浚 shuijun	見 see	知母（3298） zhimu	
2344	水牛脂 shuiniuzhi *Bubalus bubalis*, L. buffalo suet ZY 0826 ; AN 326		烏衣脂 wuyizhi	900（shang／4b）
			黑帝烏脂 heidiwuzhi	900（shang／4b）
			烏帝肌 wudiji	900（shang／4b）
2345	水泡沫 shuipomo		海潮沫 haichaomo	900（shang／6a）
2346	水萍 shuiping ①*Spirodela polyrrhiza*, Schleid ②*Lemma minor*, L. duckweed ZY 4005 ; MP 702		水肥 shuifei	768（14／6a）
			水白 shuibai	768（14／6a）
			水蘇 shuisu	768（14／6a）
			蘋 pin	768（14／6b）
			芣菜 fucai	768（14／6b）
			薸 piao	768（14／6b）

	萍 ping	768 (14 / 6b)
	荇 菜 xingcai	768 (14 / 7b)
	鳧 葵 fukui	768 (14 / 7b)
	浮 萍 fuping	768 (14 / 7b)
	見 烏芋 (2784) see wuyu	
2347 水 靳 shuiqin *Oenanthe javanica* (Bl.) DC. ZY 1047 ; MP 225	水 英 shuiying	768 (42 / 15a)
	芹 菜 qincai	768 (42 / 15a)
2348 水 青 shuiqing	見 鼠尾草 (2396) see shuweicao	
2349 水人目 shuirenmu	見 鯉魚眼睛 (1529) see liyuyanjing	
2350 水 莎 shuisha	見 莎草根 (2128) see shacaogen	
2351 水 參 shuishen	見 知母 (3298) see zhimu	
2352 水 石 shuishi	見 消石 (2846) see xiaoshi	
	見 凝水石 (1831) see ningshuishi	
2353 水 蘇 shuisu *Stachys baicalensis*, Fisch. camphor mint	雞 蘇 jisu	768 (41 / 15a)
	勞 祖 laozu	768 (41 / 15a)

ZY 1048；MP 141	芥苴 jieju	768 （41/15a）
	芥直 jieju	768 （41/15a）
	薺苧 jining	768（41/15b）
	見 水萍（2346） see shuiping	
2354 水苔 shuitai	見 海藻（0874） see haizao	
2355 水田米 shuitianmi	見 稻（0445） see dao	
2356 水豚 shuitun	見 鱖魚（0839） see guiyu	
2357 水錫 shuixi	見 鉛精（1938） see qianjing	
2358 水香 shuixiang	見 蘭草（1397） see lancao	
	見 澤蘭（3246） see zelan	
2359 水香稜 shuixiangling	見 莎草根（2128） see shacaogen	
2360 水瀉 shuixie	見 澤瀉（3254） see zexie	
2361 水須 shuixu	見 知母（3298） see zhimu	
2362 水銀 shuiyin ①Cinnabar ②Mercury 　mercury 　ZY 1054；MS 44	汞 gong	900（shang/1b）； 887（1 b）； 904（1 b）； 886（5 b）； 908（shang/1b）
	鉛精	900（shang/1b）

	qianjing	
	神　膠 shenjiao	900（shang／1b）； 908（shang／1b）
	姹　女 chanü	90 0（shang／1b）； 908（shang／1b）； 768（3／22b） 905（7b）
	玄　水 xuanshui	900（shang／1b）； 905（5b）； 908（shang／1b）
	子　明 ziming	900（shang／1b）； 951（shang／8b）
	流　珠 liuzhu	900（shang／1b）
	太陰流珠 taiyinliuzhu	900（shang／1b）； 908（shang／1b）
	白虎腦 baihunao	900（shang／1b）； 880（zhong／9a）； 905（7b）； 908（shang／1b）
	長生子 zhangshengzi	900（shang／1b）； 908（shang／1b）
	玄水龍膏 xuanshuilonggao	900（shang／1b）
	陽明子 yangmingzi	900（shang／1b）
	河上姹女 heshangchanü	886（5b）； 900（shang／1b）； 905（5b）； 908（shang／1b）
	天　生 tiansheng	900（shang／1b）
	玄　珠 xuanzhu	900（shang／1b）

	玄　女 xuannü	887（1a）； 900（shang／1b）
	青　龍 qinglong	900（shang／1b）
	神　水 shenshui	900（shang／1b）
	太　陽 taiyang	900（shang／1b）
	赤　汞 chigong	900（shang／1b）
	沙　汞 shagong	900（shang／1b）
	赤帝流珠 chidiliuzhu	880（zhong／9b）
	玄珠流汞 xuanzhuliugong	905（5b）
	太　陰 taiyin	905（5b）
	赤帝流汞 chidiliugong	905（6a）
	赤血將軍 chixuejiangjun	905（6a）
	玄水金液 xuanshuijinye	905（6a）
	玄水水銀 xuanshuishuiyin	905（6a）
	玄水丹鉛 xuanshuidanqian	905（6b）
	水銀虎礬 shuiyinhufan	905（6b）
	白虎腦玄武骨	905（6b）

		baihunaoxuan-wugu	
		白朱砂 baizhusha	905（6b）
		太陽流珠 taiyangliuzhu	886（5b）； 905（7a）
		長　子 zhangzi	886（5b）
		天生元女 tianshengyuannü	904（1b）
		天生芽 tianshengya	905（7a）
		砂　湏 shaxiang	905（7a）
		金　湏 jinxiang	905（7a）
		陵陽子明 lingyangziming	905（7a）
		玄水流珠 xuanshuiliuzhu	905（7b）
		陵陽子 lingyangzi	908（shang／1b）
		玄明龍 xuanminglong	908（shang／1b）
		金銀席 jinyinxi	908（shang／2a）
2363	水銀粉 shuiyinfen calomel, mercurous chloride ZY 3384；MS 45	汞　粉 gongfen	768（3／37b）
		輕　粉 qingfen	768（3／37b）
		峭　粉	768（3／37b）

	qiaofen	
2364　水　英 shuiying	見　水蘄（2347） see　shuiqin	
2365　水銀虎礬 shuiyinhufan	見　水銀（2362） see　shuiyin	
2366　水銀灰 shuiyinhui	見　汞粉（0767） see　gongfen	
2367　水銀霜 shuiyinshuang purified calomel MS 46	金　液 jinye	900（shang／1b）
	吳沙汞金 wushagongjin	900（shang／1b）
	白虎腦 baihunao	900（shang／1b）
	金銀虎 jinyinhu	900（shang／1b）
	赤帝體雪 chiditixue	900（shang／1b）
	水雲銀 shuiyunyin	.900（shang／1b）
2368　水銀霜丹 shuiyinshuangdan	見　艮雪丹（0763） see　genxuedan	
2369　水　玉 shuiyu	見　半夏（0148） see　banxia	
2370　水雲銀 shuiyunyin	見　水銀霜（2367） see　shuiyinshuang	
2371　水　芝 shuizhi	見　白瓜（0041） see　baigua	
2372　水　蛭 shuizhi ①*Hirudo nipponia*, 　Whitman ②*Whitmania pigra*	蚑 qi	768（33／22b）
	至　掌 zhizhang	768（33／22b）

(Whitman) ③*Whitmania acran-* *ulata* (Whitman) leach ZY 1056 ; IN 38	蜞 qi	768（33/23a）
	馬 黃 mahuang	768（33/23a）
	馬 鼈 mabie	768（33/24b）
	馬 蟥 mahuang	768（33/24b）
2373 水芝丹 shuizhidan	見 藕實（1875） see oushi	
2374 水中金 shuizhongjin	見 金（1212） see jin	
2375 蜀 椒 shujiao *Xanthoxylum piper-* *itum*, DC. Japanese pepper MP 360	巴 椒 bajiao	768（24/5b）
	蓎 藙 tangyi	768（24/5b）
	南 椒 nanjiao	768（24/6b）
2376 鼠韭 shujiu	見 垣衣（3171） see yuanyi	
2377 蜀 葵 shukui *Althaea rosea* (L.) Cav. hollyhock ZY 5180-5183 ; MP 275	錦 葵 jinkui	768（40/19a）
	茙 葵 rongkui	768（40/19a）
	蕳 jian	768（40/19b）
2378 鼠 李 shuli *Rhamnus davurica*, Pall. Japanese buckthorn, rat-plum	牛 李 niuli	768（25/4a）
	鼠 梓 shuzi	768（25/4a）
	椑 	768（25/4a）

ZY 5213 ; MP 291	bei	
	烏巢子 wuchaozi	768（25/4b）
	趙 李 zhaoli	768（25/4b）
	皁 李 zaoli	768（25/4b）
	烏磋樹皮 wuchashupi	768（25/4b）
2379 殊 鹵 shulu	殊 shu	904（3a）
2380 秫 米 shumi *Oryza satiwa*, L. glutinous spiked millet ZY 5732 ; MP 759	稻秫 daoshu	768（38/15a）
	糯 nuo	768（38/15a）
2381 鼠 蓂 shuming	見 假蘇（1163） see jiasu	
2382 鼠 黏 shunian	見 牛蒡子（1836） see niubangzi	
2383 鼠黏草 shuniancao	見 牛蒡子（1836） see niubangzi	
2384 鼠黏子 shunianzi	見 牛蒡子（1836） see niubangzi	
2385 蒴 藋 shuodi *Sambucus javanica*, Reinw. Chinese elder ZY 5124 ; MP 78	菫 草 jincao	768（18/24a）
	芨 ji	768（18/24a）
	陸 英 luying	768（18/24a）

	茺藺草 jijincao	768（18/24a）
	烏頭苗 wutoumiao	768（18/24a）
	見　接骨木（1179） see jiegumu	
2386　蜀　漆 shuqi *Dichroa febrifuga,* Lour. Szechuan varnish ZY 5179 ; MP 353	見　常山（0264） see changshan	
	雞尿草 jiniaocao	768（17/17b）
	鴨尿草 yaniaocao	768（17/17b）
	常山莖 changshanjing	768（17/17b）
	常山苗 changshanmiao	768（17/18b）
2387　熟　鉛 shuqian	見　鉛銀（1949） see qianyin	
2388　蜀漆根 shuqigen	見　常山（0264） see changshan	
2389　鼠麴草 shuqucao *Gnaphalium affine,* D. Don ZY 5218 ; MP 35	香　茅 xiangmao	768（19/16a）
	鼠耳草 shuercao	768（19/16a）
2390　蜀　桑 shusang	見　芫花（3164） see yuanhua	
2391　鼠生母 shushengmu	見　握雪礜石（2692） see woxueyshi	
2392　鼠　矢 shushi	見　山茱萸（2170） see shanzhuyu	

2393	蜀水花 shushuihua	見 鸕鶿屎（1568） see lucishi	
2394	熟鐵金 shutiejin	見 金（1212） see jin	
2395	鼠 尾 shuwei	見 鼠尾草（2396） see shuweicao	
2396	鼠尾草 shuweicao *Sporobolus indicus* (L.) R. Br. var. *purpureo-suffusus* (ohwi) Koyama forma *spiciformis*, Koyama ZY 5221；MP 137	蓟 jing 陵 翹 lingqiao 鼠 尾 shuwei 烏 草 wucao 水 青 shuiqing 陵 時 lingshi	768（18/69b） 768（18/69b） 768（18/70a） 768（18/70a） 768（18/70a） 768（23/6b）
2397	蜀羊泉 shuyangquan *Sagina japonica* (Sw.) Ohwi pearlwort ZY 5389；MP 550	羊 泉 yangquan 羊 飴 yangyi 漆 姑 qigu	768（15/48a） 768（15/48a） 768（15/48b）
2398	熟 銀 shuyin	見 銀屑（3121） see yinxie	
2399	薯 蕷 shuyu *Dioscorea opposita*, Thunb. Chinese yam ZY 0319；MP 657	山 芋 shanyu 玉 延 yuyan 土 諸	768（8/22b） 768（8/22b） 768（8/22b）

	tuzhu	
	諸　薯 zhushu	768（8/23b）
	脩　脆 xiucui	768（8/23b）
	兒　草 ercao	768（8/23b）
2400　蜀　棗 shuzao	見　山茱萸（2170） see　shanzhuyu	
2401　屬　折 shuzhe	見　續斷（2977） see　xuduan	
2402　蜀　脂 shuzhi	見　黃耆（1017） see　huangqi	
2403　鼠　梓 shuzi	見　鼠李（2378） see　shuli	
2404　四海分居 sihaifenju	見　牡蠣（1773） see　muli	
2405　死人血 sirenxue	文龍血 wenlongxue	900（shang/6a）
2406　四神丹 sishendan	太一神丹 taiyishendan	900（xia/2a）
	神變丹 shenbiandan	900（xia/2a）
	神液丹 shenyedan	900（xia/2a）
2407　思　仙 sixian	見　杜仲（0590） see　duzhong	
2408　思　益 siyi	見　蛇床子（2179） see　shechuangzi	
2409　思　仲 sizhong	見　杜仲（0590） see　duzhong	

2410 菘 song *Brassica chinensis*, L. celery cabbage ZY 4110 ; MP 476	菘 菜 songcai	768 (40 / 17a)
2411 松 song ①*Pinus tabulaefor- mis*, Carr. ②*Pinus massoniana*, Lamb. ③*Pinus yunnanensis*, Franch. pines ZY 2549-2554 ; MP 789	永青龍芽 yongqinglongya	902 (7 a)
2412 松柏芝 songbozhi	見 木芝 (1797) see muzhi	
2413 菘 菜 songcai	見 菘 (2410) see song	
2414 松 肪 songfang	見 松脂 (2419) see songzhi	
2415 松 膏 songgao	見 松脂 (2419) see songzhi	
2416 松根 songgen *Pinus massoniana*, Lamb. pine's root ZY 2553 ; MP 789	千歲老翁腦 qiansuilaoweng- nao	900 (shang / 5a)
2417 松 蘿 songluo ①*Usnea longissima*, Ach.	女 蘿 nüluo 仙衣龍芽 xianyilongya	768 (23 / 26b) 902 (8a)

②*Usnea diffracta,* Vain. pine lichen ZY 2555 ; MP 821	萬丈龍芽 wanzhanglongya	902 (5 b)
2418 松木脂 songmuzhi *Boswellia carterii,* Birdw. Bombay mastic or terebinth tree ZY 2845; MP 313	乳　香 ruxiang 薰　陸 xunlu	768 (21 / 23b) 768 (21 / 23b)
2419 松　脂 songzhi *Pinus massoniana,* Lamb. ZY 2552	丹光之母 danguangzhimu 木公脂 mugongzhi 丹光母 danguangmu 波羅脂 boluozhi 松　膏 songgao 松　肪 songfang 見　茯苓 (0697) see fuling 見　琥珀 (1092) see hupo	900 (shang / 5a) 900 (shang / 5a) 900 (shang / 5a) 900 (shang / 5a) 768 (20 / 7b) 768 (20 / 7b)
2420 薂蔞 soulou	見　蘩蔞 (0626) see fanlou	
2421 溲疏 soushu *Deutzia scabra,* Thunb.	巨　骨 jugu 楊　櫨	768 (25 / 24b) 768 (25 / 25a)

ZY 5039 ; MP 466	yanglu	
	牡 荆 mujing	768 (25 / 25a)
	空 疏 kongshu	768 (25 / 25a)
	楊 蘆 yanglu	768 (25 / 25b)
2422 嗽 藥 souyao	見 白前 (0086) see baiqian	
2423 蘇 su *Perilla frutescens* (L.) Britt. var. *cris-* *pa* (Thunb.) Hand.- Mazz. *P. frutescens* (L.) Britt. var. *acuta* (Thunb.) Kudo ZY 4876-4879 ; MP 135	紫 蘇 zisu	768 (41 / 12a)
	桂 荏 guiren	768 (41 / 13b)
	見 假蘇 (1163) see jiasu	
2424 蒜 suan *Allium sativum*, L. garlic ZY 5099 ; MP 671	小 蒜 xiaosuan	768 (42 / 7a)
	莉 苗 limiao	768 (42 / 11a)
	葷 菜 huncai	768 (42 / 10a)
	大 蒜 dasuan	768 (42 / 10a)
2425 酸 漿 suanjiang *Physalis alkekengi* L. var. *franchetii* (Mast.) Mak.	醋 漿 cujiang	768 (13 / 29b)
	箴寒漿 zhenhanjiang	768 (13 / 30a)

Chinese lantern or winter cherry ZY 5287 ; MP 116	苦 葴 kuzhen	768（13/30a）
	酸漿草 suanjiangcao	768（13/30a）
	見 酢漿草（3389） see zuojiangcao	
2426 酸漿草 suanjiangcao	見 酸漿（2425） see suanjiang	
2427 酸 摸 suanmo	見 羊蹄（3031） see yangti	
2428 酸 桶 suantong	見 鹽麩子（3008） see yanfuzi	
2429 酸 益 suanyi	見 敗醬（0060） see baijiang	
2430 酸 棗 suanzao *Ziziphus jujuba*, Mill. wild jujube ZY 5292 ; MP 294	山棗樹子 shanzaoshuzi	768（20/35b）
	樲棗實 erzaoshi	768（20/35b）
	棘 實 jishi	768（20/36a）
	見 大棗（0464） see dazao	
	仙掌龍芽 xianzhanglongya	902（8a）
2431 酸 杖 suanzhang	見 虎杖（1113） see huzhang	
2432 素丹白豪 sudanbaihao	見 錫精（2874） see xijing	
2433 蘇 膏 sugao	三變柔 sanbianrou	900（shang/4a）
	三變澤生	900（shang/4b）

		sanbianzesheng	
		谷釜生 gufusheng	900（shang/4b）
2434	素　汞 sugong	見　堅銀（1152） see jianyin	
2435	蘇合香 suhexiang *Liquidambar orient-* *alis*, Mill. rose malloes, storax ZY 2210 ; MP 462	獅子屎 shizishi	768 （21/29a）
2436	遂　蕩 suishang	見　商陸（2142） see shanglu	
2437	碎焰龍芽 suiyanlongya	見　護宅（1112） see huzhai	
2438	素　金 sujin	見　鉛精（1938） see qianjing	
2439	粟　米 sumi *Setaria italica* (L.) Beauv. short millet ZY 4841 ; MP 760	白　粱 bailiang 粢 zi	768（38/13b） 768（38/13b）
2440	粟　蘖 sunie	見　蘖米（1825） see niemi	
2441	宿　芩 suqin	見　黃芩（1018） see huangqin	
2442	素砂丹 sushadan	見　太一一味硇砂丹 　（2476） see taiyiyiweigang- shadan	
2443	素紹丹	見　太一小玉粉丹	

	sushaodan	（2473） see taiyixiaoyufen- dan	
2444	素耀丹 suyaodan	見 太一一味雄黃丹（2477） see taiyiyiweixiong- huangdan	
2445	素玉女 suyunü	見 白石英（0095） see baishiying	
	T		
2446	獺 肝 tagan *Lutra lutra*, L. otter's liver ZY 5578 ; AN 384	水狗肝 shuigougan	768（29/6b）
2447	太白石 taibaishi	見 礜石（3220） see yushi	
2448	苔 耳 taier	見 陟釐（3293） see zhili	
2449	太和龍胎丹 taihelongtaidan dragon's placenta DS 102 E	持節丹 chijiedan 捧香丹 pengxiangdan 獻壽丹 xianshoudan	900（xia/2b） 900（xia/2b） 900（xia/2b）
2450	太清丹 taiqingdan	見 太一小還丹(2471) see taiyixiaohuandan	
2451	太 石 taishi	見 礜石（3220） see yushi	
2452	太素金 taisujin white lead, carbonate of lead ZY 3847 ; MS 12	見 鉛精（1938） see qianjing 鉛 白 qianbai	 905（16a）

		丹地黃 dandihuang	905（16 a）
		靑　金 qingjin	905（16 a）
		靑丹天玄 qingdantianxuan	905（16 a）
		伏玄丹 fuxuandan	905（16 a）
		見　金（1212） see　jin	
2453	太旬首中石 taixunshouzhongshi	見　雄黃（2896） see　xionghuang	
2454	太　陽 taiyang	見　水銀（2362） see　shuiyin	
		見　丹砂（0437） see　dansha	
		見　丹（0422） see　dan	
2455	太陽紅粉丹 taiyanghongfendan	見　艮雪丹（0763） see　genxuedan	
2456	太陽流珠 taiyangliuzhu	見　水銀（2362） see　shuiyin	
2457	太陽玉粉丹 taiyangyufendan	見　太一硫黃丹（2461） see　taiyiliuhuangdan	
2458	太一八景四蘂紫遊 玉珠生神丹 taiyibajingsiruizi- youyuzhusheng- shendan	黃老丹 huanglaodan	900（xia／2b）
		虛無丹 xuwudan	900（xia／2b）
		含漿丹 hanjiangdan	900（xia／2b）
		散華丹	900（xia／2b）

		sanhuadan	
2459	太一赤車使者八神 精起死人丹 taiyichicheshizhe- bashenjingqisirendan	還神丹 huanshendan	900（xia/2b）
		迴命丹 huimingdan	900（xia/2b）
		通靈丹 tonglingdan	900（xia/2b）
		再生丹 zaishengdan	900（xia/2b）
2460	太一金液華丹 taiyijinyehuadan	金華丹 jinhuadan	900（xia/2b）
		天眞丹 tianzhendan	900（xia/2b）
		金仙丹 jinxiandan	900（xia/2b）
		躡雲丹 nieyundan	900（xia/2b）
2461	太一硫黄丹 taiyiliuhuangdan Sulphur sulphur, sulfur ZY 1260；MS 128	太陽玉粉丹 taiyangyufendan	900 （xia/2a）
2462	太　陰 taiyin	見　錫精（2874） see xijing	
		見　鉛精（1938） see qianjing	
		見　鉛（1915） see qian	
		見　水銀（2362） see shuiyin	
2463	太陰流珠 taiyinliuzhu	見　水銀（2362） see shuiyin	

2464 太陰玄精 taiyinxuanjing Selenite ZY 1544 ; MS 120	監 精 jiangjing	900（shang／3a）
	玄明龍膏 xuanminglonggao	900（shang／3a）
	汞 gong	900（shang／3a）
	泥 精 nijing	768（4／24a）
2465 太陰石 taiyinshi	見 鉛精（1938） see qianjing	
2466 太陰元精 taiyinyuanjing	見 元津（3165） see yuanjin	
2467 太陰玉足 taiyinyuzu	見 栢根（0036） see baigen	
2468 太一三使丹 taiyisanshidan	捧香丹 pengxiangdan	900（xia／2b）
	持節丹 chijiedan	900（xia／2b）
	奔雲丹 benyundan	900（xia／2b）
	控鶴丹 konghedan	900（xia／2b）
	本命丹 benmingdan	900（xia／2b）
2469 太一神丹 taiyishendan	見 四神丹（2406） see sishendan	
2470 太一使者丹 taiyishizhedan	見 五靈丹（2734） see wulingdan	
2471 太一小還丹 taiyixiaohuandan	太清丹 taiqingdan	900（xia／2a）
	朝景丹	900（xia／2a）

		chaojingdan	
		凝霞丹 ningxiadan	900（xia / 2a）
		落耀丹 luoyaodan	900（xia / 2a）
		絳雪丹 jiangxuedan	900（xia / 2a）
2472	太一小金英丹 taiyixiaojinyingdan	陽明丹 yangmingdan	900（xia / 2b）
		玄珠丹 xuanzhudan	900（xia / 2b）
		日精丹 rijingdan	900（xia / 2b）
2473	太一小玉粉丹 taiyixiaoyufendan	素紹丹 sushaoban	900（xia / 2b）
		玄鶴丹 xuanhedan	900（xia / 2b）
		飛雪丹 feixuedan	900（xia / 2b）
2474	太一旬首中石 taiyixunshouzhong-shi	見 雄黃（2896） see xionghuang	
2475	太一陰符 taiyiyinfu	見 還丹（0966） see huandan	
2476	太一一味硇砂丹 taiyiyiweigangsha-dan Sal ammoniac, ammonium chloride MS 126	飛翼丹 feiyidan	900（xia / 3a）
		鹽粉丹 yanfendan	900（xia / 3a）
		素砂丹 sushadan	900（xia / 3a）
		定神丹 dingshendan	900（xia / 3a）

		凝華丹 ninghuadan	900（xia／3a）
2477	太一一味雄黃丹 taiyiyiweixiong- huangdan Realgar realgar, native disulphide of arsenic ZY 4853；MS 49	赤流珠丹 chiliuzhudan	900（xia／2b）
		素耀丹 suyaodan	900（xia／2b）
		赤耀丹 chiyaodan	900（xia／2b）
		紅紫相間丹 hongzixiangjian- dan	900（xia／2b）
2478	太一餘粮 taiyiyuliang Limonite brown hematite ZY 3483：MS 80	中山盈脂 zhongshanying- zhi	1026（68／3a）
2479	太一禹餘粮 taiyiyuyuliang Limonite brown hematite ZY 3483；MS 80	石　腦 shinao	900（shang／3a）
		餘　粮 yuliang	900（shang／3a）
		天師食 tianshishi	900（shang／3a）
		山中盈脂 shanzhongying- zhi	900（shang／3a）
		石飴餅 shiyibing	900（shang／3a）
		石腦生 shinaosheng	768（2／13a）
		禹　哀 yuai	768（2／14b）
2480	薅	見　海藻（0874）	

tan	see haizao	
2481 蕩 tan	見 海藻（0874） see haizao	
2482 菼 tan	見 蘆根（1576） see lugen	
2483 蟫 tan	見 衣魚（3139） see yiyu	
2484 唐 tang	見 菟絲子（2627） see tusizi	
2485 棠 棣 tangdi	見 扶移木皮（0719） see fuyimupi	
2486 葛 根 tanggen	見 商陸（2142） see shanglu	
2487 螳蜋子 tanglangzi	見 桑螵蛸（2111） see sangpiaoxiao	
2488 蓎 蒙 tangmeng	見 菟絲子（2627） see tusizi	
2489 蓎 藙 tangyi	見 蜀椒（2375） see shujiao	
2490 檀 桓 tanhuan	見 蘗木（1826） see niemu	
2491 逃 河 taohe	見 鶅鴣觜（2552） see tiguzui	
2492 桃核人 taoheren ①*Prunus persica* 　(L.) Batsch. ②*Prunus davidiana* 　(carr.) Franch. peach ZY 3664；MP 448	桃 奴 taonu 梟 景 xiaojing	768（36/4b） 768（36/4b）
2493 桃 膠	薛側膠	900（shang/5a）

taojiao ①*Prunus persica* (L.) Batsch. ②*Prunus davidiana* (Carr.) Franch. ZY 3669	xuecejiao	
2494 桃柳藤 taoliuteng	見 何首烏（0932） see heshouwu	
2495 桃 奴 taonu	見 桃核人（2492） see taoheren	
2496 陶於梔子 taoyuzhizi	見 羊躑躅（3037） see yangzhizhu	
2497 藤 弘 tenghong	見 胡麻（1074） see huma	
2498 藤 梨 tengli	見 獼猴桃（1727） see mihoutao	
2499 天寶龍芽 tianbaolongya	見 赤芹（0322） see chiqin	
2500 天持龍虎 tianchilonghu	見 還丹（0966） see huandan	
2501 天地之符 tiandizhifu	見 丹華之黃（0433） see danhuazhihuang	
2502 天 豆 tiandou	見 雲實（3206） see yunshi 見 石龍芮（2260） see shilongrui	
2503 天 婦 tianfu	見 白玉（0119） see baiyu	
2504 天 瓜 tiangua	見 栝樓（0796） see gualou	
2505 甜瓜蒂 tianguadi	見 瓜蒂（0795） see guadi	

2506 天 黃 tianhuang	見　生地黃（2193） see shengdihuang	
2507 天 薺 tianji	見　飛廉（0640） see feilian	
2508 天筋縫鰾 tianjinfengliao	見　鰾膠（0183） see biaojiao	
2509 天 精 tianjing	見　茯苓（0697） see fuling	
	見　象柴（2801） see xiangchai	
	見　枸杞（0787） see gouqi	
2510 天 臼 tianjiu	見　鬼臼（0827） see guijiu	
2511 天 韭 tianjiu	見　垣衣（3171） see yuanyi	
2512 天 葵 tiankui	見　落葵（1592） see luokui	
2513 天 螻 tianlou	見　螻蛄（1560） see lougu	
2514 田 螺 tianluo	見　田中螺（2542） see tianzhongluo	
2515 天 麻 tianma *Gastrodia elata*, Bl. ZY 0642 ; MS 636	赤 箭 chijian	768（14/33a）
	赤箭脂 chijianzhi	768（14/33a）
	定風草 dingfengcao	768（14/33a）
	白龍皮肉 bailongpirou	768（14/34a）
	見　赤箭（0308）	

	see chijian	
2516 天蔓菁 tianmanqing	見 天名精（2519） see tianmingjing	
2517 天門冬 tianmendong *Asparagus cochin- chinensis* (Lour.) Merr. ZY 0645；MP 676	大當門根 dadangmengen	900 （shang/6a）
	地門冬 dimendong	1177（11/1b）； 768（7/17a）
	筵門冬 yanmendong	1177（11/1b）； 768（7/17a）
	巔 棘 dianji	1177（11/1b）； 768（7/17a）
	淫羊食 yinyangshi	1177（11/1b）； 768（7/17a）
	管 松 guansong	1177（11/1b）； 768（7/17a）
	百 部 baibu	1177（11/2a）
2518 天門精 tianmenjing	見 天名精（2519） see tianmingjing	
2519 天名精 tianmingjing *Carpesium abrotan- oides*, L. pig's head ZY 0651；MP 20	麥句薑 maijujiang	768（11/1b）
	蝦蟇藍 hamalan	768（11/1b）
	豕 首 shishou	768（11/1b）
	天門精 tianmenjing	768（11/1b）
	工門精 gongmenjing	768（11/1b）
	麑 顱 zhilu	768（11/1b）

	蟾蜍蘭 chanchulan	768（11／1b）
	覲 jin	768（11／1b）
	地 菘 disong	768（11／2a）
	茢甄豕首 liezhenshishou	768（11／2a）
	豨 薟 xixian	768（11／2a）
	豨 首 xishou	768（11／2a）
	鹿活草 luhuocao	768（11／2b）
	劉燼草 liujincao	768（11／2b）
	天蔓菁 tianmanqing	768（11／3a）
	麥秋薑 maiqiujiang	768（11／3b）

2520 天南星
tiannanxing
①*Arisaema*
  consanguineum,
  Schott
②*Arisaema amur-*
  ense, Maxim.
③*Arisaema heterop-*
  hyllum, Bl.
  Jack-in-the-pulpit
  ZY 0656 ; MP 709
	鬼蒟蒻
	guijuruo
		768（18／27b）

	虎 掌 huzhang	768（18／27b）
	慈砂龍芽 cishalongya	902（6b）
2521 天 器 tianqi	見 土釜（2587） see tufu	

	見　鼎（0510） see ding		
2522　天　鉛 tianqian	見　硃鉛（3337） see zhuqian		
2523　天器土 tianqitu	釜 fu	880（zhong／9b）	
2524　天双龍芽 tianrenlongya	見　菖蒲（0263） see changpu		
2525　天　生 tiansheng	見　水銀（2362） see shuiyin		
2526　天生芽 tianshengya	見　水銀（2362） see shuiyin		
2527　天生芽丹砂 tianshengyadansha	見　白丹砂（0023） see baidanshi		
2528　天生元女 tianshengyuannü	見　水銀（2362） see shuiyin		
2529　天師食 tianshishi	見　太一禹餘粮(2479) see taiyiyuyuliang 見　禹餘粮（3228） see yuyuliang		
2530　天　鼠 tianshu	見　伏翼（0717） see fuyi		
2531　天鼠屎 tianshushi *Vespertilio super-* *ans*, Thomas ZY 3008；MS 135 c	鼠　法 shufa 石　肝 shigan 夜明砂 yemingsha	768（30／23b） 768（30／23b） 768（30／23b）	
2532　天蒜耳 tiansuaner	見　垣衣（3171） see yuanyi		
2533　甜　藤	見　感藤（0744）		

	tianteng	see ganteng	
2534	天仙子 tianxianzi	見 莨菪（1402） see langdang	
2535	天 雄 tianxiong *Aconitum carmichaeli*, Debx. ZY 0644；MP 524	見 烏頭（2761） see wutou	
		白 幕 baimu	768（16/14b）
		西 建 xijian	768（16/14b）
		東 建 dongjian	768（16/14b）
		芨 堇 jijin	768（16/15a）
		烏頭苗 wutoumiao	768（16/15a）
		建 jian	768（16/15a）
		建 平 jianping	768（16/15a）
2536	天 玄 tianxuan	見 鉛精（1938） see qianjing	
2537	天玄飛雄 tianxuanfeixiong	見 鉛精（1938） see qianjing	
2538	天陽石 tianyangshi	見 雄黃（2896） see xionghuang	
2539	天焰龍芽 tianyanlongya	見 蓮華（1438） see lianhua	
2540	天 眞 tianzhen	見 金（1212） see jin	
2541	天眞丹 tianzhendan	見 太一金液華丹（2460）	

		see taiyijinyehuaden	
2542	田中螺 tianzhongluo *Cipangopaludina* *Chinensis* (Gray) river snails ZY 1340 ; TS 238	螭 螺 liluo 田 螺 tianluo	768 (34 / 2a) 768 (34 / 2a)
2543	天竺乾薑 tianzhuganjiang	胡乾薑 huganjiang	768 (9 / 25a)
2544	天竹黃 tianzhuhuang *Bambusa textilis*, McClure silicaceous concre- tion of the bamboo ZY 1803 ; MP 755 E	竹 膏 zhugao	768 (23 / 27b)
2545	蓨 tiao	見 羊蹄 (3031) see yangti	
2546	跳令鐵 tiaolingtie	見 柔鐵 (2082) see routie	
2547	鐵 釜 tiefu	金 匱 jinkui 登 日 dengri 地下釜 dixiafu	900 (shang / 5b) 900 (shang / 5b) 900 (shang / 5b)
2548	鐵 花 tiehua	見 柔鐵 (2082) see routie	
2549	鐵 落 tielao black oxide of iron ZY 3812 ; MS 22	鐵 液 tieye	768 (4 / 26a)
2550	帖索龍芽	見 羊角苗 (3014)	

	tiesuolongya	see yangjiaomiao	
2551	鐵液 tieye	見 鐵落（2549） see tielao	
2552	鵜鵠觜 tiguzui *Pelecanus roseus*, Gmelin pelican's beak ZY 5041 ; AV 251	逃 河 taohe	768（30/27b）
2553	鋌 ting	見 芍藥（2172） see shaoyao	
2554	亭炅獨生 tingjiongdusheng	見 雞舌香（1281） see jishexiang	
2555	葶藶 tingli ①*Lepidium apet-* *alum*, Willd. ②*Lepidium virgini-* *cum*, L. ③*Descurania sophia* (L.) Schur ZY 4818 ; MP 479	丁 歷 dingli 蕇 蒿 dianhao 大 室 dashi 大 適 dashi 狗 薺 gouji 見 菥蓂子（2882） see ximingzi	768（16/40a） 768（16/40a） 768（16/40a） 768（16/40a） 768（16/40b）
2556	亭 脂 tingzhi	見 硫黄（1514） see liuhuang	
2557	鰓魚 tiyu	見 鯣魚（3141） see yiyu	
2558	銅 tong copper	赤 金 chijin	768（3/34b）

MS 6		
2559 通 草 tongcao *Tetrapanax papyri-* *ferus* (Hook.) K. Koch ZY 4050 ; MP 522	附 支 fuzhi	768 （ 12 / 30b ）
	丁 翁 dingweng	768 （ 12 / 30b ）
	木 通 mutong	768 （ 12 / 30b ）
	道脫水 daotuoshui	768 （ 12 / 31a ）
	菖藤莖 futengjing	7688 （ 12 / 31a ）
	通脫木 tongtuomu	768 （ 12 / 31a ）
	離南活脫 linanhuotuo	768 （ 12 / 31a ）
	畜菖勢 xufuzi	768 （ 12 / 31b ）
	挐 子 nazi	768 （ 12 / 31b ）
	王翁萬年 wangwengwan- nian	768 （ 12 / 31b ）
	桴掞子 fushanzi	768 （ 12 / 32a ）
2560 童 腸 tongchang	見 紫參 （ 3375 ） see zishen	
2561 通頂龍芽 tongdinglongya	見 谷精草 （ 0845 ） see gujingcao	
2562 童兒禾 tongerhe	見 西龍膏 （ 2879 ） see xilonggao	
2563 筒 桂	見 桂 （ 0820 ）	

tonggui	see gui	
2564 銅 勒 tongle	見 石綠（2262） see shilu 見 石膽（2238） see shidan	
2565 通靈丹 tonglingdan	見 太一赤車使者八 神精起死人丹 （2459） see taiyichicheshizh- ebashenjingqisi- rendan	
2566 童女月 tongnüyue	見 未嫁女子月水 （2668） see weijianüziyue- shui	
2567 銅 青 tongqing basic acetate of copper ZY 4465 ; MS 9	黃龍汋 huanglongshao	900（shang/5b）
2568 通 石 tongshi	見 石鍾乳（2307） see shizhongru 見 孔公孽（1355） see konggongnie	
2569 通脫木 tongtuomu	見 通草（2559） see tongcao	
2570 鮦 魚 tongyu	見 蠡魚（1528） see liyu	
2571 銅 芸 tongyun	見 防風（0611） see fangfeng	
2572 鍮 石 toushi zinc-bloom, Smith-	黃 石 huangshi	900（shang/3b）

sonite MS 59 Calcite, calcium carbonate MS 54		
2573 偸石金 toushijin	見　金（1212） see　jin	
2574 葖 tu	見　萊菔（1394） see　laifu	
2575 猯　肥 tuanfei	見　猯肉胞膏（2576） see　tuanroubaogao	
2576 猯肉胞膏 tuanroubaogao *Meles meles*, L. flesh, placenta and fat of the Chinese badger ZY 5721-5722； AN 376	猯　脂 tuanzhi 貛　豘 huantun 猯　肥 tuanfei	768（29/21a） 768（29/21a） 768（29/21a）
2577 猯　脂 tuanzhi	見　猯肉胞膏（2576） see　tuanroubaogao	
2578 土　鱉 tubie	見　䗪蟲（3277） see　zhechong	
2579 禿　菜 tucai	見　羊蹄（3031） see　yangti	
2580 薞　菜 tucai	見　羊蹄（3031） see　yangti	
2581 土　蟲 tuchong	見　馬陸（1646） see　malu	
2582 禿瘡花 tuchuanghua *Dicranostigma* *leptopodum*	白雪龍芽 baixuelongya	902（3a）

	(Maxim.) Fedde ZY 2308		
2583	土大黃 tudahuang	見 大黃（0402） see dahuang	
2584	土 鼎 tuding	見 土釜（2587） see tufu	
2585	土 蜂 tufeng	見 蟻螉（3131） see yiweng	
2586	土蜂子 tufengzi *Discolia vittifrons*, Sch. humble bee ZY 0138 ; IN 4	蜚零 feiling	768（31/6a）
2587	土 釜 tufu	天 器 tianqi	900（shang/5b）
		神 室 shenshi	900（shang/5b）
		赤 門 chimen	900（shang/5b）
		神 釜 shenfu	900（shang/5b）
		非赤堅 feichijian	900（shang/5b）
		土 鼎 tuding	900（shang/5b）
		陽曹蕚 yangcaoe	880（zhong/10a）
2588	兔肝草 tugancao	雞 肝 jigan	768（15/60b）
2589	土 瓜 tugua	見 王瓜（2645） see wanggua	

2590	菟 瓜 tugua	見 王瓜（2645） see wanggua	
2591	菟 核 tuhe	見 白斂（0073） see bailian	
2592	菟 槐 tuhuai	見 苦參（1387） see kushen	
2593	土茴香 tuhuixiang	見 懷香子（0958） see huaixiangzi	
2594	推 青 tuiqing	見 膚青（0703） see fuqing	
2595	推 石 tuishi	見 膚青（0703） see fuqing	
2596	土 精 tujing	見 甘土（0746） see gantu 見 地黃（0490） see dihuang 見 人參（2068） see renshen	
2597	荼 苦 tuku	見 苦菜（1363） see kucai	
2598	菟 葵 tukui *Malva parviflora,* L. hare mallow ZY 4124；MP 535	茼 xi 茼菟葵 xitukui	768（15/48b） 768（15/49a）
2599	菟 纍 tulei	見 菟絲子（2627） see tusizi	
2600	杜梨兒 tulier	味棠龍芽 weitanglongya	902（1b）
2601	土 龍 tulong	見 白頸蚯蚓（0068） see baijingqiuyin	

2602 土龍膏 tulonggao	見 白項蚯蚓汁(0106) see baixiangqiuyin- zhi	
2603 土龍屎 tulongshi	見 蚯蚓屎（2039） see qiuyinshi	
2604 土龍血 tulongxue	見 白項蚯蚓汁(0106) see baixiangqiuyin- zhi	
2605 土 鹵 tulu	見 杜若（0582） see duruo 見 杜蘅（0571） see duheng	
2606 菟 蘆 tulü	見 菟絲子（2627） see tusizi	
2607 菟 縷 tulü	見 菟絲子（2627） see tusizi	
2608 土馬騣 tumazong	見 墙上草（1934） see qiangshangcao	
2609 豚 顛 tundian	見 豚卵（2612） see tunluan	
2610 犉 耳 tuner	見 馬莧（1694） see maxian	
2611 犉耳蛤 tunerge	見 海蛤（0864） see haige	
2612 豚 卵 tunluan *Sus scrofa domest- ica*, Brisson pig's testes ZY 4595；AN 322	豚 顛 tundian 猪 子 zhuzi	768（29/1b） 768（29/2a）
2613 犉馬齒莧 tunmachixian	見 馬莧（1694） see maxian	

2614	狃尾芩 tunweiqin	見 黃芩（1018） see huangqin	
2615	豚榆係 tunyuxi	見 地榆（0548） see diyu	
2616	托 盧 tuolu	見 枸杞（0787） see gouqi	
2617	駞 毛 tuomao	見 西獸衣（2906） see xishouyi	
2618	駝 毛 tuomao	見 西獸衣者（2907） see xishouyizhe	
2619	脫 皮 tuopi	見 蛇脫皮（2225） see shetuopi	
2620	脫 石 tuoshi	見 滑石（1048） see huashi	
2621	脫體丹砂 tuotidansha	換骨丹砂 huangudansha 白虎腦 baihunao	905（2b）
2622	棄 吾 tuowu	見 欵冬花（1362） see kuandonghua	
2623	土靑木香 tuqingmuxiang	見 馬兜零（1629） see madouling	
2624	土 石 tushi	見 長石（3264） see zhangshi	
2625	兔 絲 tusi ①*Cuscuta chinensis*, 　Lam. ②*Cuscuta japonica*, 　Choisy 　dodder 　ZY 4123 ; MP 156	金絲龍芽 jinsilongya	902（2b,3b）

2626 菟 絲 tusi	見 菟絲子（2627） see tusizi	
2627 菟絲子 tusizi ①*Cuscuta chinensis*, 　Lam. ②*Cuscuta japonica*, 　Choisy 　dodder 　ZY 4123,4125； 　MP 156	菟 蘆 tulu	768（7/30b）
	菟 縷 tulü	768（7/30b）
	唐 蒙 tangmeng	768（7/31a）
	玉 女 yunü	768（7/31a）
	赤 網 chiwang	768（7/31a）
	菟 纍 tulei	768（7/31a）
	唐 tang	768（7/31a）
	蒙 meng	768（7/31a）
	女 蘿 nüluo	768（7/31a）
	菟 絲 tusi	768（7/31a）
2628 菟絲子 tusizi ①*Cuscuta chinensis*, 　Lam. ②*Cuscuta japonica*, 　Choisy 　dodder 　ZY 4123, 4125； 　MP 156	地膽龍芽 didanlongya	902（7b）
2629 土 蝸 tuwo	見 蛞蝓（1384） see kuoyu	

2630	菟 奚 tuxi	見 欵冬花（1362） see kuandonghua	
2631	土 鴨 tuya	見 黽（2637） see wa	
2632	吐耀丹 tuyaodan	見 龍珠丹（1556） see longzhudan	
2633	土 芝 tuzhi	見 芋（3157） see yu	
2634	土中金 tuzhongjin	見 金（1212） see jin	
2635	兔 竹 tuzhu	見 黃精（0993） see huangjing	
2636	土 諸 tuzhu	見 薯蕷（2399） see shuyu	
2637	**W** 黽 wa ①*Rana nigromaculata*, Hallowell ②*Rana plancyi*, Lataste frog ZY 2489；AN 80	長 股 changgu	768（34/24a）
		青 黽 qingwa	768（34/24b）
		金線黽 jinxianwa	768（34/24b）
		土 鴨 tuya	768（34/24b）
		蛤 子 hazi	768（34/24b）
		蛤 ba	768（34/24b）
		水 雞 shuiji	768（34/24b）
		黽 子 wazi	768（34/25a）

		青 蛙 qingwa	768（34/25b）
2638	蛙 wa	見　地膽（0480） see didan	
2639	薍 wan	見　蘆根（1576） see lugen	
2640	膃肭臍 wanaqi ①*Callorhinus ursin-us* (L.) ②*Phoca vitulina* (L.) dried follicles of the beaver ZY 3987；AN 386	海狗臀 haigoushen 海內狗外臀 haineigouwai-shen	768（29/12a） 768（29/12b）
2641	晚蠶蛾 wancane	見　原蠶蛾（3162） see yuancane	
2642	王不留行蟲 wangbuliuxingchong	見　葛上亭長（0764） see geshangting-zhang	
2643	菵　草 wangcao	見　莽草（1653） see mangcao	
2644	王孫肴 wangchuyao	見　奇爛草（1200） see jijincao	
2645	王　瓜 wanggua *Trichosanthes cucumeroides* (Ser.) ZY 0633；MP 67	土　瓜 tugua 鉤 gou 蕨　姑 kuigu 鉤　藪 gousou	768（14/9a） 768（14/9b） 768（14/9b） 768（14/9b）

	王瓜子 wangguazi	768（14/10a）
	老鴉瓜 laoyagua	768（14/10b）
	菟瓜 tugua	768（14/10b）
	黃菟瓜 yintugua	768（14/10b）
	蕡茹 kuiru	768（14/10b）
	鉤茹 gouru	768（14/10b）
	苟菲 wufei	768（14/10b）
	赤雹子 chibaozi	768（14/11b）
2646 王瓜子 wangguazi	見　王瓜（2645） see　wanggua	
2647 王蓮 wanglian	見　黃蓮（0999） see　huanglian	
2648 王母女爪 wangmunüzhao	見　大蟲睛（0396） see　dachongjing	
2649 王母珠 wangmuzhu	見　苦耽（1367） see　kudan	
2650 王孫 wangsun *Paris tetraphylla*, A. Gray herb Paris ZY 0634；MP 686	白功草 baigongcao	768（15/47a）
	長孫 zhangsun	768（15/47a）
	黃孫 huangsun	768（15/47a）
	黃昏	768（15/47a）

	huanghun	
	海 孫 haisun	768（15/47a）
	蔓 延 manyan	768（15/47a）
	牡 蒙 mumeng	768（15/47a）
	屋遊瓦苔 wuyouwatai	768（15/48a）
	垣衣土馬騣 yuanyitumazong	768（15/48a）
	地 衣 diyi	768（15/48a）
	井 苔 jingtai	768（15/48a）
	陟釐土馬騣 zhilitumazong	768 （15/48a）
	見 黃耆（1017） see huangqi	
2651 王翁萬年 wangwengwannian	見 通草（2559） see tongcao	
2652 萬 吉 wanji	見 萬一藤（2657） see wanyiteng	
2653 莞 蘭 wanlan	見 蘿摩子（1595） see luomozi	
2654 萬 歲 wansui	見 澤瀉（3254） see zexie	
	見 卷栢（1318） see juanbai	
2655 萬歲蟾蜍 wansuichanchu	見 肉芝（2083） see rouzhi	

2656 宛 童 wantong	見 桑上寄生（2112） see sangshangjisheng	
2657 萬一藤 wanyiteng	萬 吉 wanji	768（17/46b）
2658 萬丈龍芽 wanzhanglongya	見 松蘿（2417） see songluo	
2659 薨 子 wanzi	見 女麴（1868） see nüqu	
2660 瓦 松 wasong ①*Orostachys fimbri-* *iatus* (Turcz.) ②*Orostachys erude-* *scens* (Maxim.) Ohwi roof pine ZY 0796；MP 469	舍生龍芽 sheshenglongya 見 昨葉何草（3391） see zuoyehecao	902（9a）
2661 瓦韋治淋 waweizhilin	見 石韋（2290） see shiwei	
2662 蠹 子 wazi	見 鼃（2637） see wa	
2663 葦 wei	見 蘆根（1576） see lugen	
2664 蔚 wei	見 馬先蒿（1695） see maxianhao	
2665 葉 wei	見 五味子（2768） see wuweizi	
2666 薇 草 weicao	見 白薇（0103） see baiwei	
2667 味 灰 weihui	見 石灰（2246） see shihui	
2668 未嫁女子月水 weijianüziyueshui	童女月 tongnüyue	900（shang/6a）

menstrual blood AN 423		
2669 微 莖 weijing	見 藁本（0748） see gaoben	
2670 威靈仙 weilingxian *Chematis chinensis,* Osbeck Chinese clematis ZY3372 ; MP 531	能消大 nengxiaoda	768 （18 / 12b）
2671 葦麻火 weimahuo	虛消薪 xuxiaoxin	900（shang / 5a）
2672 衞 矛 weimao *Euonymus alatus* (Thunb.) Sieb. ZY3493 ; MP 308	鬼 箭 guijian	768 （23 / 17a）
2673 萎 蕤 weirui	見 黃精（0993） see huangjing 見 女萎（1870） see nüwei	
2674 威 蛇 weishe	見 蛇合（2185） see shehe	
2675 蝛 蟋 weishu	見 鼠婦（2325） see shufu	
2676 味棠龍芽 weitanglongya	見 杜梨兒（2600） see tulier	
2677 威文中王 weiwenzhongwang	見 虎頭腦陰骨(1104) see hutounaoyingu	
2678 薇 蕪 weiwu	見 蘪蕪（1739） see miwu	
2679 味物脂 weiwuzhi	見 羊脂（3036） see yangzhi	

2680 薇銜 weixian ①*Pyrola rotundifo-* *lia*, L. Subsp. *Chinensis* H. An- dres ②*Pyrola rotundifo-* *lia*, L. ZY 4658；MP 43	麋銜 mixian	768 (11/37 b)
	承膏 chenggao	768 (11/37 b)
	承肌 chengji	768 (11/37 b)
	無心 wuxin	768 (11/37 b)
	無顛 wudian	768 (11/37 b)
	吳風草 wufengcao	768 (11/37 b)
	鹿銜草 luxiancao	768 (11/37 b)
	大吳風草 dawufengcao	768 (11/38 a)
	小吳風草 xiaowufengcao	768 (11/38 a)
2681 味鹽 weiyan	見 大鹽（0463） see dayan	
2682 鰄魚 weiyu	見 河豚（0933） see hetun	
2683 蝟脂 weizhi *Erinaceus europae-* *us*, L. *Hemiechinus dauuri-* *cus*, Sundevall hedgehog **fat** ZY 5023；AN 399	猛虎脂 menghuzhi	900 (shang/5a)
	貓虎脂 maohuzhi	880 (zhong/9b)
2684 文蛤 wenge	見 五倍子（2693） see wubeizi	

2685	問 荆 wenjing *Equisetum arvense,* L. horsetail ZY 1899 ; MP 797b	接續草 jiexucao	768（15/61a）
2686	文龍血 wenlongxue	見 死人血（2405） see sirenxue	
2687	溫 菘 wensong	見 萊菔（1394） see laifu	
2688	文 希 wenxi	見 沙參（2173） see shashen	
2689	文 燭 wenzhu	見 南燭枝葉（1814） see nanzhuzhiye	
2690	猧狗魚 wogouyu	見 鰻鱺魚（1660） see manliyu	
2691	蝸 牛 woniu *Eulota peliomphala,* Pfr. helicoid snails ZY 5165 ; TS 239	見 蛞蝓（1384） see kuoyu 瓜 牛 guaniu 蟲 牛 liniu	 768（32/31b） 768（32/31b）
2692	握雪礜石 woxueyushi fine flakey arseno- lite MS 90	化公石持生礜石 huagongshichi- shengyushi 鼠生母 shushengmu 化公石 huagongshi 石 腦 shinao	900（shang/3a） 900（shang/3a） 768（6/18b） 768（6/18b）
2693	五倍子	文 蛤	768（23/22a）

wubeizi ①*Melaphis chinensis* (Bell) ②*Melaphis paitan* Tsai et Tang nut-gall tree ZY 0778 ; MP 316	wenge 百蟲倉 baichongcang	768（23/22a）
2694　五彩丹 wucaidan	見　五石丹（2756） see　wushidan	
2695　烏　草 wucao	見　鼠尾草（2396） see　shuweicao 見　南燭枝葉（1814） see　nanzhuzhiye	
2696　烏巢子 wuchaozi	見　鼠李（2378） see　shuli	
2697　烏槎樹皮 wuchashupi	見　鼠李（2378） see　shuli	
2698　烏　吹 wuchui	見　射干（2182） see　shegan	
2699　五德芝 wudezhi	見　草芝（0249） see　caozhi	
2700　無　顛 wudian	見　薇銜（2680） see　weixian	
2701　五帝丹 wudidan	見　五石丹（2756） see　wushidan	
2702　烏帝肌 wudiji	見　水牛脂（2344） see　shuiniuzhi	
2703　五帝足 wudizu	見　鬱金（3187） see　yujin	
2704　武都仇池 wudouchouchi	見　雌黃（0373） see　cihuang	
2705　烏荳龍芽	見　黑荳（0905）	

wudoulongya	see heidou	
2706 五毒草 wuducao *Polygonum Cymosum,* Trev. hill-buck-wheat MP 572	五戳 wuji 蛇問 shewen	768（19/15b） 768（19/15b）
2707 芴菲 wufei	見 王瓜（2645） see wanggua	
2708 烏飯 wufan	見 南燭枝葉（1814） see nanzhuzhiye	
2709 五礬 wufan	見 五嶽脂（2787） see wuyuezhi	
2710 吳風草 wufengcao	見 薇銜（2680） see weixian	
2711 無風獨搖草 wufengduyaocao *Macroclinidium* *verticillatum,* Fran. MP 41 ①*Angelica pubes-* *cens,* Maxim. f. *biserrata* Shan et yuan ②*Angelica pubes-* *cens,* Maxim. ③*Angelica dahurica* (Fisch. ex Hoffm.) Benth. et Hook. f. ex Franch. et Sav. ZY 3510；MP 208	獨搖草 duyaocao	768（9/23b）
2712 五鳳龍芽 wufenglongya	見 管仲（0811） see guanzhong	

2713	蜈 蚣 wugong *Scolopendra subspin- ipes mutilans*, L. Koch. centipede ZY 5157；IN 85	蒯 蛆 jiju	768（33/21b）
2714	蜈蚣螫 wugongshi	見 蜘蛛（3307） see zhizhu	
2715	五穀茅 wugumao	見 五栽（2788） see wuzai	
2716	五穀孽 wugunie	見 西龍膏（2879） see xilonggao	
2717	烏 禾 wuhe	見 稷米（1208） see jimi	
2718	無患子皮 wuhuanzipi *Sapindus Mukorossi,* Gaertn. Bodhi-seeds ZY 0679；MP 304	噤 婁 jinlou 桓 huan	768（24/40a） 768（24/40a）
2719	烏滑石 wuhuashi	見 滑石（1048） see huashi	
2720	烏 喙 wuhui	見 烏頭（2761） see wutou	
2721	五 戢 wuji	見 五毒草（2706） see wuducao	
2722	五茄地榆匹 wujiadiyupi	紫 灰 zihui	900（shang/6a）
2723	五加皮 wujiapi ①*Acanthopanax gracilistylus,* W. W. Smith	豺 節 chaijie 金 鹽 jinyan	768（21/4b） 768（21/5b）

② *Acanthopanax* *sessiliflorus* (Rupr. et Maxim.) Seem. ZY 0767 ; MP 234		
2724 五茄皮 wujiapi	牙 石 yashi	900（shang／5b）
2725 無忌丹 wujidan	堅骨丹 shugudan	900（xia／2a）
	無畏丹 wuweidan	900（xia／2a）
	凝神丹 ningshendan	900（xia／2a）
2726 蕪 菁 wujing *Brassica rapa*, L. rape-turnip ZY 2138 ; MP 477	蔓 菁 manjing	768（40／5a）
2727 五精丹 wujingdan	見 五石丹（2756） see wushidan	
2728 五精金精 wujingjinjing	見 陽起石（3024） see yangqishi	
2729 五精金羊 wujingjinyang	見 陽起石（3024） see yangqishi	
2730 五精全陽 wujingquanyang	見 陽起石（3024） see yangqishi	
2731 五精陰華 wujingyinhua	見 陽起石（3024） see yangqishi	
2732 烏 韭 wujiu	見 垣衣（3171） see yuanyi	
2733 烏蘞草 wuliancao	見 甘蕉根（0737） see ganjiaogen	

2734 五靈丹 wulingdan	昇霞丹 shengxiadan	900（xia/2b）	
	凌霄丹 lingxiaodan	900（xia/3a）	
	靈華丹 linghuaden	900（xia/3a）	
	太一使者丹 taiyishizhedan	900（xia/3a）	
2735 五靈脂 wulingzhi ①*Trogopterus* *xanthipes*, Milne- Edwards ②*Pteromys volans*, L. ZY 0770	寒號蟲糞 hanhaochongfen	768（34/13b）	
2736 無漏子 wulouzi *Phoenix dactylifera*, L. date-palm ZY 0680; MP 721	波斯棗 bosizao	768（36/35a）	
2737 物　羅 wuluo	見　皐蘆葉（0749） see gaoluye		
2738 屋　茅 wumao	見　茅根（1666） see maogen		
2739 烏　梅 wumei	見　梅實（1706） see meishi		
2740 武目樹 wumushu	見　樗皮（0366） see chupi		
2741 烏　牛 wuniu	見　青帝味（1974） see qingdiwei		
2742 烏牛膽	見　陰獸當門（3116）		

	wuniudan	see yinshoudongmen	
2743	烏牛糞汁 wuniufenzhi	見　陰獸玄精（3118） see yiushouxuanjing	
2744	烏蒲 wupu	見　射干（2182） see shegan	
2745	烏蘆 wuqiu	見　蘆根（1576） see lugen	
2746	五色赤石味 wusechishiwei	見　青石脂（2002） see qingshizhi	
2747	五色芙蕖 wusefuqu	見　陽起石（3024） see yangqishi	
2748	五色扶桑 wusefusang ①Actinolite ②Actinolite asbes- 　tus 　asbestos tremolite, 　silicate of lime 　and magnesia, 　actinolite 　ZY 1976 ; MS 75	五色陽起石 wuseyangqishi	880（zhong / 10a）
2749	五色山脂 wuseshanzhi	見　雞矢礜石（1290） see jishiyushi	
2750	五色陽起石 wuseyangqishi	見　五色扶桑（2748） see wusefusang	
2751	烏翣 wusha	見　射干（2182） see shegan	
2752	吳沙汞金 wushagongjin	見　水銀霜（2367） see shuiyinshuang	
2753	烏扇 wushan	見　射干（2182） see shegan	
2754	蕪實 wushi	牆薇 qiangwei	768（10 / 34b）

Rosa multiflora, Thunb. rambling rose ZY 5300-5304; MP 456	牆 麻 qiangma	768（10/34b）
	牛 棘 niuji	768（10/34b）
	牛 勒 niule	768（10/34b）
	薔 䕷 qiangmi	768（10/34b）
	山 棘 shanji	768（10/34b）
	薔 薇 qiangwei	768（10/35a）
	薔薇子 qiangweizi	768（10/35a）
2755 無 始 wushi	見 蕪荑（2780） see wuyi	
2756 五石丹 wushidan	五星丹 wuxingdan	900（xia/3a）
	五精丹 wujingdan	900（xia/3a）
	五彩丹 wucaidan	900（xia/3a）
	五帝丹 wudidan	900（xia/3a）
	五嶽丹 wuyuedan	900（xia/3a）
	五霞丹 wuxiadan	900（xia/3a）
	八仙丹 baxiandan	900（xia/3a）
2757 無食子	沒石子	768（24/32b）

wushizi *Quercus infectoria*, Oliver aleppo galls ZY 2383 ; MP 615	meishizi 沒食子 meishizi 墨食子 moshizi 墨石子 moshizi	 768（24/33a） 768（24/33a） 768（24/33b）
2758 鼯 鼠 wushu	見 鸓鼠（1424） see leishu	
2759 五 水 wushui	見 井華水（1227） see jinghuashui	
2760 屋 菼 wutan	見 薏苡人（3138） see yiyiren	
2761 烏 頭 wutou *Aconitum carmich- aeli*, Debx. Chinese aconite, monkhood (crow's head) ZY 0456 ; MP 523	黃烏首 huangwushou 見 鬱金（3187） see yujin 見 消石（2846） see xiaoshi 奚 毒 xidu 即 子 jizi 烏 喙 wuhui 天 雄 tianxiong 附 子 fuzi 茛 lang	900（shang/4a） 768.（16/7b） 768（**16/7b**） 768（16/7b） 768（16/8b） 768（16/8b） 768（16/8b）

		千 秋 qianqiu	768（16／8b）
		毒 公 dugong	768（16／8b）
		果 負 guofu	768（16／8b）
		耿 子 gengzi	768（16／8b）
		芨菫草 jijincao	768（16／8b）
		菫 jin	768（16／8b）
		側 子 cezi	768（16／13b）
2672	烏頭俊 wutoujin	見 黃茯苓（0979） see huangfuling	
2763	烏頭沒 wutoumei	黃附琴 huangfuqin	900（shang／6a）
2764	烏頭苗 wutoumiao	見 石龍芮（2260） see shilongrui	
		見 天雄（2535） see tianxiong	
		見 蒴藋（2385） see shuodi	
2765	烏頭子 wutouzi	見 附子（0728） see fuzi	
2766	五 味 wuwei	見 石灰（2246） see shihui	
		見 五味子（2768） see wuweizi	
2767	無畏丹	見 無忌丹（2725）	

	wuweidan	see wujidan	
2768	五味子 wuweizi *Schisandra chinensis* (Turcz.) Baill. ZY 0772；MP 512	會 及 huiji	768（11/10a）
		玄 及 xuanji	768（11/10a）
		五 味 wuwei	768（11/10b）
		茮 wei	768（11/10b）
		荎 藸 chichu	768（11/10b）
2769	五霞丹 wuxiadan	見 五石丹（2756） see wushidan	
2770	無 心 wuxin	見 薇銜（2680） see weixian	
2771	五行草 wuxingcao	見 馬齒莧（1625） see machixian	
2772	五星丹 wuxingdan	見 五石丹（2756） see wushidan	
2773	無心龍芽 wuxinlongya	見 半夏（0148） see banxia	
2774	烏 壚 wuxu *Cyperus rotundus*, L. nutgrass ZY 3715；MP 724	香附子 xiangfuzi	880（zhong/9b）
2775	五 牙 wuya （包括：①穀牙、粟牙 、豆牙、黍 牙、大麥牙；		900（shang/4a）

②粟牙、黍牙、蕎牙、豆牙、麥牙。）		
2776 烏 烟 wuyan	見 附子（0728） see fuzi	
2777 烏 鹽 wuyan	見 鹽麩子（3008） see yanfuzi	
2778 烏 藥 wuyao *Lindera strychnifo- lia* (Sieb. et Zucc.) Villar moonseed ZY 0933；MP 513	旁 其 pangqi	768（23／12a）
2779 五葉龍芽 wuyelongya	見 馬齒（1623） see machi	
2780 蕪 荑 wuyi *Ulmus macrocarpa,* Hance stinking elm ZY 2137；MP 607	無 姑 wushi 殿 薘 diantang	768（22／28b） 768（22／28b）
2781 烏衣脂 wuyizhi	見 水牛脂（2344） see shuiniuzhi	
2782 無憂龍芽 wuyoulongya	見 萱草（2922） see xuancao	
2783 屋遊瓦苔 wuyouwatai	見 王孫（2650） see wangsun	
2784 烏 芋	藉 姑	768（35／39b）

	wuyu *Heleocharis dulcis* (Burm. f.) Trin. ex Hemschel water chestnut ZY 3686 ; MP 727	jiegu	
		水 萍 shuiping	768 (35 / 39 b)
		鳧 茨 fuci	768 (35 / 39 b)
		芍 shao	768 (35 / 40 a)
		槎 牙 chaya	768 (35 / 40 a)
		茨 菰 cigu	768 (35 / 40 a)
		燕尾草 yanweicao	768 (35 / 41 a)
		葧 臍 boqi	768 (35 / 41 a)
2785	五嶽丹 wuyuedan	見 五石丹 (2756) see wushidan	
2786	五嶽眞人小還丹 wuyuezhenrenxiao- huandan	金精丹 jinjingdan	900 (xia / 2 a)
		仙蕚丹 xianedan	900 (xia / 2 a)
		救世丹 jiushidan	900 (xia / 2 a)
2787	五嶽脂 wuyuezhi	五 礬 wufan	880 (zhong / 9 b)
2788	五 栽 wuzai	五穀茅 wugumao	880 (zhong / 10 a)
2789	烏 鰂 wuzei	見 烏賊魚 (2790) see wuzeiyu	
2790	烏賊魚 wuzeiyu	烏 鰂 wuzei	768 (32 / 19 a)

Sepiella maindroni de Rochebrune ; *Sepia esculenta*, Hoyle cuttle fish (ink fish) ZY 0967 ; FI 180	纜　魚 lanyu	768（32/19a）
2791 五　芝 wuzhi	石　芝 shizhi	1177（11/2b）
	木　芝 muzhi	1177（11/2b）
	草　芝 caozhi	1177（11/2b）
	肉　芝 rouzhi	1177（11/3a）
	菌　芝 junzhi	1177（11/3a）
X		
2792 錫 xi	見　幾公白（1196） see jigongbai	
2793 莃 xi	見　菟葵（2598） see tukui	
2794 茜 xi	見　茜根（2868） see xigen	
2795 醯 xi vinegar ZY 5453 ; MP 775	見　酢（3388） see zuo 大春酒 dachunjiu	904（3a）
2796 夏枯草 xiakucao *Prunella vulgaris*, L. heal all or carpen-	夕　句 xiju 乃　東 naidong	768（19/9b） 768（19/9b）

	ter weed ZY 3752 ; MP 122	燕　面 yanmian	768（19/9b）
		耐凍龍芽 naidonglongya	902（9a）
2797	鹹 xian	見　青牛苔者（1997） see　qingniutaizhe	
2798	咸 xian	見　玄參（2948） see xuanshen	
2799	仙萼丹 xianedan	見　五嶽眞人小還丹 　　（2786） see　wuyuezhenren- 　　xiaohuandan	
2800	香　草 xiangcao	見　零陵香（1478） see　linglingxiang	
2801	象　柴 xiangchai ①*Lycium chinense*, 　Mill. ②*Lycium barbarum*, 　L. matrimony vine ZY 3163-3164 ; MP 115	純　盧 chunlu	1177（11/1b）
		仙人杖 xianrenzhang	1177（11/1b）
		西王母杖 xiwangmuzhang	1177（11/1b）
		天　精 tianjing	1177（11/1b）
		却　老 quelao	1177（11/1b）
		地　骨 digu	1177（11/1b）
		枸　杞 gouqi	1177（11/1b）
2802	象　膽 xiangdan	見　盧會（1579） see　luhui	
2803	象　豆 xiangdou	見　榼藤子（1351） see　ketengzi	

2804	莧　根 xiangen *Amaranthus mango-* *stanus*, L. amaranth ZY 2149 ; MP 557	地　筋 dijin	900（shang／5b）
2805	香附龍芽 xiangfulongya	見　莎草（2127） see shacao	
2806	香附子 xiangfuzi	見　附子（0728） see fuzi 見　烏爐（2774） see wuxu 見　莎草根（2128） see shacaogen	
2807	象　穀 xianggu	見　甖子粟（3097） see yingzisu	
2808	香　果 xiangguo	見　芎藭（2898） see xiongqiong	
2809	香　蒿 xianghao	見　草蒿（0238） see caohao	
2810	香爐龍芽 xianglulongya	見　紫蘇（3377） see zisu	
2811	香　茅 xiangmao	見　鼠麴草（2389） see shuqucao	
2812	香木龍芽 xiangmulongya	見　椿木（0363） see chunmu	
2813	香　蒲 xiangpu ①*Typha angustata*, 　Bory et Chaub. ②*Typha angustifo* 　*lia*, L. ③*Typha latifolia*,	睢 ju 醮 jiao 甘　蒲 ganpu	768（10／23a） 768（10／23a） 768（10／23b）

	L. common cat-tail ZY 3448 ; MP 782 a		
2814	香茸 xiangrong	見 香薷（2816） see xiangru	
2815	香菜 xiangrou	見 香薷（2816） see xiangru	
2816	香薷 xiangru *Elsholtzia splendens,* Nakai ex F. Mae- kawa lepechin ZY 3453 ; MP 123	香菜 xiangrou 香茸 xiangrong	768（4 1/17a） 768（41/17a）
2817	橡實 xiangshi *Quercus acutissima,* Carr. Chinese oak ZY 5433 ; MP 612	杼斗 zhudou 櫟木子 limuzi	768（25/1b） 768（25/1b）
2818	香蘇 xiangsu	見 爵牀（1322） see juechuang	
2819	香荽 xiangsui	見 胡荽（1099） see husui	
2820	蟣蜌 xianjin fan mussels TS 219	生進 shengjin	768（33/27b）
2821	仙力龍芽 xianlilongya	見 韭（1294） see jiu	
2822	仙靈脾 xianlingpi ①*Epimedium gran-* *diflorum,* Morr.	見 淫羊藿（3123） see yinyanghuo 圓葉龍芽 yuanyelongya	 902（6a）

	②*Epimedium brevi-cornum*, Maxim. ③*Epimedium sagitt-atum* (Sieb. et Zucc.) Maxim. ZY 4672 ; MP 521		
2823	莧 陸 xianlu	見 商陸（2142） see shanglu	
2824	仙 茅 xianmao *Curculigo orchioides,* Gaertn. star grass ZY 1364 ; MP 660	獨茅根 dumaogen 茅瓜子 maoguazi 婆羅門參 poluomenshen	768（18/66a） 768（18/66a） 768（18/66a）
2825	仙人餘糧 xianrenyuliang	見 黃精（0993） see huangjing	
2826	仙人杖 xianrenzhang	見 象柴（2801） see xiangchai 見 枸杞（0787） see gouqi	
2827	仙人左水 xianrenzuoshui	見 紫石英（3376） see zishiying	
2828	仙 砂 xiansha	見 丹砂（0437） see dansha 見 白丹砂（0023） see baidansha	
2829	莧 實 xianshi *Portulaca oleracea,* L. purslane ZY 0598 ; MP 554	馬 莧 maxian 莫 實 moshi 細 莧 xixian	768（40/14a） 768（40/14a） 768（40/14a）

2830	莧實苗 xianshimiao *Amaranthus mango-* *stanus*, L. ZY 2148；MP 557 C	人 莧 renxian	768（40 / 14b）
2831	獻壽丹 xianshoudan	見 太和龍胎丹(2449) see taihelongtaidan	
2832	仙 鼠 xianshu	見 伏翼（0717） see fuyi	
2833	鹹 土 xiantu	見 青牛落（1996） see qingniuluo	
2834	涎衣草 xianyicao	見 地膚子（0485） see difuzi	
2835	仙衣龍芽 xianyilongya	見 松蘿（2417） see songluo	
2836	仙掌龍芽 xianzhanglongya	見 蒼蓬（0223） see cangpeng 見 金勾（1233） see jingou 見 酸棗（2430） see suanzao	
2837	薑 xiao	見 白芷（0125） see baizhi	
2838	小豆花 xiaodouhua	見 腐婢（0682） see fubi	
2839	小兒尿 xiaoerniao urine, from an unmarried boy AN 417	水精仙人水 shuijingxianren- shui	900（shang / 6a）
2840	小 薊 xiaoji	見 芍藥（2172） see shaoyao	

2841 梟 景 xiaojing	見 桃核人（2492） see taoheren	
2842 小錦花 xiaojinhua	見 蜜蒙花（1728） see mimenghua	
2843 小錦枝 xiaojinzhi	見 赤車使者（0314） see chijushizhi	
2844 小 蘗 xiaonie ①*Berberis amuren-* *sis*, Rupr. ②*Berberis poiretii*, Schneid. ③*Berberis thunber-* *gii*, DC. Chinese barberry ZY 0480；MP 518	山石榴 shanshiliu	768（25 / 26a）
2845 蠨 蛸 xiaoshao	見 蜘蛛（3307） see zhizhu	
2846 消 石 xiaoshi Niter potassium nitrate ZY 3959；MS 125	北帝玄珠 beidixuanzhu	900（shang / 2b）； 905（20 b）； 1026（68 / 2a）
	昆詩梁 kunshiliang	900（shang / 2b）
	河東野 hedongye	900（shang / 2b）
	化金石 huajinshi	900（shang / 2b）
	化金石生 huajinshisheng	900（shang / 2b）
	水 石 shuishi	900（shang / 2b）
	烏 頭 wutou	905（20 b）

	黃鳥首 huangniaoshou	905（20 b）	
	芒 消 mangxiao	768（1/27a）	
	苦 消 kuxiao	768（1/27b）	
	見　芍藥（2172） see shaoyao		
2847	消石朴 xiaoshipo	見　朴消（1906） see poxiao	
2848	小　蒜 xiaosuan	見　蒜（2424） see suan	
		見　蘺（1430） see li	
2849	小天蓼 xiaotianliao *Actinidia polygama* (Sieb. et Zucc.) ZY 0736-0737； MP 271	木天蓼 mutianliao	768（25/26a）
2850	消　畏 xiaowei	見　芍藥（2172） see shaoyao	
2851	小吳風草 xiaowufengcao	見　薇銜（2680） see weixian	
2852	小　辛 xiaoxin	見　細辛（2916） see xixin	
2853	夏乳根 xiarugen	見　石鍾乳（2307） see shizhongru	
2854	夏　石 xiashi	見　石鍾乳（2307） see shizhongru	
2855	西北墮月 xibeiduoyue	見　銀（3086） see yin	

2856	茜 草 xicao	見　茜根（2868） see xigen	
2857	細 草 xicao	見　遠志（3175） see yuanzhi	
2858	錫 丹 xidan	見　黃龍肝（1003） see huanglonggan	
2859	奚 毒 xidu	見　烏頭（2761） see wutou	
2860	蠍 xie Scorpionidae Scorpion IN 37	蚚 蜥 yizhe	768（34/16b）
		主簿蟲 zhubuchong	768（34/17a）
		見　蠐螬（1952） see qicao	
2861	蝎蛣蛆 xiejiequ	見　蠐螬（1952） see qicao	
2862	葈 耳 xier *Xanthium sibiricum,* Patr. ex Widd. cocklebur or clotbur ZY 2175；MP 50	胡 葈 huxi	768（12/7b）
		地 葵 dikui	768（12/7b）
		葹 shi	768（12/7b）
		常 思 changsi	768（12/7b）
		苓 耳 linger	768（12/8a）
		羊負來 yangfulai	768（12/8a）
		道人頭 daorentou	768（12/8a）
		常思菜	768（12/8a）

	changsicai	
	蒼 耳 canger	768（12/8b）
	卷 耳 juaner	768（12/9a）
	菓 耳 guoer	768（12/9a）
	常 枲 changxi	768（12/9a）
	蒼耳子 cangerzi	768（12/10a）
2863 蝎桑蟲 xiesangchong	見 蠐螬（1952） see qicao	
2864 解 錫 xiexi	見 粉錫（0678） see fenxi	
2865 瀉 一 xieyi	見 澤瀉（3254） see zexie	
2866 泄 涿 xiezhuo	見 雲母（3201） see yunmu	
2867 錫 粉 xifen	見 胡粉（1055） see hufen	
2868 茜 根 xigen *Rubia cordifolia*, L. madder ZY 3276；MP 88	地 血 dixue	768（11/8a）
	茹 藘 rulü	768（11/8a）
	茅 鬼 maogui	768（11/8a）
	蒨 qian	768（11/8a）
	蒨 草 qiancao	768（11/8a）

	茜 xi	768（11/8a）	
	牛蔓 niuman	768（11/8a）	
	茜草 xicao	768（11/8b）	
2869	西海父母 xihaifumu	見　酢（3388） see　zuo	
2870	希灰 xihui	見　石灰（2246） see　shihui	
2871	西建 xijian	見　天雄（2535） see　tianxiong	
2872	洗尖棗 xijianzao	見　大棗（0464） see　dazao	
2873	稀椒 xijiao	見　蔓椒（1656） see　manjiao	
2874	錫精 xijing Cassiterite tin ZY 5201 ; MS 15	黃精 huangjing	900（shang/1a）
		玄黃 xuanhuang	900（shang/1a）
		飛精 feijing	900（shang/1a）
		金公華 jingonghua	900（shang/1a）
		黃牙 huangya	900（shang/1a）
		伏丹 fudan	900（shang/1a）
		制丹 zhidan	900（shang/1a）
		黃輕	900（shang/1a）

	huangqing	
	黄 礜 huangyu	900（shang／1a）
	紫 粉 zifen	900（shang／1a）
	黄 華 huanghua	900（shang／1a）
	黄 龍 huanglong	900（shang／1a）
	黄 池 huangchi	900（shang／1a）
	河 車 heche	900（shang／1a）
	太 陰 taiyin	900（shang／1a）
	金 精 jinjing	900（shang／1a）
	金公河車 jingongheche	900（shang／1a）
	素丹白豪 sudanbaihao	900（shang／1a）
	假公黄 jiagonghuang	900（shang／1a）
2875 夕 句 xiju	見 夏枯草（2796） see xiakucao	
2876 犀 角 xijue ①*Rhinoceros unicornis*, L. ②*Rhinoceros sondaicus*, Desmarest ③*Rhinoceros suma-*	奴 角 nujue	768（28／24b）
	食 角 shijue	768（28／24b）

trensis (Fischer) rhinoceros horn ZY 5054；AN 355		
2877 夕冷 xileng	見 滑石（1048） see huashi	
2878 席流漿 xiliujiang	見 磁石（0383） see cishi	
2879 西龍膏 xilonggao	黃龍膏 huanglonggao	900（shang／4a）
	黃澤 huangze	900（shang／4a）
	五穀孽 wugunie	900（shang／4a）
	童兒禾 tongerhe	900（shang／4a）
	見 紫石英（3376） see zishiying	
2880 枲麻 xima	見 麻蕡（1630） see mafen	
2881 菥蓂 ximing	見 菥蓂子（2882） see ximingzi	
	見 棘刺花（1171） see jicihua	
2882 菥蓂子 ximingzi *Thlaspi arvense*, L. pennycress ZY 4108；MP 484	蔑菥 faxi	768（9／13b）
	大蕺 daji	768（9／13b）
	馬辛 maxin	768（9／13b）
	大薺 daji	768（9／13b）

		菥蓂 ximing	768（9/13b）
		老薺 laoji	768（9/13b）
		狗薺 gouji	768（9/14a）
		大薺子 dajizi	768（9/14b）
		葶藶 tingli	768（9/14b）
		見 薺實（1287） see jishi	
2883	錫 xing	見 飴糖（3128） see yitang	
2884	荇菜 xingcai	見 鳧葵（0695） see fukui	
2885	荇菜 xingcai	見 水萍（2346） see shuiping	
		見 鳧葵（0695） see fukui	
2886	杏人 xingren ①*Prunus armeniaca,* 　L. ②*Prunus armeniaca,* 　L. var. *ansu,* 　Maxim. 　apricot 　ZY 2240；MP 444	木落子 muluozi	900（shang/6a）
2887	行唐 xingtang	見 莨菪（1402） see langdang	
2888	心黃 xinhuang	見 牛黃（1840） see niuhuang	

2889	心結香 xinjiexiang	見 麝香（2229） see shexiang	
2890	新羅菝蔄 xinluobake	見 胡薄荷（1052） see hubohe	
2891	新羅薄荷 xinluobohe	見 胡薄荷（1052） see hubohe	
2892	辛矧 xinshen	見 辛夷（2893） see xinyi	
2893	辛 夷 xinyi ①*Magnolia liliflora*, Desr. ②*Magnolia denuda- ta*, Desr. magnolia ZY 2354；MP 508	辛 矧 xinshen	768（21/10a）
		侯 桃 houtao	768（21/10a）
		房 木 fangmu	768（21/10a）
		木筆花 mubihua	768（21/10b）
2894	熊 白 xiongbai	見 熊脂（2900） see xiongzhi	
2895	雄 黑 xionghei	見 雲母（3201） see yunmu	
2896	雄 黃 xionghuang Realgar realgar, native disulphide of ar- senic ZY 4853；MS 49	朱雀筋 zhuquejin	900（shang/1b）； 905（11b）
		白 陵 bailing	900（shang/1b）
		黃 奴 huangnu	900（shang/1b）； 905（12 a）
		男 精 nanjing	900（shang/1b）
		石 黃 shihuang	900（shang/1b）； 905（12 b）
		太旬首中石	900（shang/1b）

		taixunshouzhon-gshi	
		天陽石 tianyangshi	900（shang／1b）
		桑黃雄 sanghuangxiong	900（shan／1b）
		丹山月魂 danshanyuehun	900（shang／1b）
		深黃期 shenhuangji	900（shang／1b）； 905（12a）
		帝男精 dinanjing	880（zhong／9b）； 900（shang／1b）； 905（12b）
		帝男血 dinanxue	900（shang／1b）； 905（13a）
		迄利迦 qilijia	900（shang／1b）
		朱　雀 zhuque	880（zhong／9a）
		勾　陳 gouchen	905（12a）
		太一旬首中石 taiyixunshou-zhongshi	905（12a）
		丹日魂 danrihun	905（12b）
		黃　金 huangjin	905（12b）
		黃　蒼 huangcang	905（13a）
		黃食石 huangshishi	768（3／2a）

		熏　黃 xunhuang	768（3／2a）
		臭　黃 chouhuang	768（3／2a）
		丹山日魂 danshanrihun	1026（68／2a）
2897	雄黃金 xionghuangjin	見　金（1212） see　jin	
2898	芎藭 xiongqiong *Ligusticum wallichii* Franch. hemlock parsley ZY 0452；MP 216	胡藭 huqiong	768（10／1b）
		香　果 xiangguo	768（10／1b）
		京　芎 jingxiong	768（10／2a）
		雀腦芎 quenaoxiong	768（10／2a）
		山　芎 shanxiong	768（10／2a）
2899	雄雀屎 xiongqueshi *Passer montanus* *saturatus*, Stejneger feces of the cock sparrow ZY 1396；AV 283	青　丹 qingdan	768（30／10b）
2900	熊　脂 xiongzhi *Selenarctos thibet-* *anus*, G. Cuvier； *Ursus arctos*, L. bear's grease ZY 5413；AN 361	熊　白 xiongbai	768（27／13b）
2901	西戎淳味	見　紫石英（3376）	

	xirongchunwei Halite crystal salt, native salt ZY 1606 ; MS 116	see zishiying 戎 鹽 rongyan	880 (zhong / 9b)
2902	西戎上味 xirongshangwei	見 紫石英 (3376) see zishiying	
2903	枲 實 xishi	見 麻蕡 (1630) see mafen	
2904	細 石 xishi	見 礜石 (3220) see yushi	
2905	豨 首 xishou	見 天名精 (2519) see tianmingjing	
2906	西獸衣 xishouyi *Camelus bactrianus*, L. camel's wool ZY 3605 ; AN 330	駞 毛 tuomao	880 (zhong / 10a)
2907	西獸衣者 xishouyizhe *Camelus bactrianus* , L. camel's wool ZY 3605 ; AN 330	駞 毛 tuomao	900 (shang / 5a)
2908	荎菟葵 xitukui	見 菟葵 (2598) see tukui	
2909	脩 脆 xiucui	見 薯蕷 (2399) see shuyu	
2910	西王母杖 xiwangmuzhang	見 象柴 (2801) see xiangchai 見 枸杞 (0787) see gouqi	

2911 皙無實棗 xiwushizao	見　大棗（0464） see dazao	
2912 豨薟 xixian ①*Siegesbeckia* 　*orientalis*, L. var. 　*pubescens*, Mak. ②*Siegesbeckia* 　*orientalis*, L. ③*Siegesbeckia* 　*orientalis*, L. var. 　*glabrescens*, Mak. 　herbe de flacq 　ZY 5321 ; MP 45	見　天名精（2519） see tianmingjing 火枚草 huoxiancao 火薟 huoxian	768（18／43a） 768（18／43a）
2913 細莧 xixian	見　莧實（2829） see xianshi	
2914 膝香 xixiang	見　麝香（2229） see shexiang	
2915 昔邪 xixie	見　垣衣（3171） see yuanyi	
2916 細辛 xixin ①*Asarum heterotr-* 　*opoides* F. Schm. 　var. 　*mandshuricum* 　(Maxim.) Kitag. ②*Asarum sieboldii,* 　Miq. 　ZY 3082 ; MP 587	小辛 xiaoxin	768（9／3b）
2917 蜥蜴 xiyi	見　石龍子（2261） see shilongzi	
2918 夕月流光丹 xiyueliuguangdan	見　艮雪丹（0763） see genxuedan	
2919 盱	見　蛇床子（2179）	

	xu	see shechuangzi	
2920	蓄 xu	見 羊蹄（3031） see yangti	
2921	選 xuan	見 苦菜（1363） see kucai	
2922	萱 草 xuancao *Hemerocallis fulva*, L.; *H. flava*, L.; *H. minor*, Mill. yellow day lily ZY 4832-4833; MP 679	鹿 葱 lucong 宜 男 yinan 無憂龍芽 wuyoulongya	768（19/20b） 768（19/20b） 902（3a）
2923	玄 池 xuanchi	見 酢（3388） see zuo	
2924	玄帝流漿 xuandiliujiang	見 磁母液（0379） see cimuye	
2925	旋 葍 xuanfu	見 旋花（2932） see xuanhua	
2926	旋 覆 xuanfu	見 旋覆花（2928） see xuanfuhua	
2927	旋葍草 xuanfucao	見 旋花（2932） see xuanhua	
2928	旋覆花 xuanfuhua ①*Inula britannica*, L. var. *chinensis* (Rupr.) Reg. ②*Inula linariaefolia*, Turcz. ③*Inula britannica*, L. elecampane ZY 4608; MP 37	戴 椹 daishen 金沸草 jinfeicao 盛 椹 shengshen 覆 fu 盜 庚 daogeng	768（16/57a） 768（16/57a） 768（16/57a） 768（16/58a） 768（16/58a）

	daogeng	
	旋 覆 xuanfu	768（16/58a）
2929 旋葍花 xuanfuhua	見 旋花（2932） see xuanhua	
2930 懸莞 xuanguan	見 石龍蒭（2259） see shilongchu	
2931 玄鶴丹 xuanhedan	見 太一小玉粉丹 （2473） see taiyixiaoyufen- dan	
2932 旋 花 xuanhua *Calystegia Sepium* (L.) R. Br. hedge bindweed ZY 4604 ; MP 155	筋根花 jingenhua	768（11/12b）
	金 沸 jinfei	768（11/12b）
	美 草 meicao	768（11/12b）
	山 姜 shanjiang	768（11/13a）
	美草根 meicaogen	768（11/13a）
	旋 葍 xuanfu	768（11/13b）
	筋根旋花 jingenxuanhua	768（11/13b）
	旋葍花 xuanfuhua	768（11/13b）
	旋葍草 xuanfucao	768（11/14a）
	鼓子花 guzihua	768（11/14a）

2933 玄 華 xuanhua	見 眞鉛（3284） see zhenqian	
2934 玄 黃 xuanhuang vermilion, levigated sulphide of mer- cury MS 47	見 錫精（2874） see xijing	
	伏 丹 fudan	884（1／7a）
	紫 粉 zifen	884（1／7a）
	見 鉛精（1938） see qianjing	
2935 玄黃花 xuanhuanghua vermilion, levigated sulphide of mercury MS 47	輕 飛 qingfei	900（shang／1a）
	鉛 飛 qianfei	900（shang／1a）
	飛 流 feiliu	900（shang／1a）
	火 丹 huodan	900（shang／1a）
	艮 飛 liangfei	900（shang／1a）
	紫 粉 zifen	900（shang／1a）
2936 玄黃石 xuanhuangshi red hematite, blood stone MS 78	零 陵 lingling	768（2／31a）
	赤 石 chishi	768（2／31a）
2937 玄黃之液 xuanhuangzhiye	見 丹華之黃（0433） see danhuazhihuang	
2938 玄 及 xuanji	見 五味子（2768） see wuweizi	
2939 玄 精	見 人糞汁（2064）	

	xuanjing	see renfenzhi
2940	玄 駒 xuanju	見 赤鯉（0315） see chili
2941	玄龍地強汁 xuanlongdiqiangzhi	見 白項蚯蚓汁(0106) see baixiangqiuyin- zhi
2942	玄 明 xuanming	見 酢（3388） see zuo
2943	玄明粉 xuanmingfen	見 朴消（1906） see poxiao
2944	玄明龍 xuanminglong	見 水銀（2362） see shuiyin
2945	玄明龍膏 xuanminglonggao	見 太陰玄精（2464） see taiyinxuanjing
2946	玄 女 xuannü	見 水銀（2362） see shuiyin
2947	玄毬龍芽 xuanqiulongya	見 茄子（1954） see qiezi

2948	玄 參 xuanshen *Scrophularia* *ningpoensis*, Hemsl. figwort ZY 1542；MP 108	重 臺 zhongtai — 768（12/40a）

	玄 臺 xuantai	768（12/40a）
	鹿 腸 luchang	768（12/40a）
	正 馬 zhengma	768（12/40a）
	咸 xian	768（12/40a）
	端 duan	768（12/40a）
	逐 馬	768（12/41a）

		zhuma	
2949	玄生脂 xuanshengzhi	見 猪頂上脂（3324） see zhudingshangzhi	
2950	懸 石 xuanshi	見 絡石（1597） see luoshi	
2951	玄 石 xuanshi oxide of iron ore MS 77	見 雲母（3201） see yunmu 見 磁石（0383） see cishi 玄水石 xuanshuishi 處 石 chushi	 768（4/4b） 768（4/4b）
2952	玄石拾針 xuanshishizhen	見 磁石（0383） see cishi	
2953	玄 水 xuanshui	見 水銀（2362） see shuiyin 見 酢（3388） see zuo	
2954	玄水丹鉛 xuanshuidanqian	見 水銀（2362） see shuiyin	
2955	玄水金液 xuanshuijinye	見 水銀（2362） see shuiyin	
2956	玄水流珠 xuanshuiliuzhu	見 水銀（2362） see shuiyin	
2957	玄水龍膏 xuanshuilonggao	見 水銀（2362） see shuiyin	
2958	玄水石 xuanshuishi	見 磁石（0383） see cishi	
2959	玄水水銀 xuanshuishuiyin	見 水銀（2362） see shuiyin	

2960 玄 臺 xuantai	見 玄參（2948） see xuanshen	
2961 玄臺丹半 xuantaidanban	見 赤雌（0294） see chici	
2962 玄臺月半鍊者 xuantaiyuebanlian- zhe	見 雌黄（0373） see cihuang	
2963 玄臺月華 xuantaiyuehua	見 雌黄（0373） see cihuang	
2964 玄 武 xuanwu	見 鉛精（1938） see qianjing	
2965 玄武骨 xuanwugu Alunite potassium alum, alum shale, alum ZY 1383 ; MS 131	見 雞矢礬（1289） see jishifan 礬 石 fanshi	 880（zhong/9a）
2966 玄武腦 xuanwunao	見 黑鹽（0923） see heiyan	
2967 玄武石 xuanwushi	見 磁石（0383） see cishi	
2968 玄武味 xuanwuwei	見 黑鹽（0923） see heiyan	
2969 玄 眞 xuanzhen	見 玉（3159） see yu	
2970 玄眞赤玉 xuanzhenchiyu	見 白玉（0119） see baiyu	
2971 玄 芝 xuanzhi	見 黑芝（0924） see heizhi	
2972 玄 珠 xuanzhu	見 水銀（2362） see shuiyin	
2973 玄珠丹 xuanzhudan	見 太一小金英丹 （2472）	

	see taiyixiaojinying-dan		
2974 玄珠絳雪丹 xuanzhujiangxuedan	見 艮雪丹（0763） see genxuedan		
2975 玄珠流汞 xuanzhuliugong	見 水銀（2362） see shuiyin		
2976 續 毒 xudu	見 狼毒（1403） see langdu		
2977 續 斷 xuduan ①*Dipsacus asper*, Wall. ②*Dipsacus japon- icus*,Miq. ZY 4706；MP 70	龍 豆 longdou	768（10/24b）	
	屬 折 shuzhe	768（10/24b）	
	接 骨 jiegu	768（10/24b）	
	南 草 nancao	768（10/24b）	
	槐 huai	768（10/24b）	
	桑上寄生 sangshangjisheng	768（10/25a）	
	大薊山牛蒡 dajishanniubang	768（10/25b）	
	錦鏷龍芽 jinsuolongya	902（2a）	
2978 薛側膠 xuecejiao	見 桃膠（2493） see taojiao		
2979 血 竭 xuejie	見 紫鉚騏驎竭（3364） see zikuangqilinjie		
2980 血 參	見 人參（2068）		

xueshen	see renshen	
2981 血 師 xueshi	見 代赭（0408） see daizhe	
2982 雪 雨 xueyu	見 井華水（1227） see jinghuashui	
2983 畜薑子 xufuzi	見 通草（2559） see tongcao	
2984 續根草 xugencao	見 莎草根（2128） see shacaogen	
2985 蕈 xun	見 毒菌地漿（0575） see dujundijiang	
2986 尋不見石赤者 xunbujianshichizhe	見 雞矢礬（1289） see jishifan	
2987 薰 草 xuncao	見 零陵香（1478） see linglingxiang	
2988 懸豆龍芽 xundoulongya	見 皂角（3239） see zaojiao	
2989 熏 黃 xunhuang	見 雄黃（2896） see xionghuang	
2990 薰 陸 xunlu	見 松木脂（2418） see songmuzhi	
2991 薰陸香 xunluxiang *Boswellia carterii,* Birdw. Bombay mastic or	靈華沈腴 linghuachenyu	1026（68/2a）

 terebinth tree ZY 2845 ; MP 313		
2992 樗　木 xunmu	見　秦皮（2026） see qinpi	
2993 鱘　魚 xunyu *Acipenser sinensis,* Gray beaked sturgeon (paddle fish) ZY 5372 ; FI 168	鹿　頭 lutou 鹿　肉 lurou	768（31/38a） 768（31/38b）
2994 須　蓀 xusun	見　羊蹄（3031） see yangti	
2995 須　丸 xuwan	見　代赭（0408） see daizhe	
2996 虛無丹 xuwudan	見　太一八景四蘂紫 遊玉珠生神丹 （2458） see taiyibajingsiru- iziyouyuzhushe- ngshendan	
2998 除　辛 xuxin	見　鉤吻（0793） see gouwen	
2999 徐長卿 xuzhangqing *Cynanchum panicul-* *atum* (Bge.) ZY 3897 ; MP 166	鬼督郵 guiduyou 見　鬼督郵（0823） see guiduyou	768（11/29b）

3000 虛 中 xuzhong	見 石鍾乳（2307） see shizhongru	
Y		
3001 鴨 肪 yafang	見 鶩肪（3005） see wufang	
3002 矼 螺 yaluo	見 石決明（2252） see shijueming	
	見 紫貝（3353） **see** zibei	
3003 崖 蜜 yami	見 石蜜（2267） see shimi	
3004 燕 草 yancao	見 零陵香（1478） see linglingxiang	
3005 鴈 肪 yanfang *Anser albifrons albifrons* (Scopoli) fat of the wild goose ZY 4857 ; AV 253	鶩 肪 wufang	768（30/22a）
3006 鹽粉丹 yanfendan	見 太一一味砂砂丹 （2476） see taiyiyiweigang- shadan	
3007 延 婦 yanfu	見 白玉（0119） see baiyu	

3008 鹽麩子 **yanfuzi** *Rhus chinensis,* Mill. nut-gall tree ZY 3725；MP 316	叛奴鹽 pannuyan	**768**（25/20a）
	酸 桶 suantang	**768**（25/20a）
	主 晉 zhuyin	**768**（25/20a）
	烏 鹽 wuyan	**768**（25/20a）
3009 陽 yang mercury MS 44	合 汞 hegong	**904**（4a）
3010 陽曹萼 yangcaoe	見 釜底（0687） see fudi	
	見 土釜（2587） tufu	
3011 羊 腸 yangchang	見 羊桃（3030） see yangtao	
3012 羊負來 yangfulai	見 葈耳（2862） see xier	
3013 陽華羽 yanghuayu	釜 蓋 fugai	**880**（zhong/10a）
3014 羊角苗 yangjiaomiao	帖索龍芽 tiesuolongya	**902**（7b）
3015 羊 捄 yangjiu	見 赤爪木（0342） see chizhaomu	
3016 羊 韭 yangjiu	見 麥門冬（1638） see maimendong	
3017 楊 蘆 yanglu	見 溲疏（2421） see soushu	
3018 楊 櫨 yanglu	見 溲疏（2421） see soushu	

3019 楊櫨木 yanglumu *Weigela japonica*, Thunb. ZY 2113 ; MP 74	空 疏 kongshu	768（25／33b）
3020 楊 梅 yangmei	見 空靑（1358） see kongqing	
3021 陽明丹 yangmingdan	見 太一小金英丹 （2472） see taiyixiaojin- yingdan	
3022 陽明子 yangmingzi	見 水銀（2362） see shuiyin	
3023 羊起石 yangqishi	見 陽起石（3024） see yangqishi	
3024 陽起石 yangqishi ①Actinolite ②Actinolite asbest- us asbestos tremolite silicate of lime and magnesia, actinolite ZY 1976 ; MS 75	白 石 baishi	900（shang／2a）； 768（4／8b）
	五精全陽 wujingquanyang	900（shang／2a）
	五色芙蕖 wusefuqu	900（shang／2a）
	五精金精 wujingjinjing	900（shang／2a）
	五精陰華 wujingyinhua	900（shang／2a）
	石 生 shisheng	768（4／8b）
	羊起石 yangqishi	768（4／8b）
	五精金羊 wujingjinyang	1026（68／2b）
3025 羊 泉	見 蜀羊泉（2397）	

	yangquan	see shuyangquan	
3026	羊 乳 yangru	見 枸杞（0787） see gougi	
3027	羊 蓍 yangshi	見 麥門冬（1638） see maimendong	
3028	羊矢棗 yangshizao	見 大棗（0464） see dazao	
3029	羊石子草 yangshizicao	見 雲實（3206） see yunshi	
3030	羊 桃 yangtao *Actinidia chinensis*, Pl. MP 270	鬼 桃 guitao	768（18/68a）
		羊 腸 yangchang	768（18/68a）
		萇 楚 changchu	768（18/68a）
		御 弋 yuyi	768（18/68a）
		銚 弋 yaoyi	768（18/68a）
		紐子根 niuzigen	768（18/68b）
3031	羊 蹄 **yangti** ①*Rumex japonicus*, Houtt. ②*Rumex nepalensis*, Spr. yellow dock ZY 1938; MP 584	東方宿 dongfangsu	768（18/30b）
		連蟲陸 lianchonglu	768（18/30b）
		鬼 目 guimu	768（18/30b）
		蓄 xu	768（18/30b）
		菟 菜 tucai	768（18/30b）

	當藥 dangyao	768（18/31b）	
	禿菜 tucai	768（18/31b）	
	酸摸 suanmo	768（18/32a）	
	須蓫 xusun	768（18/32a）	
	蓚 tiao	768（18/32b）	
	金美龍芽 jinmeilongya	902（2b）	
3032 羊鬚草 yangxucao	見 紫菀（3379） see ziwan		
3033 羊 眼 yangyan	見 半夏（0148） see banxia		
3034 羊 飴 yangyi	見 蜀羊泉（2397） see shuyangquan		
3035 陽元丹 yangyuandan	見 華陽玉漿丹 （1049） see huayangyu- jiangdan		
3036 羊 脂 yangzhi *Capra hircus*, L.; *Ovis aries*, L. mutton fat ZY 1933；AN 324	味物脂 weiwuzhi	900（shang/4b）	
3037 羊躑躅 yangzhizhu *Rhododendron molle* (Bl.) G. Don	玉支 yuzhi	768（17/40b）	
	玉支躑躅 yuzhizhizhu	768（17/41a）	

	Azalea ZY 1959；MP 203	陶於梔子 taoyuzhizi	**768**（17／41a）
		躑躅子 zhizhuzi	**768**（17／41a）
3038	鴈喙實 yanhuishi	見　雞頭實（1293） see　jitoushi	
3039	鴨尿草 yaniaocao	見　蜀漆（2386） see　shuqi	
3040	鹽　精 yanjing	見　太陰玄精（2464） see　taiyinxuanjing	
3041	延齡丹 yanlingdan	見　還魂駐魄丹 　（1042） see　huanhunzhu- 　　podan	
3042	燕　麥 yanmai	見　瞿麥（1335） see　jumai	
3043	筵門冬 yanmendong	見　天門冬（2517） see　tianmendong	
3044	燕　面 yanmian	見　夏枯草（2796） see　xiakucao	
3045	晏　青 yanqing	見　班猫（0146） see　banmao	
3046	鼹　鼠 yanshu ①*Scaptochirus* 　*moschatus*, Milne- 　Edwards ②*Mogera robusta*, 　Nehring 　mole 　ZY 5763；AN 389	隱　鼠 yinshu 䶅　鼠 fenshu	**768**（29／9b） **768**（29／9b）
3047	蝘　蜓 yanting	見　石龍子（2261） see　shilongzi	

3048	鴈頭實 yantoushi	見　雞頭實（1293） see　jitoushi	
3049	燕尾草 yanweicao	見　烏芋（2784） see　wuyu	
3050	堯　韭 yaojiu	見　菖蒲（0263） see　changpu	
3051	蕎　麥 yaomai	見　瞿麥（1335） see　jumai	
3052	葽　繞 yaorao	見　遠志（3175） see　yuanzhi	
3053	藥　砂 yaosha	見　丹（0422） see　dan	
3054	藥　實 yaoshi	見　貝母（0166） see　beimu	
3055	藥實根 yaoshigen *Fritillaria* fritillary MP 678	連　木 lianmu	**768**（25/29b）
3056	銚　弋 yaoyi	見　羊桃（3030） see　yangtao	
3057	藥　藻 yaozao	見　貫衆（0810） see　guanzhong	
3058	牙　石 yashi	見　五茄皮（2724） see　wujiapi	
3059	鴨跖草 yazhicao *Commelina communis*, L. day flower ZY 3783 ; MP 699	雞舌草 jishecao	**768**（19/11a）
		鼻斫草 bizhuocao	**768**（19/11a）
		跖 zhi	**768**（19/11a）
		碧竹子	**768**（19/11a）

		bizhuzi	
3060	牙 子 yazi *Potentilla cryptota- enia*, Maxim. cinquefoil MP 440	狼 牙 langya	**768**（17/38a）
		狼 齒 langchi	**768**（17/38a）
		狼 子 langzi	**768**（17/38a）
3061	野 葛 yege	見 鈎吻（0793） see gouwen	
3062	夜 光 yeguang	見 螢火（3094） see yinghuo	
3063	夜光骨 yeguanggu	見 燭燼（3331） see zhujin	
3064	夜光骨幷虛銷薪 yeguanggubingxu_ xiaoxin	麻 韋 mawei	**880**（zhong/9b）
3065	夜光明 yeguangming	見 水精精（2341） see shuijingjing	
3066	夜 合 yehe	見 何首烏（0932） see heshouwu	
		見 合歡（0900） hehuan	
3067	曳虹丹 yehongdan	見 龍珠丹（1556） see longzhudan	
3068	夜 呼 yehu	見 商陸（2142） see shanglu	
3069	野 雞 yeji	見 雉（3289） see zhi	
3070	野 蘭 yelan	見 漏蘆（1562） see loulu	
3071	野 蓼	見 知母（3298）	

yeliao	see zhimu	
3072 野苗 yemiao	見 何首烏（0932） see heshouwu	
3073 夜明砂 yemingsha	見 天鼠屎（2531） see tianshushi	
3074 液牽牛 yeqianniu	見 紫菀（3379） see ziwan	
3075 野苣 yequ	見 苦苣（1386） see kuqu	
3076 野鵲腦 yequenao	飛駿馬 feijunma	**900**（shang/4b）
3077 液石 yeshi	見 滑石（1048） see huashi	
3078 夜遊好女兒 yeyouhaonüer	見 螢火蟲（3103） see yinhuochong	
3079 野丈人 yezhangren	見 白頭翁（0101） see baitouweng	
3080 檍 yi	木檍 muyi	**768**（20/43a）
3081 衣班 yiban *Parthenocissus* *tricuspidata* (Sieb. et Zucc.) virginia creeper ZY 1618 ; MP 282	地錦龍芽 dijinlongya	**902**（2a）
3082 異華龍芽 yihualongya	見 芍藥（2172） see shaoyao	
3083 疑埝積雪丹 yijiejixuedan	見 艮雪丹（0763） see genxuedan	
3084 益明 yiming	見 茺蔚子（0348） see chongweizi	

	見　地膚子（0485）	
	see　difuzi	
3085　益　母 yimu *Leonurus heterophy- llus*, Sweet Siberian mother- wort, or lion's tail ZY 4016；MP 126	對節龍芽 duijielongya 見　茺蔚子（0348） see　chongweizi	902（1a）
3086　銀 yin silver MS 2	山　凝 shanning	900（shang/3b）
	白　銀 baiyin	900（shang/3b）
	女石下水 nüshixiashui	900（shang/3b）
	西北墮月 xibeiduoyue	900（shang/3b）
	義　物 yiwu	880（zhong/9b）
	白　金 baijin	886（2a）； 768（3/34b）
3087　宜　男 yinan	見　萱草（2922） see　xuancao	
3088　蚓塲土 yinchangtu	見　蚯蚓屎（2039） see　qiuyinshi	
3089　陰　成 yincheng	見　菊花（1331） see　juhua	
3090　茵蔯蒿 yinchenhao *Antemisia capillaris*, Thunb. evergreen artemisia ZY 3305；MP 5	山茵蔯 shanyinchen	768（11/23b）
	白　蒿 baihao	768（11/23b）
	青　蒿	768（11/23b）

	qinghao	
	石茵蔯 shiyinchen	**768**（11／24b）
3091 銀丹者 yindanzhe minium, red oxide of lead MS 13	黃 丹 huangdan	**880**（zhong／9b）
3092 銀髮龍芽 yinfalongya	見 蔥（0384） see cong	
3093 熒 ying	見 女萎（1870） see nüwei	
3094 螢 火 yinghuo *Luciola vitticollis,* Kies firefly ZY 4144；IN 67	夜 光 yeguang	**768**（34／34a）
	放 光 fangguang	**768**（34／34a）
	熠 燿 yiyao	**768**（34／34a）
	即 炤 jizhao	**768**（34／34a）
3095 櫻 桃 yingtao *P. pseudocerasus,* Lindl. cherry ZY 5425；MP 449	覓烏龍芽 miwulongya	**902**（2b）
3096 英 消 yingxiao	見 馬牙消（1701） see mayaxiao	
3097 罌子粟 yingzisu *Papaver somnifer-* *um,* L. The opium poppy	象 穀 xianggu	**768**（39／10b）
	米 囊 minang	**768**（39／10b）

ZY 5342 ; MP 489	御 米 yumi	**768**（ 39／10b ）
3098 罌子桐子 yingzitongzi *Aleurites Fordii,* Hemsl. ZY 3023-3025 ; MP 321	虎子桐 huzitong	**768**（ 25／34b ）
3099 銀 華 yinhua	見 白石英（ 0095 ） see baishiying	
3100 陰華明蓋 yinhuaminggai	見 鼎（ 0510 ） see ding	
3101 銀 黃 yinhuang	見 胡女砂（ 1082 ） see hunüsha	
3102 陰華羽蓋 yinhuayugai	釜 蓋 fugai 登 瓦 dengwa	**900**（ shang／5b ） **900**（ shang／5b ）
3103 螢火蟲 yinhuochong *Luciola vitticollis,* Kies firefly ZY 4144 ; IN 67	後宮遊女 hougongyounü 夜遊好女兒 yeyouhaonüer	**900**（ shang／5a ） **900**（ shang／5a ）
3104 陰 蘽 yinlei	見 蓬蘽（ 1887 ） see penglei	
3105 陰龍肝 yinlonggan *Canis familiaris,* L. dog's blood ZY 2942 ; AN 323 dog's feces AN 323	狗 血 gouxue 狗 糞 goufen	**880**（ zhong／9b ） **880**（ zhong／9b ）
3106 陰龍膏	見 豬脂（ 3349 ）	

	yinlonggao	see zhuzhi 見 黑狗糞汁（0909） see heigoufenzhi	
3107	陰龍膏瓠汁 yinlonggaohuzhı	見 白狗耳上血（0040） see baigouershang- xue	
3108	陰龍瓠汁 yinlonghuzhi	見 白狗膽（0039） see baigoudan	
3109	陰龍汁 yinlangzhi	見 狗尿（0785） see gouniao 見 黑狗血（0910） see heigouxue	
3110	陰 命 yinming	見 陰命鈎吻（3111） see yinminggouwen	
3111	陰命鈎吻 yinminggouwen	陰 命 yinming 海 薑 haijiang	768（19/22b） 768（19/22b）
3112	陰鳥汁 yinniaozhi	見 鸛鵲血（0808） see guanquexue	
3113	殷 孽 yinnie stalactites MS 65	見 石鍾乳（2307） see shizhongru 薑 石 jiangshi	768（4/12a）
3114	殷孽根 yinniegen	見 石鍾乳（2307） see shizhongru	
3115	陰色白狗糞 yinsebaigoufen	見 白狗膽（0039） see baigoudan	
3116	陰獸當門 yinshoudangmen *Bos taurus domest-* *icus*, Gmelin ; *Bubal-*	牛 膽 niudan 烏牛膽 wuniudan	900（shang/4b） 880（zhong/9b）

us bubalis, L. ox gall ZY 0824 ; AN 326	wuniudan	
3117 陰獸精汁 yinshoujingzhi	見 黃牛糞汁（1014） see huangniufen- zhi	
3118 陰獸玄精 yinshouxuanjing dung from black bulls AN 326	烏牛糞汁 wuniufenzhi	880（zhong/9b）
3119 隱 鼠 yinshu	見 鼹鼠（3046） see yanshu	
3120 黃莬瓜 yintugua	見 王瓜（2645） see wanggua	
3121 銀 屑 yinxie silver fragments MS 2a	熟 銀 shuyin	768（3/35b）
3122 印 鹽 yinyan	見 大鹽（0463） see dayan	
3123 淫羊藿 yinyanghuo ①*Epimedium grand-* *iflorum*, Morr. ②*Epimedium brevi-* *cornum*, Maxim. ③*Epimedium sagitt-* *atum* (Sieb. et Zucc.) Maxim. ZY 4672 ; MP 521	剛 前 gangqian 仙靈脾 xianlingpi 三枝九葉草 sanzhijiuyecao	768（13/9a） 768（13/9a） 768（13/9b）
3124 淫羊食 yinyangshi	見 天門冬（2517） see tianmendong	

3125 茵芋 yinyu *Skimmia reevesiana*, Fortune ZY 3304 ; MP 355	芫花 yuanhua 卑共 beigong	768（17/33b） 768（17/33b）
3126 陰運 yinyun rock-crystal, quartz MS 37	見 水精精（2341） see shuijingjing 水精 shuijing	 880（zhong/9b）
3127 蟻強子 yiqiangzi	見 白殭蠶（0061） see baijiangcan	
3128 飴糖 yitang rice candy from malted rice ZY 2972 ; MP 745d	膠飴 jiaoyi 餳 xing	768（37/13b） 768（37/14a）
3129 羿先 yixian	見 荚蒾（1128） see jiami	
3130 蚒蚿 yiwei	見 鼠婦（2325） see shufu	
3131 蠮螉 yiweng *Eumenes pomifomis*, Fab. solitary wasp ZY 5762 ; IN 10	土蜂 tufeng 蜾蠃 guoluo	768（33/16b） 768（33/16b）
3132 義物 yiwu	見 銀（3086） see yin	
3133 義物錫 yiwuxi	見 覆盆子（0701） see fupenzi	
3134 遺香 yixiang	見 麝香（2229） see shexiang	
3135 柂楊	見 扶栘木皮（0719）	

yiyang	see fuyimupi	
3136 熠 燿 yiyao	見 螢火（3094） see yinghuo	
3137 薏 苡 yiyi	見 薏苡人（3138） see yiyiren	
3138 薏苡人 yiyiren *Coix lachryma-jobi*, L. job's tears, adlay ZY 5548 ; MP 737	解 蠡 jieli	768（8/17b）
	屋 菼 wutan	768（8/17b）
	起 實 qishi	768（8/17b）
	贛 生 gansheng	768（8/17b）
	薏 苡 **yiyi**	768（8/17b）
3139 衣 魚 yiyu *Lepisma saccharina*, L. **culter** ZY 1898 ; FI 136	白 魚 baiyu	768（34/28b）
	蟫 tan	768（34/28b）
	蛃 魚 bingyu	768（34/28b）
	壁 魚 biyu	768（34/29a）
3140 蛞 蝓 yiyu	見 蛞蝓（1384） see kuoyu	
3141 鮧 魚 yiyu *Parasilurus asotus*, (L.) sheat-fish (Chinese wels) ZY 5359 ; FI 171	鯷 魚 tiyu	768（31/27b）
	鮎 魚 nianyu	768（31/27b）

3142 蚅蟴 yizhe	見 蠍（2860） see xie	
3143 益 智 yizhi	見 龍眼（1551） see longyan	
3144 永青龍芽 yongqinglongya	見 松（2411） see song	
3145 鱅魚 yongyu	見 鮑魚（0154） see baoyu	
3146 游 you	見 苦菜（1363） see kucai	
3147 蕕 you	見 蕕草（3150） see youcao	
3148 由跋 youba	見 半夏（0148） see banxia	
3149 由跋根 youbagen *Arisaema ringens* (Thunb.) Schott arum's root ZY 1346；MP 707	鳶尾根 yuanweigen 鳶頭 yuantou	768（16/29b） 768（16/29b）
3150 蕕草 youcao *Caryopteris nepet- aefolia* (Benth.) Maxim. ZY 3714；MP 143	蕕蔓 youman 蕕 you 蕕蔓 youman	768（19/18a） 768（19/18b） 768（19/18b）
3151 油點葉 youdianye *Potentilla Kleiniana*, Wight et Arn. ZY 4336；MP 442	紫背龍芽 zibeilongya	902（10b）
3152 游胡 youhu	見 白蒿（0045） see baihao	

3153 猶蔓 youman	見 猶草（3150） see youcao	
3154 㕭蔓 youman	見 猶草（3150） see youcao	
3155 油麻葉 youmaye	見 靑蘘（1998） see qingrang	
3156 油腫 youzhong	見 榆皮（3215） see yupi	
3157 芋 yu *Colocasia esculenta* (L.) Schott taro ZY 1672；MP 710	士芝 tuzhi	**768**（35/48a）
3158 蕷 yu	見 荏子（2073） see renzi	
3159 玉 yu jade, nephrite MS 29	玄眞 xuanzhen	**1177**（11/11b）
3160 禹哀 yuai	見 太一禹餘粮 （2479） see taiyiyuyuliang	
3161 鳶 yuan	見 鴟頭（0332） see chitou	
3162 原蠶蛾 yuancane *Bombyx mori*, L. bivoltine silkworm moths ZY 3757；IN 17a	蠶沙 cansha 晚蠶蛾 wancane	**768**（32/28a） **768**（32/28a）
3163 鳶根 yuangen	見 鳶尾（3168） see yuanwei	

3164 芫 花 yuanhua *Daphne genkwa*, Sieb. et Zucc. fish poison ZY 2135 ; MP 253	去 水 qushui	768 (25 / 15 b)
	毒 魚 duyu	768 (25 / 16 a)
	杜 芫 duyuan	768 (25 / 16 a)
	蜀 桑 shusang	768 (25 / 16 a)
	敗 葉 baiye	768 (25 / 16 a)
	兒 草 ercao	768 (25 / 16 a)
	黃大戟 huangdaji	768 (25 / 16 b)
	見　茵芋（3125） see　yinyu	
3165 元 津 yuanjin	鹵殊汁 lushuzhi	904 (4 a)
	太陰元精 taiyinyuanjing	904 (4 a)
3166 芫 青 yuanqing	見　葛上亭長（0764） see　geshangting- 　　　zhang	
3167 鳶 頭 yuantou	見　由跋根（3149） see　youbagen	
	見　鳶尾（3168） 　　　yuanwei	
3168 鳶 尾 yuanwei *Iris tectorum*, Maxim. kite's tail iris	鳶尾根 yuanweigen	768 (16 / 30 b)
	鳶 頭 yuantou	768 (16 / 30 b)

ZY 2729 ; MP 656	鳶 根 yuangen	768（16/30b）
3169 鳶尾根 yuanweigen	見 由拔根（3149） see youbagen 見 鳶尾（3168） yuanwei	
3170 圓葉龍芽 yuanyelongya	見 仙靈脾（2822） see xianlingpi	
3171 垣 衣 yuanyi *Allium funckiaefol- ium*, Hand.- Mazz. moss ZY 0641 ; MP 815	昔 邪 xixie	768（15/43a）
	烏 韭 wujiu	768（15/43a）
	垣 蠃 yuanying	768（15/43a）
	天 韭 tianjiu	768（15/43a）
	鼠 韭 shujiu	768（15/43a）
	天蒜耳 tiansuaner	768（15/43b）
	青苔衣 qingtaiyi	768（15/43b）
	垣衣冷 yuanyileng	768（15/43b）
	地衣冷 diyileng	768（15/43b）
3172 垣衣冷 yuanyileng	見 垣衣（3171） see yuanyi	
3173 垣 蠃 yuanying	見 垣衣（3171） see yuanyi	
3174 垣衣土馬騣	見 王孫（2650）	

	yuanyitumazong	see wangsun	
3175	遠　志 yuanzhi *Polygala tenuifolia*, Willd. Japanese senega MP 333	棘　菀 jiwan	768（9/2a）
		葽　繞 yaorao	768（9/2a）
		細　草 xicao	768（9/2a）
3176	玉　豉 yuchi	見　地楡（0548） see diyu	
3177	鬱臭草 yuchoucao	見　茺蔚子（0348） see chongweizi	
3178	玉　爾 yuer	見　玉泉（3218） see yuquan	
3179	越　桃 yuetao	見　梔子（3309） see zhizi	
3180	越　竈 yuezao	風　爐 fenglu	900（shang/5b）
3181	越竈曲 yuezaoqu	風　煙 fengyan	880（zhong/9b）
3182	越　雉 yuezhi	見　鷓鴣（3279） see zhegu	
3183	餘　甘 yugan	見　菴摩勒（0002） see anmole	
3184	魚　狗 yugou *Halcyon smyrnensis* *fokiensis*, Laubmann et Gotz blue kingfisher ZY 5325；AV 266	翠　鳥 cuiniao	768（30/28a）
		竭天狗 jietiangou	768（30/28b）
3185	雨華飛英 yuhuafeiying	見　雲母（3201） see yunmu	

3186 禹葭 yujia	見 麥門冬（1638） see maimendong	
3187 鬱金 yujin ①*Curcuma longa*, L. ②*Curcuma aromat- ica*, Salisb. ③*Curcuma zedoaria* (Berg.) Rosc. wild turmeric ZY 2708；MP 646	五帝足 wudizu 黃鬱 huangyu 烏頭 wutou 馬蒁 mashu	900（shang／4a） 900（shang／4a） 900（shang／4a） 768（15／7b）
3188 鬱金根 yujingen	見 黃帝足（0976） see huangdizu	
3189 餘粮 yuliang	見 太一禹餘粮 （2479） see taiyiyuyuliang	
3190 郁李人 yuliren ①*Prunus japonica*, Thunb. ②*Prunus humilis*, Bge. ③*Prunus japonica*, Thunb. var. *nak- aii* (Lévl.) Rehd. ZY 2709；MP 446	爵李 jueli 車下李 chexiali 棣 di 雀梅 quemei	768（24／24a） 768（24／24a） 768（24／24a） 768（24／24b）
3191 御米 yumi	見 罌子粟（3097） see yingzisu	
3192 寓木 yumu	見 桑上寄生（2112） see sangshangjisheng	
3193 魚目青 yumuqing	見 白青（0088） see baiqing	
3194 雲膽 yundan	見 雲母（3201） see yunmu	

3195 雲膽黑 yundanhei	見 雲母（3201） see yunmu	
3196 雲光液 yunguangye	見 雨水汁（3222） see yushuizhi	
3197 芸 蒿 yunhao	見 柴胡（0257） see chaihu	
3198 雲華五色 yunhuawuse	見 雲母（3201） see yunmu	
3199 雲梁石 yunliangshi	見 雲母（3201） see yunmu	
3200 雲末赤 yunmochi	見 雲母（3201） see yunmu	
3201 雲 母 yunmu Muscovite mica ZY 0692；MS 39	玄 石 xuanshi	900（shang/2b）
	雲華五色 yunhuawuse	900（shang/2b）； 768（1/7a）
	雲末赤 yunmochi	900（shang/2b）
	雲英青 yunyingqing	900（shang/2b）
	雲液白 yunyebai	900（shang/2b）
	雲沙青 yunshaqing	900（shang/2b）
	磷石白 linshibai	900（shang/2b）
	雲膽黑 yundanhei	900（shang/2b）
	雲 起 yunqi	900（shang/2b）
	泄 涿	900（shang/2b）

	xiezhuo	
	雄 黑 xionghei	900（shang/2b）
	雨華飛英 yuhuafeiying	900（shang/2b）
	鴻 光 hongguang	900（shang/2b）
	石 銀 shiyin	900（shang/2b）
	明 石 mingshi	900（shang/2b）
	雲梁石 yunliangshi	900（shang/2b）
	浮雲滓 fuyunzi	900（shang/2b）
	雲 英 yunying	1177（11/10a）； 768（1/7a）
	雲 珠 yunyhu	1177（11/10a）； 768（1/7a）
	雲 液 yunye	1177（11/10a）； 768（1/7a）
	雲 沙 yunsha	1177（11/10a）； 768（1/7a）
	磷 石 linshi	1177（11/10a）； 768（1/7a）
	火 齊 huoqi	768（1/8a）
	雲 膽 yundan	768（1/8b）
	地 涿 dizhuo	768（1/8b）

		兩華飛英 lianghuafeiying	1026（68/2b）
3202	雲南根 yunnangen	見　馬兜零（1629） see　madouling	
3203	雲　起 yunqi	見　雲母（3201） see　yunmu	
3204	雲　沙 yunsha	見　雲母（3201） see　yunmu	
3205	雲沙靑 yunshaqing	見　雲母（3201） see　yunmu	
3206	雲　實 yunshi *Caesalpinia sepiaria,* Roxb. mysore thorn ZY 0693；MP 374	員　實 yunshi	768（11/31b）
		雲　英 yunying	768（11/31b）
		天　豆 tiandou	768（11/31b）
		臭　草 choucao	768（11/32a）
		羊石子草 yangshizicao	768（11/32a）
		馬　豆 madou	768（11/32a）
		草雲母 caoyunmu	768（11/32a）
3207	員　實 yunshi	見　雲實（3206） see　yunshi	
3208	雲　水 yunshui	見　覆盆子（0701） see　fupenzi	
3209	玉　女 yunü	見　菟絲子（2627） see　tusizi	
3210	雲　液	見　雲母（3201）	

yunye	see yunmu	
3211 雲液白 yunyebai	見 雲母（3201） see yunmu	
3212 雲 英 yunying	見 雲母（3201） see yunmu 見 雲實（3206） see yunshi	
3213 雲英青 yunyingqing	見 雲母（3201） see yunmu	
3214 雲 珠 yunzhu	見 雲母（3201） see yunmu	
3215 榆 皮 yupi *Ulmus pumila*, L. English elm ZY 5088 ; MP 606	零 榆 lingyu 油 腫 youzhong	768（20/33a） 768（20/34a）
3216 玉瓶龍芽 yupinglongya	見 蘿蔔（1589） see luobo	
3217 於 鉛 yuqian	見 釣脚鉛（0473） see diaojiaoqian	
3218 玉 泉 yuquan jade elixir MS 29 b	玉 札 yuzha 玉 爾 yuer 玉 液 yuye 瓊 漿 qiongjiang	768（1/15b） 768（1/15b） 768（1/16b） 768（1/16b）
3219 餘 容 yurong	見 芍藥（2172） see shaoyao	
3220 礜 石 yushi	白 虎 baihu	900（shang/3a）

Arsenopyrite arsenolite, white arsenical ore ZY 2728 ; MS 88	白 龍 bailong	900（shang／3a）
	制 石 zhishi	900（shang／3a）
	秋 石 qiushi	900（shang／3a）
	日 礜 riyu	900（shang／3a）
	固 羊 guyang	900（shang／3a）； 768（5／7b）
	太 石 taishi	900（shang／3a）
	倉鹽石膏 cangyanshigao	900（shang／3a）
	細 石 xishi	900（shang／3a）
	青分石 qingfenshi	768（5／7b）
	立制石 lizhishi	768（5／7b）
	白礜石 baiyushi	768（5／7b）
	太白石 taibaishi	768（5／7b）
	澤 乳 zeru	768（5／7b）
	食 鹽 shiyan	768（5／7b）
3221　雨 師 yushi	見　赤檉木（0290） see chichengmu	
3222　雨水汁	雲光液	900（shang／4b）

yushuizhi	yunguangye	
3223 玉髓丹 yusuidan	見 華陽玉漿丹 　　（1049） see huayangyujiang- dan	
3224 玉 延 yuyan	見 薯蕷（2399） see shuyu	
3225 玉 液 yuye	見 玉泉（3218） see yuquan	
3226 御 弋 yuyi	見 羊桃（3030） see yangtao	
3227 玉英龍芽 yuyinglongya	見 柳絮（1521） see liuxu	
3228 禹餘粮 yuyuliang Limonite brown hematite ZY 3483 ; MS 79	白 素 baisu 天師食 tianshishi 白餘糧 baiyuliang 見 麥門冬（1638） see maimendong 見 蒒草實（2234） shicaoshi	880（zhong/9a） 880（zhong/10a） 768（2/11a）
3229 羽 澤 yuze	見 白礬石（0027） see baifanshi 見 礬石（0631） see fanshi	
3230 玉 札 yuzha	見 白玉（0119） see baiyu 見 玉泉（3218） see yuquan	

3231	玉 芝 yuzhi	見 白芝（0127） see baizhi	
3232	玉 支 yuzhi	見 羊躑躅（3037） see yangzhizhu	
3233	玉脂芝 yuzhizhi	見 石芝（2304） see shizhi	
3234	玉支躑躅 yuzhizhizhu	見 羊躑躅（3037） see yangzhizhu	
3235	玉 竹 yuzhu	見 女萎（1870） see nüwei	
	Z		
3236	再生丹 zaishengdan	見 太一赤車使者 八神精起死人 丹（2459） see taiyichicheshi- zhebashenjingqi- sirendan	
3237	皀 礬 zaofan	見 黑礬（0906） see heifan	
3238	棗 棘 zaoji	見 蛇床子（2179） see shechuangzi	
3239	皀 角 zaojiao *Gleditsia sinensis,* Lam. soap bean tree ZY 2327；MP 387	懸豆龍芽 xuandoulongya	**902**（4a）
3240	皁 李 zaoli	見 鼠李（2378） see shuli	
3241	躁 舍 zaoshe	見 雀甕（2051） see queweng	
3242	蚤 休 zaoxiu	見 甘遂（0743） see gansui	

3243	澤 敗 zebai	見 敗醬（0060） see baijiang	
3244	澤 芬 zefen	見 白芷（0125） see baizhi	
3245	澤 姑 zegu	見 栝樓（0796） see gualou	
3246	澤 蘭 zelan *Lycopus lucidus*, Turcz. Japanese thorough- wort ZY 3045 ; MP 34	虎 蘭 hulan	768（14/24b）
		龍 棗 longzao	768（14/24b）
		虎 蒲 hupu	768（14/24b）
		水 香 shuixiang	768（14/25a）
		見 蘭草（1397） see lancao	
3247	澤蘭根 zelangen	見 地笋（0535） see disun	
3248	側 梨 zeli	見 陟釐（3293） see zhili	
3249	側 理 zeli	見 陟釐（3293） see zhili	
3250	曾 青 zengqing Azurite malachite, statified variety ZY 5044 ; MS 83	樸 青 puqing	900（shang/2a）
		赤龍翹 chilongqiao	900（shang/2a）
		青龍血 qinglongxue	900（shang/2a）
		黃雲英 huangyunying	900（shang/2a）
		崑 崙	904（3b）

	kunlun	
	靑龍膏 qinglonggao	880（zhong/9a）； 905（8a）
	靑龍翹 qinglongqiao	905（8a）
	靑腰使者 qingyaoshizhe	905（8a）
3251　澤　漆 zeqi *Euphorbia helioscopia*, L. wartweed ZY 3047；MP 324	漆　莖 qijing	768（17/31b）
	大戟苗 dajimiao	768（17/31b）
3252　澤漆根 zeqigen	見　大戟（0409） see daji	
3253　澤　乳 zeru	見　礜石（3220） see yushi	
3254　澤　瀉 zexie *Alisma plantago-aquatica*, L. var. *orientale*, Samuels water plantain ZY 3046；MP 780	萬　歲 wansui	900（shang/6a）
	三變得蘇骨 sanbiandesugu	880（zhong/9b）
	水　瀉 shuixie	768（8/20a）
	瀉一 xieyi	768（8/20a）
	芒　芋 mangyu	768（8/20a）
	鵠　瀉 guxie	768（8/20a）
3255　澤　鹽 zeyan	見　食鹽（2293） see shiyan	
3256　蚱　蟬	鳴　蟬	768（32/14a）

	zhachan *Cryptotympana* *atrata*, Fabricius cicada ZY 4332 ; IN 61	mingchan	
3257	側栢龍芽 zhaibailongya	見　栢（0007） see bai	
3258	麞　骨 zhanggu *Hydropotes inermis*, Swinhoe bones of the river deer ZY 5356 ; AN 368	麕　骨 qungu	768（28/37b）
3259	章　柳 zhangliu *Phytolacca acinosa*, Roxb. poke root ZY 4664 ; MP 555	紫金龍芽 zijinlongya	902（7b）
3260	章柳根 zhangliugen	見　商陸（2142） see shanglu	
3261	章陸根 zhanglugen	芬　華 fenhua 六甲父母 liujiafumu 見　商陸（2142） see shanglu	900（shang/5a） 900（shang/5a）
3262	長生龍芽 zhangshenglongya	見　奈凍（1801） see naidong	
3263	長生子 zhangshengzi	見　水銀（2362） see shuiyin	
3264	長　石 zhangshi	方　石 fangshi	900（shang/3a）； 768（4/21a）

	Anhydrite feldspar ZY 0915；MS 53	土 石 tushi	900（shang／3a）； 768（4／21a）
		直 石 zhishi	900（shang／3a）； 768（4／21a）
3265	長 孫 zhangsun	見 王孫（2650） see wangsun	
3266	麞 頭 zhangtou	見 毒菌地漿（0575） see dujundijiang	
3267	章陽羽玄 zhangyangyuxuan	見 白附子（0031） see baifuzi	
3268	張 翼 zhangyi Cinnabar cinnabar, cinnabar- ite ZY 1834；MS 43	南方朱砂 nanfangzhusha	904（1b）
3269	長 子 zhangzi	見 水銀（2362） see shuiyin	
3270	蛄 蟖 zhansi slug-caterpillar IN 15	蛓 蟲 cichong	768（34／6b）
		載毛蟲 cimaochong	768（34／6b）
3271	蛄蟖房 zhansifang	見 雀瓮（2051） see queweng	
3272	招豆藤 zhaodouteng	見 紫藤（3378） see ziteng	
3273	召魂丹 zhaohundan	返魂丹 fanhundan	900（xia／2a）
		更生丹 gengshengdan	900（xia／2a）
		皈命丹 guimingdan	900（xia／2a）

			金生丹 jinshengdan	900（xia／2a）
3274	趙李 zhaoli	見 see	鼠李（2378） shuli	
3275	昭日丹 zhaoridan	見 see	八神丹（0156） bashendan	
3276	折草 zhecao	見 see	石芒（2264） shimang	
3277	䗪蟲 zhechong ①*Eupolypnaga sin- ensis*, Walker ②*Opisthoplatia orientalis*, Burmei- ster cockroach ZY 5633；IN 70		地鼈 dibie 土鼈 tubie 簸箕蟲 bojichong	768（32／37a） 768（32／37a） 768（32／37b）
3278	赭堊 zhe-e	見 see	赤土（0333） chitu	
3279	鷓鴣 zhegu *Francolinus pinta- deanus* (Scopoli) The francolin ZY 5589；AV 274		越雉 yuezhi	768（30／9a）
3280	正馬 zhengma	見 see	玄參（2948） xuanshen	
3281	眞瑰 zhengui		明玉神珠 mingyushenzhu	1026（68／2b）
3282	葴寒漿 zhenhanjiang	見 see	酸漿（2425） suanjiang	
3283	葴馬藍 zhenmalan	見 see	藍實（1411） lanshi	
3284	眞鉛 zhenqian		立制石	908（shang／8a）

zhenqian	lizhishi	
	黄　精 huangjing	908（shang／8a）
	玄　華 xuanhua	908（shang／8a）
	白　虎 baihu	908（shang／8a）
	黄　芽 huangya	908（shang／8a）
	河　車 heche	908（shang／8a）
	黄　池 huangchi	908（shang／8a）
	黄　龍 huanglong	908（shang／8a）
	木　錫 muxi	908（shang／8a）
3285　貞　蔚 zhenwei	見　茺蔚子（0348） see chongweizi	
3286　眞　珠 zhenzhu ①*Pteria margarit* 　*ifera* (L.) ②*Pteria martensii* 　(Dunker) ③*Hyriopsis cumingii* 　(Lea) 　Pearls 　ZY 3100 ; TS 221	見　丹砂（0437） see dansha 見　水精精（2341） see shuijingjing 見　蜯精（0138） see bangjing 眞珠子 zhenzhuzi	 768（31／16a）
3287　眞珠子 zhenzhuzi	見　眞珠（3286） see zhenzhu	
3288　跖 zhi	見　鴨跖草（3059） see yazhicao	

3289 雉 zhi *Phasianus colchicus* *torquatus*, Gmelin ring necked pheas- ants ZY 5193 ; AV 269	野 雞 yeji	**768** (30 / 16 b)
3290 制 丹 zhidan	見 錫精 (2874) see xijing	
3291 彘 椒 zhijiao	見 蔓椒 (1656) see manjiao	
3292 枳 椇 zhiju *Hovenia dulcis*, Thunb. ZY 3143 ; MP 289	木 蜜 mumi	**768** (25 / 18 a)
3293 陟 釐 zhili *Ceramium rubrum*, Ag. MP 857	側 梨 zeli	**768** (15 / 44 b)
	側 理 zeli	**768** (15 / 44 b)
	石 髮 shifa	**768** (15 / 44 b)
	苔 耳 taier	**768** (15 / 44 b)
	見 海藻 (0874) see haizao	
3294 支 蓮 zhilian	見 黃蓮 (0999) see huanglian	
3295 陟釐土馬騣 zhilitumazong	見 王孫 (2650) see wangsun	
3296 彘 顱 zhilu	見 天名精 (2519) see tianmingjing	
3297 脂 麻 zhima	見 白油麻 (0117) see baiyouma	

3298 知 母 zhimu *Anemarrhena* *asphodeloides*, Bge. ZY 2828 ; MP 675	蚳 母 qimu	768（13/2a）
	連 母 lianmu	768（13/2a）
	野 蓼 yeliao	768（13/2a）
	地 參 dishen	768（13/2a）
	水 參 shuishen	768（13/2a）
	水 浚 shuijun	768（13/2a）
	貨 母 huomu	768（13/2a）
	蝭 母 chimu	768（13/2a）
	女 雷 nülei	768（13/2b）
	女 理 nüli	768（13/2b）
	兒 草 ercao	768（13/2b）
	鹿 列 lulie	768（13/2b）
	韭 逢 jiufeng	768（13/2b）
	兒 踵草 erzhongcao	768（13/2b）
	東 根 donggen	768（13/2b）
	水 須 shuixu	768（13/2b）

		沈 燔 shenfan	**768**（13／2b）
		蕅 qian	**768**（13／2b）
		見　沙參（2173） see　shashen	
		地參龍芽 dishenlongya	**902**（10a）
3299	織女苑 zhinüyuan	見　女苑（1872） see　nüyuan	
3300	志 取 zhiqu	見　沙參（2173） see　shashen	
3301	制 石 zhishi	見　礜石（3220） see　yushi	
3302	直 石 zhishi	見　長石（3264） see　zhangshi	
3303	制石液 zhishiye	見　石膽（2238） see　shidan	
3304	止 行 zhixing	見　蒺藜子（1206） see　jilizi	
3305	枳 椇 zhizha	見　木蜜（1780） see　mumi	
3306	至 掌 zhizhang	見　水蛭（2372） see　shuizhi	
3307	蜘 蛛 zhizhu *Aranea ventricosa* (L. Koch) spider ZY 5332；IN 33	蚰蜗無蜂 quwufeng	**768**（33／14b）
		蜈蚣螫 wugongshi	**768**（33／14b）
		絡新婦 luoxinfu	**768**（33／14b）
		蠨 蛸 xiaoshao	**768**（33／14b）

			壁錢蟲 biqianchong	768（33／15a）
3308	躑躅子 zhizhuzi	見 see	羊躑躅（3037） yangzhizhu	
3309	栀子 zhizi *Gardenia jasminoides*, Ellis Chinese yellow berry or gardenia ZY 4084；MP 82		木丹 mudan	768（22／19b）
			越桃 yuetao	768（22／19b）
			伏尸栀子 fushizhizi	768（22／20a）
3310	中逢花 zhongfenghua	見 see	百合（0046） baihe	
3311	衆口華芝 zhongkouhuazhi	見 see	蜜（1719） mi	
3312	中馗菌 zhongkuijun	見 see	毒菌地漿（0575） dujundijiang	
3313	衆戎 zhongrong	見 see	紫參（3375） zishen	
3314	中山盈脂 zhongshanyingzhi	見 see	太一餘粮（2478） taiyiyuliang	
3315	重臺 zhongtai	見 see	玄參（2948） xuanshen	
3316	重箱 zhongxiang	見 see	百合（0046） baihe	
3317	中央龍芽 zhongyanglongya	見 see	黃草（0972） huangcao	
3318	周麻生 zhoumasheng	見 see	升麻（2198） shengma	
3319	周盈 zhouying	見 see	菊花（1331） juhua	
3320	猪檳榔	見 see	檳榔（0191）	

	zhubinglang	see binglang	
3321	主簿蟲 zhubuchong	見 蠍（2860） see xie	
3322	朱草芝 zhucaozhi	見 草芝（0249） see caozhi	
3323	豬蓴 zhuchun	見 鳧葵（0695） see fukui	
3324	豬頂上脂 zhudingshangzhi *Sus scrofa domestica*, Brisson fat of the pig's head ZY 4563 ; AN 322	負革脂 fugezhi 黑龍脂 heilongzhi 黑帝孫肌 heidisunji 玄生脂 xuanshengzhi	900（shang/4b） 900（shang/4b） 900（shang/4b） 900（shang/4b）
3325	杼斗 zhudou	見 橡實（2817） see xiangshi	
3326	竹膏 zhugao	見 天竹黃（2544） see tianzhuhuang	
3327	竹根 zhuge *Forsythia suspensa* (Thunb.) Vahl. root of forsythia ZY 2271 ; MP 176	恒生骨 hengshenggu	900（shang/5a）
3328	苧根 zhugen *Boehmeria nivea*, Gaud. ramie or grass-cloth plant ZY 2687 ; MP 592	績苧 jizhu 山苧 shanzhu	768（18/48a） 768（18/48a）
3329	竹根黃	見 黃粱米（1001）	

zhugenhuang	see huangliangmi	
3330 猪椒 zhujiao	見 蔓椒（1656） see manjiao	
3331 燭燼 zhujin	夜光骨 yeguanggu	900（shang/5b）
3332 猪苓 zhuling *Polyporus umbell-* *atus* (Pers.) Fr. pig's dung ZY 4545 ; MP 839	豭猪屎 jiazhushi	768（23/9b）
	楓木苓 fengmuling	768（23/9b）
	地烏桃 diwutao	768（23/10a）
	豕橐 shituo	768（23/10a）
	苓根 linggen	768（23/10a）
	楓樹苓 fengshuling	768（23/10a）
3333 逐馬 zhuma	見 玄參（2948） see xuanshen	
3334 逐馬酒 zhumajiu	見 丹參（0440） see danshen	
3335 朱鳥 zhuniao	見 丹砂（0437） see dansha	
3336 朱鳥砂 zhuniaosha	見 白丹砂（0023） see baidansha	
3337 硃鉛 zhuqian	天鉛 tianqian	912（20a）
3338 朱雀 zhuque	見 丹砂（0437） see dansha	
	見 雄黃（2896） see xionghuang	

3339 朱雀丹 zhuquedan	見　還魂駐魄丹 （1042） see huanhunzhupo- dan	
3340 朱雀筋 zhuquejin	見　雄黄（2896） see xionghuang	
3341 朱　砂 zhusha	見　丹砂（0437） see dansha	
3342 朱砂金 zhushajin	見　金（1212） see jin	
3343 諸　乘 zhusheng	見　蜻蛉（1986） see qingling	
3344 諸　薯 zhushu	見　薯蕷（2399） see shuyu	
3345 主　田 zhutian	見　甘遂（0743） see gansui	
3346 駐顔丹 zhuyandan	見　還魂駐魄丹 （1042） see huanhunzhupo- dan	
3347 竹葉椒 zhuyejiao	見　秦椒（2022） see qinjiao	
3348 主　晉 zhuyin	見　鹽麸子（3008） see yanfuzi	
3349 猪　脂 zhuzhi *Sus scrofa domest- ica*, Brisson lard ZY 4563 ; AN 322	陰龍膏 yinlonggao	900（shang/4b）
3350 猪　子 zhuzi	見　豚卵（2612） see tunluan	
3351 粢	見　粟米（2439）	

zi	see sumi	
3352 紫芙 ziao	見 紫草（3355） see zicao	
3353 紫貝 zibei ①*Erosaria caput-serpentis* (L.) ②*Cypraea lynx* (L.) ③*Mauritia arabica* (L.) purple cowries ZY 4861 ; TS 232	砑礫 yaluo 車螯 cheao 見 石決明（2252） see shijueming	**768**（32/41a） **768**（32/41a）
3354 紫背龍芽 zibeilongya	見 油點葉（3151） see youdianye	
3355 紫草 zicao ①*Lithospermum erythrorhizon*, Sieb. et Zucc. ②*Arnebia euchroma* (Royle) Johnst. ③*Onosma paniculatum* Bur。et Franch. groomwell ZY 4863 ; MP 153	紫丹 zidan 紫芙 ziao 藐 miao 茈蒻 zili	**768**（13/22b） **768**（13/22b） **768**（13/23a） **768**（13/23a）
3356 紫丹 zidan	見 紫草（3355） see zicao	
3357 紫粉 zifen	見 玄黃花（2935） see xuanhuanghua 見 錫精（2874） xijing 見 玄黃（2934） xuanhuang	

3358	紫 根 zigen	見 鉛精（1938） see qianjing	
3359	紫 桂 zigui	見 桂（0820） see gui	
3360	紫華龍芽 zihualongya	見 刺薊（0375） see ciji	
3361	紫 灰 zihui	見 五茄地楡匹（2722） see wujiadiyupi	
3362	紫金龍芽 zijinlongya	見 章柳（3259） see zhangliu	
3363	紫 鉚 zikuang	尚田丹 shangtiandan 見 紫鉚騏驎竭 （3364） see zikuangqilinjie	900（shang/6a）
3364	紫鉚騏驎竭 zikuangqilinjie *Daemonorops draco*, Bl. dragon's blood ZY 1858；MP 717	紫 鉚 zikuang 騏驎竭 qilinjie 血 竭 xuejie 勒 佉 lequ	768（22/22b） 768（22/22b） 768（22/23a） 768（22/23a）
3365	芷蒢 zili	見 紫草（3355） see zicao	
3366	紫陵文侯 zilingwenhou	見 紫石英（3376） see zishiying	
3367	紫陵文質 zilingwenzhi	見 紫石英（3376） see zishiying	
3368	子 明 ziming	見 水銀（2362） see shuiyin	

	見 火（1083） see huo 見 汞（0766） see gong		
3369 子蘖 zinie	見 蘖木（1826） see niemu		
3370 紫女 zinü	見 紫石英（3376） see zishiying		
3371 紫朴 zipu	見 尚丹田（2141） see shangdantian		
3372 子芩 ziqin	見 黃芩（1018） see huangqin		
3373 自然鉛 ziranqian	見 生銀（2210） see shengyin		
3374 自然牙 ziranya	見 生銀（2210） see shengyin		
3375 紫參 zishen *Polygonum tenui-caule*, Biss. et Mre. MP 578	牡蒙 mumeng	**768**（13/31a）	
	眾戎 zhongrong	**768**（13/31a）	
	童腸 tongchang	**768**（13/31a）	
	馬行 maxing	**768**（13/31a）	
3376 紫石英 zishiying Fluorite amethyst ZY 4872；MS 41	紫陵文質 zilingwenzhi	**900**（shang/3a）	
	西龍膏 xilonggao	**900**（shang/3a）	
	浮餘 fuyu	**900**（shang/3a）	
	上白丹戎鹽	**900**（shang/3a）	

	shangbaidan-rongyan	
	仙人左水 xianrenzuoshui	900（shang／3a）
	西戎上味 xirongshangwei	900（shang／3a）
	西戎淳味 xirongchunwei	900（shang／3a）
	石 鹽 shiyan	900（shang／3a）
	寒 鹽 hanyan	900（shang／3a）
	冰 石 bingshi	900（shang／3a）
	光明鹽 guangmingyan	900（shang／3a）
	紫 女 zinü	900（shang／3a）
	上 味 shangwei	900（shang／3a）
	石 味 shiwei	900（shang／3a）
	倒行神骨 daoxingshengu	900（shang／3a）
	紫陵文侯 zilingwenhou	1026（68／2a）
3377 紫 蘇 zisu ①Perilla frutescens 　（L.）Britt. var. 　crispa（Thunb.） 　Hand.-Mazz.	香爐龍芽 xianglulongya	902（10a）
	見　蘇（2423） see　su	

②*Perilla frutescens* (L.) Britt var. *acuta* (Thunb.) Kudo ZY 4876-4879; MP 135		
3378 紫 藤 ziteng *Wisteria sinensis,* Sweet wisteria ZY 4870; MP 418	招豆藤 zhaodouteng	768（23/30a）
3379 紫 菀 ziwan *Aster tataricus,* L. f. purple aster ZY 4866; MP 12	紫 倩 zixi	768（13/20a）
	青 菀 qingwan	768（13/20a）
	羊鬚草 yangxucao	768（13/21b）
	反魂草 fanhuncao	768（13/21b）
	液牽牛 yeqianniu	768（13/22a）
3380 紫 薇 ziwei	見 海蛤（0864） see haige	
3381 紫 葳 ziwei *Campsis grandiflora* (Thunb.) Loisel ZY 3947; MP 101	陵 苕 lingtiao	768（23/6a）
	菱 華 linghua	768（23/6a）
	凌霄花 lingxiaohua	768（23/6a）
	女 葳 nüwei	768（23/7a）
3382 紫 倩	見 紫菀（3379）	

	zixi	see ziwan	
3383	紫遊丹 ziyoudan	步虛丹 buxudan	**900**（xia/2a）
		舉輕丹 juqingdan	**900**（xia/2a）
		到景丹 daojingdan	**900**（xia/2a）
		華景丹 huajingdan	**900**（xia/2a）
		凌虛丹 lingxudan	**900**（xia/2a）
3384	紫眞鉛 zizhenqian	見 白鉛（0087） see baiqian	
3385	紫 芝 zizhi	木 芝 muzhi	**768**（9/21b）
3386	宗心草 zongxincao *Diarrhena japonica,* Cry. var. Koenigii, Hack. MP 738	石 竹 shizhu	**767**（shang/2/17b）
3387	遵羊棗 zunyangzao	見 大棗（0464） see dazao	
3388	酢 zuo vinegar ZY 5453；MP 775	左 味 zuowei	**900**（shang/5b）
		玄 池 xuanchi	**900**（shang/5b）
		華 池 huachi	**900**（shang/5b）
		玄 明 xuanming	**900**（shang/5b）
		玄 水	**900**（shang/5b）

	xuanshui	
	弱 水 ruoshui	900（shang/5b）
	神 水 shenshui	900（shang/5b）
	苦 酒 kujiu	900（shang/5b）
	青龍味 qinglongwei	900（shang/5b）
	西海父母 xihaifumu	900（shang/5b）
	醋 cu	900（shang/5b）
	醯 xi	900（shang/5b）
3389 酢漿草 zuojiangcao *Oxalis corniculata,* L. Indian sorrel ZY 4777；MP 367	醋母草 cumucao	768（19/7b）
	鳩酸草 jiusuancao	768（19/7b）
	酸 漿 suanjiang	768（19/7b）
3390 左 味 zuowei	見 酢（3388） see zuo	
3391 昨葉何草 zuoyehecao ①*Orostachys fim- briatus* (Turcz.) Berger ②*Orostachys eru- descens* (Maxim.) Ohwi roof pine ZY 0796；MP 469	瓦 松 wasong	768（19/8a）

筆　畫　索　引

0731	甘藁	83	2283	石 遂	267	2260	石龍芮	264
0745	甘藤	85	2297	石 蜴	269	2259	石龍蒭	263
0737	甘蕉根	84	2299	石 銀	269	2307	石鍾乳	270
0739	甘露滕	84	2267	石 蜜	265	2306	石中黄子	270
0738	甘露龍芽	84	2262	石 綠	265	2305	石中黄水	270
2660	瓦松	319	2239	石 髮	260	2258	石硫黄芝	263
2661	瓦韋治淋	319	2269	石 墨	265	0213	布 穀	26
1330	巨骨	153	2286	石 檀	267	1451	列 當	168
1343	巨勝	155	2236	石 蹉	259	1899	平澤中一	217
1333	巨句麥	154	2248	石 薑	262	0172	本命丹	22
3390	左味	411	2237	石 黛	259	2317	尤	272
2279	石 生	266	2238	石 膽	259	0161	北帝根	21
2277	石 皮	266	2254	石 藍	262	0162	北帝髓	21
2246	石 灰	261	2256	石 鮻	262	0165	北海鹽	21
2296	石 衣	269	2303	石 轆	269	0163	北帝玄珠	21
2309	石 竹	271	2294	石 鹽	268	0370	出 隊	42
2264	石 芒	265	2233	石 蠶	258	2514	田 螺	300
2240	石 肝	260	2278	石三稜	266	2542	田中螺	305
2244	石 花	260	2265	石毛薑	265	3148	由 跋	379
2304	石 芝	269	2252	石決明	262	3149	由跋根	379
2289	石 味	267	2291	石味灰	268	1164	甲 香	136
2235	石 㶱	258	2247	石胡荽	261	2406	四神丹	286
2270	石 南	265	2285	石苔衣	267	2404	四海分居	286
2284	石 胎	267	2287	石亭脂	267	2196	生 金	255
2290	石 韋	267	2242	石桂芝	260	2209	生 消	256
2308	石 珠	271	2257	石硫黄	262	2195	生 黄	254
2250	石 荆	262	2232	石奄藺	258	2197	生 進	255
2275	石 涅	266	2302	石雲慈	269	2199	生 鉛	255
2274	石 能	266	2292	石象芝	268	2210	生 銀	256
2243	石 斛	260	2298	石飴餅	269	2193	生地黄	254
2295	石 液	269	2272	石腦生	266	2211	生朱砂	256
2245	石 黄	261	2273	石腦芝	266	2300	石茵蔯	269
2276	石 脾	266	2268	石蜜芝	265	2203	生銅金	255
2271	石 腦	266	2261	石龍子	264	2202	生鐵金	255

0717	伏翼	81	3023	羊起石	365	0315	赤鯉	37
0709	伏石母	80	3032	羊䳟草	367	0335	赤鬚	38
0716	伏玄丹	81	3037	羊躑躅	367	0337	赤鹽	39
0710	伏尸栀子	80	3029	羊石子草	366	0342	赤爪木	39
3374	自然牙	407	1729	米囊	199	0329	赤石英	38
3373	自然鉛	407	0193	冰石	24	0324	赤色門	37
2981	血師	361	1148	江珠	134	0320	赤狃砂	37
2980	血參	360	2313	守田	272	0303	赤帝味	35
2979	血竭	360	2311	守宮	271	0297	赤帝精	35
0898	合汞	104	0003	安石榴	1	0301	赤帝髓	35
0901	合昏	105	0004	安息香	1	0330	赤黍米	38
0900	合歡	104	0763	艮雪丹	87	0289	赤雹子	34
0926	合離草	107	3229	羽澤	390	0292	赤厨桑	34
2887	行唐	348				0309	赤箭脂	36
0219	犴羽	27		**七 畫**		0317	赤龍翹	37
1283	肌石	148				0290	赤檉木	34
1158	交時	135	0333	赤土	38	0339	赤耀丹	39
1159	交藤	135	0328	赤石	38	0341	赤爪龍芽	39
3081	衣班	371	0321	赤朴	37	0336	赤血將軍	38
3139	衣魚	378	0323	赤色	37	0314	赤車使者	36
3026	羊乳	366	0306	赤汞	36	0298	赤帝流汞	35
3016	羊韭	364	0322	赤芹	37	0299	赤帝流珠	35
3025	羊泉	365	0343	赤芝	39	0300	赤帝鹵鹹	35
3030	羊桃	366	0318	赤門	37	0296	赤帝華精	35
3015	羊捼	364	0313	赤金	36	0302	赤帝體雪	35
3036	羊脂	367	0325	赤砂	37	0316	赤流珠丹	37
3033	羊眼	367	0295	赤帝	35	0293	赤厨桑雌	34
3011	羊腸	364	0326	赤參	38	0338	赤眼老母草	39
3034	羊飴	367	0305	赤葛	35	3300	志取	400
3027	羊著	366	0311	赤節	36	2042	却老	235
3031	羊蹄	366	0294	赤雌	34	2049	却暑	236
3028	羊矢棗	366	0331	赤銅	38	0766	汞	88
3014	羊角苗	364	0334	赤網	38	0771	汞砂	89
3012	羊負來	364	0308	赤箭	36	0767	汞粉	88
			0307	赤雞	36			

1249	金精龍芽	146	3062	夜　光	370	3386	宗心草	410
1260	金榮龍芽	147	3066	夜　合	370	0511	定　粉	60
0623	返魂丹	71	3068	夜　呼	370	0512	定風草	60
0648	肥　石	74	3065	夜光明	370	0515	定神丹	60
0649	肥　藤	74	3063	夜光骨	370	0516	定臺引針	60
0794	狗　血	92	3073	夜明砂	371	0807	貫　渠	94
0785	狗　尿	90	3078	夜遊好女兒	371	3087	宜　男	372
0789	狗　青	91	3064	夜光骨幷盧		1352	空	156
0779	狗　脊	89		銷薪	370	1358	空　青	157
0782	狗　椒	90	0756	庚	86	1353	空　草	156
0783	狗　精	90	0760	庚　辛	87	1359	空　疏	157
0791	狗　蝨	92	0761	庚辛白金	87	1354	空　腸	156
0777	狗　膽	89	0613	放　光	69	1360	空亭液	157
0778	狗　糞	89	3217	於　鉛	388	2656	宛　童	319
0781	狗　薺	90	1926	羌　青	221	1715	孟狼尾	195
0619	房　木	70	1924	羌　活	221	0281	承　肌	33
0610	房　慈	69	1319	卷　耳	152	0280	承　膏	33
0620	房　圖	70	1318	卷　栢	152	0282	承　露	33
2635	兔　竹	315	0607	法　黃	69	0283	承露仙	33
2625	兔　絲	313	2866	泄　涿	344	2056	屈　人	237
2588	兔肝草	310	0893	河　車	104	2061	屈原蘇	237
2628	兔絲子	314	0933	河　㹠	109	0728	附　子	82
2100	乳　汁	242	0927	河　柳	107	0726	附　支	82
2086	乳　牀	241	0895	河東野	104	0715	附　蝸	81
2087	乳　柑	241	0894	河東鹽	104	0729	附子角	82
2099	乳　香	242	0930	河上姹女	108	0567	妬　婦	64
2090	乳　華	241	3156	油　腄	380		**九　畫**	
2098	乳　糖	242	3155	油麻葉	380			
2088	乳柑子	241	3151	油點葉	379	0360	春　草	41
2097	乳樹子	242	1828	泥　精	210	0569	毒　公	64
3319	周　盈	401	1904	波　殺	218	0568	毒　根	64
3318	周麻生	401	0203	波　菜	25	0588	毒　魚	67
1240	京　芎	145	0212	波斯蔂	26	0575	毒菌地漿	65
1235	京三稜	144	0208	波羅脂	26	3171	垣　衣	382

0276	朝景丹	32	3204	雲沙	387	1214,		143
0277	朝霞散彩丹	32	3212	雲英	388	1967	菫	228
1963	棲龍膏	228	3214	雲珠	388	1216	菫草	143
2911	皙無實棗	353	3203	雲起	387	1968	菫菜	228
0159	椑	21	3210	雲液	387	1966	菣	228
0469	棣	56	3206	雲實	387	0002	菴摩勒	1
2439	粟米	291	3194	雲膽	384	1958	菨蒿	227
2440	粟蘗	291	3200	雲末赤	385	2665	葉	319
1203	棘刺	139	3196	雲光液	385	0263	菖蒲	31
1306	棘菀	151	3205	雲沙青	387	0849	菓耳	99
1286	棘實	149	3202	雲南根	387	1337	菌	154
1313	棘鍼	151	3213	雲英青	388	1338	菌桂	155
1171	棘刺花	136	3199	雲梁石	385	2673	萎蕤	320
1194	棘剛子	138	3211	雲液白	388	0963	萑	112
3238	棗棘	391	3195	雲膽黑	385	0187	萆薢	24
1092	琥珀	129	3198	雲華五色	385	0218	菥蓂	27
0147	斑石	19	1153	揀子	135	1129	菁	133
0145	斑猫	19	1026	換骨丹砂	120	2590	菟瓜	311
0142	斑鳩	18	2692	握雪礜石	322	2591	菟核	311
0136	斑鶴	18	0261	蒉楚	31	2630	菟奚	315
3388	酢	410	0952	華池	111	2626	菟絲	314
3389	酢漿草	411	1050	華盞	125	2598	菟葵	311
0606	惡石	69	0960	華景丹	111	2592	菟槐	311
0595	惡灰	68	1049	華陽玉漿丹	124	2607	菟縷	312
0605	惡實	69	1465	菱	169	2606	菟蘆	312
0593	惡甘草	68	1472	菱角	170	2599	菟纍	311
1514	硫黃	174	1469	菱華	169	2627	菟絲子	314
1515	硫黃金	175	1482	菱實	171	1331	菊花	153
2896	雄黃	349	2881	菥蓂	347	0520	菧苨	60
2895	雄黑	349	2882	菥蓂子	347	2482	菼	298
2899	雄雀屎	351	1394	萊菔	162	1897	萍	217
2897	雄黃金	351	1395	萊菔根	162	0855	菰首	100
3208	雲水	387	2410	菘	287	0818	菰根	95
3201	雲母	386	2413	菘菜	287	0814	菰菜	95

2575	獞肥	309	0884	寒水石	103	1563	祿白	180
2577	獞脂	309	0885	寒獻玉	103	0861	鼓子花	100
2576	獞肉胞膏	309	0881	寒號蟲糞	103	1111	壺棗	131
0944	猴薑	110	3192	寓木	384	1285	碁石	149
1166	猨猪屎	136	1419	勞祖	165	2201	聖石	255
0630	番石	71	1047	畫石	123	2206	聖無知	255
2563	筒桂	307	2986	尋不見石赤者	361	0363	椿木	41
1225	筋根花	143				0361	椿莢	41
1226	筋根旋花	143	2876	犀角	346	0368	楮實	42
1174	解毒	136	0466	登日	55	1262	禁生	147
1173	解倉	136	0467	登瓦	55	0354	楚蘅	40
2864	解錫	344	3009	陽	364	1443	楝實	167
1183	解離	137	3035	陽元丹	367	1198	楒何草	138
1184	解蠡	137	3022	陽明子	365	3020	楊梅	365
1175	解毒子	137	3021	陽明丹	365	3018	楊櫨	364
1189	解錫纍者	138	3024	陽起石	365	3017	楊蘆	364
2803	象豆	336	3010	陽曹萼	364	3019	楊櫨木	365
2801	象柴	336	3013	陽華羽	364	2035	楸木耳	234
2807	象穀	337	0810	貫眾	94	3215	榆皮	388
2802	象膽	336	0803	貫節	93	0665	楓木苓	75
2062	然穀	237	0807	貫渠	94	0668	楓香脂	75
1320	腃髮	152	3291	毚椒	398	0667	楓樹苓	75
2207	勝鳥	255	3296	毚顱	398	1400	榔	163
1296	就葛	150	1187	結砂	138	1664	楸	192
2560	童腸	307	1328	絕陽	153	2328	豎骨丹	273
2566	童女月	308	1136	絳礬	133	0744	感藤	85
2562	童兒禾	307	1147	絳雪丹	134	0734	硇砂	83
3351	粲	404	1137	絳宮朱兒	133	2437	碎焰龍芽	291
2687	溫菘	322	1144	絳陵朱兒	134	1425	雷丸	165
0446	盜庚	52	1597	絡石	184	1422	雷矢	165
3146	游	379	1601	絡新婦	185	1423	雷實	165
3152	游胡	379	1196	幾公白	138	1421	雷河督子	165
0752	割孤露澤	86	1197	幾公黃	138	1477	零陵	170
0886	寒鹽	103				1496	零榆	172

十三畫

Chinese Alchemical Terms: Guidebook to the *Daozang* Pseudonyms

compiled by

Wong Shiu Hon

Introduction

Alchemy is an important component part in Taoist Religion. It has a long standing history and has already come into existence as early as in the Spring and Autumn period (770 B.C.– 476 B.C.) or in the Warring States period (475 B.C.– 221 B.C.). In its early stage the purpose of alchemy was "to transform stone into gold" and "to attain immortality". Later on it developed into two different schools: alchemy of gold and alchemy of elixir.

There are two kinds of elixir: "interior elixir" and "exterior elixir". The alchemy of "interior elixir" is the process of cultivating one's essence, vital force and spirit, and as a result, reaching the stage of "immortality". The alchemy of "exterior elixir" is the alchemy of medicine. With medicine one can cure one's illness, prolong one's life and even attain "immortality".

This book only deals with "exterior elixir", i.e., medicine, which is derived from various sources, such as minerals, plants and even animals. No matter from where the "elixir" comes, it serves to cure one's illness or to lengthen one's life.

There are quite a number of books in the *Daozang* on medicine. By investigating into these books scholars can gather considerable knowledge on Chinese medicine or can get quite a clear picture of the history of Chinese alchemy — alchemy of "exterior elixir". But scholars are often puzzled by the names of medicine— the same kind of medicine very often has more than one name! They can hardly identify the relationship between these names and the actual medicine. Sometimes they get into trouble or make unnecessary mistakes simply because they think that different names stand for different kinds of medicine. Though there are some books in the *Daozang* which provide us with the medicine's names and its pseudonyms, they are not adequately comprehensive or systematic. They cannot serve as ideal research tools. For the sake of providing convenience to scholars doing research on Chinese medicine and Chinese alchemy of "exterior elixir", I decide to compile this guide-book with the hope that it can be of some use — no matter how little to the academic circle.

This guide-book is based on nineteen important books on medicine as found in the *Daozang*. The names of medicine are listed alphabetically according to the *han-yu pin-yin* 漢語拼音 system. The text is divided into three columns: "medicine's name", "pseudonmys" and "sources". In the column of "medicine's name" one can find informations in this order: the medicine's name in Chinese, the *han-yu pin-yin*, the scientific name of the original plant, animal, or mineral in Latin, the name in English and the sources (namely, dictionaries) of the last two. In the column of "pseudonyms", basically only the pseudonym (or pseudonyms) of the medicine is given, but often more pseudonyms or related informations can be traced by following the instructions provided. In the last column — "sources" the source (or sources) of the name and pseudonym (or pseudonyms) of the medicine is provided. Bibliographical data (i.e., title of a book denoted by a code number, volume number and page number) are given. "Index to the medicine's names by stroke-number" is provided as an appendix. The names are arranged according to the number of strokes of the first character of the name, starting from that with fewer strokes. The number preceeding the name is the serial number for that entry while the one following shows the page number on which the entry appears.

Finally I would like to take this opportunity to express my heartfelt thanks to Professeur K.M. Schipper of the École Pratique des Hautes Études of France, who is so kind to write a preface for this guide-book, and to Professor Jao Tsung-i, Honorary Professor of the University of Hong Kong, who writes the title of this guide-book in beautiful Chinese calligraphy.

Wong Shiu Hon

Chinese Department

University of Hong Kong

August, 1989

道藏丹藥異名索引=Chinese alchemical
terms: guide book to the Daozang
Pseudonyms/黃兆漢編 -- 臺北市:臺灣學生,
民78
13,448面；21公分--(道教研究叢書)
ISBN 957-15-0020-8(精裝):新臺幣600元
1.中國醫藥--字典,辭典 2.道教-修練
Ⅰ黃兆漢編 Ⅱ題名:Chinese alchemical
terms
235.304/8356

道教研究叢書

李豐楙博士主編

道藏丹藥異名索引

編 者：黃　　兆　　漢
出版者：臺　灣　學　生　書　局
本書局登
記證字號：行政院新聞局局版臺業字第一一〇〇號
發行人：丁　　文　　治
發行所：臺　灣　學　生　書　局
　　　　臺北市和平東路一段一九八號
　　　　郵政劃撥帳號〇〇〇二四六六～八號
　　　　電話：3 6 3 4 1 5 6
印刷所：淵　明　印　刷　廠
　　　　地址：永和市成功路一段43巷五號
　　　　電話：9 2 8 7 1 4 5
香港總經銷：藝　文　圖　書　公　司
　　　　地址：九龍又一村達之路三十號地下
　　　　後座　電話：3-8 0 5 8 0 7

定價 精裝新台幣 六〇〇元
中華民國七十八年十月初版